Building AI-Powered Products

AI 프로덕트 기획과 운영

AI 프로덕트 기획과 운영

데이터 전략부터 에이전틱 AI, 생성형 AI 활용법까지: 변화를 앞둔 PM을 위한 AI 프로덕트 완전 정복 가이드

초판 1쇄 발행 2025년 9월 29일

지은이 마릴리 니카 / **옮긴이** 오성근, 오용철 / **펴낸이** 전태호
펴낸곳 한빛미디어(주) / **주소** 서울시 서대문구 연희로2길 62 한빛미디어(주) IT출판2부
전화 02-325-5544 / **팩스** 02-336-7124
등록 1999년 6월 24일 제25100-2017-000058호 / **ISBN** 979-11-6921-443-8 93000

책임편집 박지영 / **기획** 김종찬, 이민혁 / **편집** 이민혁
베타리더 강찬석, 김동우, 배윤성, 이문환, 정현준, 허균, 허민, 홍상의, 황선주
디자인 표지 윤혜원 내지 박정우 / **전산편집** 이소연
영업마케팅 송경석, 김형진, 장경환, 조유미, 한종진, 이행은, 김선아, 고광일, 성화정, 김한솔 / **제작** 박성우, 김정우

이 책에 대한 의견이나 오탈자 및 잘못된 내용은 출판사 홈페이지나 아래 이메일로 알려주십시오.
파본은 구매처에서 교환하실 수 있습니다. 책값은 뒤표지에 표시되어 있습니다.

한빛미디어 홈페이지 www.hanbit.co.kr / 이메일 ask@hanbit.co.kr

©2025 Hanbit Media, Inc.
Authorized Korean translation of the English edition of Building AI–Powered Products
ISBN 9781098152703 © 2025 Marily Nika
This translation is to be published and sold by permission of O'Reilly Media, Inc.
the owner of all rights to publish and sell the same.

이 책의 저작권은 오라일리와 한빛미디어(주)에 있습니다.
저작권법에 의해 보호를 받는 저작물이므로 무단 전재와 무단 복제를 금합니다.

지금 하지 않으면 할 수 없는 일이 있습니다.
책으로 펴내고 싶은 아이디어나 원고를 메일 (writer@hanbit.co.kr)로 보내주세요.
한빛미디어(주)는 여러분의 소중한 경험과 지식을 기다리고 있습니다.

Building AI-Powered Products

AI 프로덕트 기획과 운영

O'REILLY® 한빛미디어

지은이·옮긴이 소개

지은이 마릴리 니카 Marily Nika

구글의 GenAI 프로덕트 리드이자 세계 유수의 AI 교육자로 10,000명 이상이 과정을 수료한 AI 프로덕트 아카데미 AI Product Academy 의 설립자다. 컴퓨터 과학 박사 학위와 구글과 메타에서 13년 넘게 AI 프로덕트를 구축한 경험을 바탕으로 실무 지식을 전파하고 있다.

실리콘밸리를 기반으로 활동하며, 2024년 앰플리튜드가 선정한 프로덕트 업계 '베스트 인플루언서'로 이름을 올렸고, 포춘 Fortune 의 '40 Under 40', 테크크런치 TechCrunch, TED AI, 가디언 The Guardian 등에도 소개되었다. 하버드 비즈니스 스쿨 펠로이자 저자, TEDx 연사다. 서브스택과 링크드인에서 AI 프로덕트 매니지먼트에 관한 글을 전하며 약 15만 명의 독자에게 AI의 미래에 대한 통찰을 공유한다. AI PM 부트캠프의 설립자이자, 전 세계 AI 개발자를 교육하고 연결하며 역량을 강화하는 AI 프로덕트 허브 AI Product Hub 의 공동 설립자다.

옮긴이 오성근

국내 주요 ICT 기업에서 근무하는 엔지니어. 고려대학교에서 박사 학위를 받았고, 다섯여 권의 IT 전문서를 번역했다.

옮긴이 오용철

국내 주요 ICT 기업에서 근무하는 엔지니어. 미국 인디애나 대학교 켈리 경영대학 Kelley School of Business 에서 MBA를 받았다.

베타리더의 글

소프트웨어 개발에서 PM의 역할은 중요합니다. 직접 개발에 참여하지는 않아도 개발 산출물이나 일정에 대한 관리, 더 나아가 사업 서비스에 대한 기획까지 다루면서, 프로젝트의 전반적인 모더레이터 역할을 수행합니다. 이 책에서는 최근에 주목받는 AI를 개발에 적극적으로 활용하는 시대에 접어들면서 새롭게 정의된 PM의 역할과 프로젝트 운영 기법, 다양한 회사의 사례를 요약해 담고 있습니다. 개인적으로 회사에서 인공지능 관련 프로젝트를 주도하면서 겪었던 어려움이나 개선 사례를 접할 수 있어 좋았습니다.

강찬석, LG전자 소프트웨어 엔지니어

AI 기술이나 그 기술을 사용한 개발에 관한 책은 많습니다. AI 기술을 사용한 개발 방식은 기존과 다를 수밖에 없습니다. 이 책을 통해 일반 프로덕트와 AI 프로덕트 개발의 공통점과 차이점을 명확히 이해할 수 있습니다. AI를 접목하는 흉내를 내는 것이 아닌, AI를 제대로 적용한 프로덕트를 만들고 싶은 분께 추천합니다.

김동우, 스타트업 개발 PM

AI 기술은 점점 증가하나, 좋은 AI가 되기까지 관리하는 기술은 다루는 자료는 부족합니다. 이 책은 전통적인 매니지먼트에서 AI 매니지먼트로 넘어가는 훌륭한 교안입니다.

배윤성, 지에이랩 대표

베타리더의 글

마치 선배처럼 친근하면서도 명확한 어조로 AI 기반 제품 개발의 전체 과정을 풀어냅니다. 특히 IT 업계의 빠른 변화 속에서 중급 이상 개발자와 PM에게는 확률적 특성, 데이터 중심 설계, AI 전용 OKR 설정 등의 현실적인 고민에 대한 실용 지침을 제공합니다. 대한민국 기업 문화에서 자주 겪는 기술-비즈니스 간 조율, 조직 내 합의 형성에도 유용한 사례와 도구 중심의 프레임워크가 인상적입니다. 뒷받침되는 구글과 메타의 실제 사례는 현장 중심의 신뢰를 더해줍니다. AI를 단지 기능으로 보지 않고 사용자의 문제를 진정으로 해결하는 제품 설계의 길잡이로 삼고 싶은 분께 적극 추천합니다.

이문환, LG CNS AI Professional

실무자부터 경영진까지 AI 기반 프로덕트를 만들려는 모든 분에게 추천합니다. 기존 프로덕트 기획과 무엇이 같고 다른지, 어떤 지식이 필요한지, 프로덕트를 어떻게 평가하는지 등 방대한 내용을 체계적으로 다룹니다.

정현준, 소프트웨어 엔지니어

실무에서 챗봇을 만들며 'AI 모델을 잘 학습시키는 것'과 '실제로 유저가 쓰는 제품을 만드는 것' 사이에 큰 간극이 있다는 걸 배웠습니다. 이 책은 그 간극을 메우는 구체적인 사례와 방법을 알려주어, 단순한 기술서가 아닌 실무형 가이드북처럼 느껴졌습니다. 특히 마지막에 담긴 실무자 인터뷰는 현장의 생생한 고민과 경험을 전해주어, 이론과 현실을 연결하는 데 큰 도움이 되었습니다.

허균, 토스증권 프런트엔드 엔지니어

AI 프로덕트 매니저를 위한 AI 개발 라이프사이클(AIPDL) 전반에 걸친 기획 및 운영 노하우가 담겨있습니다. RICE 프레임워크, 예룬 쿨런의 프로덕트–시장 적합성 분석, 각종 체크리스트와 같은 실무에 직접적으로 도움을 주는 내용은 물론 컴플라이언스, 평가 지표, 리스크 관리까지 폭넓게 다뤄 사업적·기술적 관점에서 균형 잡힌 의사결정을 도와주는 점이 돋보입니다.

특히, AI PM 수행을 도와주는 챗프로드, 브라우즈 등 최신 AI 툴 소개는 매우 유익했습니다. 더불어 저자의 메타, 구글 등 실무 경험과 AI 전문가의 인터뷰는 인사이트를 얻는 데 도움을 줍니다. AI 프로덕트 매니저, 개발자, 경영진에게 추천합니다.

허민, 한국외국어대학교 정보전략팀

개발자로서 PM으로서 다양한 시스템을 구현하고 배포해 봤지만, AI PM은 그동안 해왔던 방식과 어떤 점이 다른지 궁금했는데 제대로 알게 되었습니다. 새로운 영역(AI 개발)으로 발을 내딛는 분들에게 분명히 도움이 되는 내용입니다.

홍상의, 소프트웨어 엔지니어

급변하는 IT 시장 속 PM의 역할에 대해 새로운 이정표를 제시해 주는 책입니다. AI를 어떻게 제품에 녹일지, 또 이를 매니징 단계에서 어떻게 접목할지에 대한 답을 얻고, AI 시대에서 AI PM이 가져야 하는 새로운 프로덕트 전략과 사고방식을 체득할 수 있었습니다. AI PM을 처음 접하는 분, 기존에 PM 역할을 수행하면서 AI PM으로 한 단계 더 발돋움하고자 하는 분 모두에게 좋은 길잡이가 될 것입니다.

황선주, AI 스타트업 TPM

옮긴이의 말

인공지능은 더 이상 먼 미래의 기술이 아니라, 오늘날의 제품과 서비스 경쟁력을 좌우하는 핵심 요소가 되었습니다. 특히 생성형 AI의 급속한 발전은 아이디어 발굴에서 프로토타이핑, 출시와 운영에 이르기까지 제품과 서비스의 전 라이프사이클에 새로운 가능성과 난제를 동시에 안겨주고 있습니다. 이 책은 그런 변화의 한가운데에서, AI를 '연구'가 아닌 '제품'의 관점으로 풀어내는 안내서입니다.

저희가 이 책을 처음 접했을 때 가장 인상 깊었던 점은 두 가지였습니다. 하나는 화려한 모델 성능 지표보다 문제 정의, 데이터 전략, 사용자 가치 검증을 우선에 두는 균형 잡힌 시각입니다. 다음으로 실무에서 바로 적용 가능한 체크리스트와 의사결정 프레임, 실패를 줄이는 운영 노하우를 구체적으로 제시한다는 점입니다. AI 기능을 하나 더 얹는다고 무조건 좋은 제품이 아님을, 이 책은 일관되게 이야기합니다.

AI 제품은 '한번 잘 만들고 끝나는' 결과물이 아니라, 배포 이후에 진짜 일이 시작되는 살아 있는 시스템입니다. 프롬프트 한 줄, 피처 하나의 변경이 사용자 경험 전체를 바꿀 수 있고, 데이터와 환경이 변하면 제품의 성격도 달라집니다. 이 책이 제시하는 원칙과 도구는 그러한 변화를 통제할 수 있게 만들고, 팀이 같은 언어로 소통하도록 돕습니다.

번역 과정에서는 원문의 간결함과 실용적 호흡을 유지하는 데 주력했습니다. 국내 실무 현황을 고려해 용어를 정리하되, 혼동 가능성이 큰 개념은 영문을 병기했습니다. 불필요한 수식어는 덜어내고, 실제 현장에서 바로 적용할 수 있는 문장 구조를 선택했습니다. 의미가 달라질 소지가 있는 부분이나 조금 더 설명이 필요해 보이는 부분은 각주나 역주로 간단히 보완 설명을 덧붙였습니다.

번역자는 언제나 원문과 독자 사이에서 균형을 잡아야 하는 자리입니다. 부족한 부분이 있다면 전적으로 저희 책임입니다. 그럼에도 이 책이 독자 여러분의 책상

위에서, 회의실의 화이트보드 앞에서, 그리고 실제 상용 환경에서 유용한 지침서가 되기를 진심으로 바랍니다.

번역 과정에서 관심과 격려로 지원해 주신 팀 동료 여러분께 감사드리며, 특히 넓은 안목과 세심한 통찰로 늘 새로운 인사이트를 주시며 따뜻한 관심과 조언을 해주신 선배님들(류정환 님, 복재원 님, 안광국 님)께 감사를 드립니다. 마지막으로 번역 과정에서 항상 친절한 안내와 상세한 조언을 주신 한빛미디어 이민혁 편집자님, 김종찬 편집자님께 감사의 뜻을 전합니다.

아무쪼록 이 책이 국내 AI 환경에서 고군분투하는 많은 기획자와 관리자들에게 좋은 지침서가 되길 바랍니다.

오성근, 오용철

지은이의 말

인공지능$^{\text{artificial intelligence}}$(AI)은 수십 년 동안 컴퓨터 과학자와 엔지니어들에게 핵심 연구 및 개발 분야였습니다. 과거에는 하드웨어와 소프트웨어의 한계로 AI의 잠재력이 충분히 실현되지 못했으나, 최근의 혁신 덕분에 많은 프로덕트 매니저가 AI의 힘을 활용하여 실용적이고 의미 있는 솔루션으로 확장할 수 있게 되었습니다.

2023년, 오픈AI^{OpenAI}의 챗GPT^{ChatGPT}를 비롯한 다양한 대규모 언어 모델이 출시되면서 디지털 환경이 급격히 변화했습니다. 프로덕트 매니저들은 불과 1년 전에는 상상할 수 없었던 방식으로 AI를 사용자 경험에 접목하기 시작하였습니다. 1년이라는 짧은 기간 동안 생성형 AI 모델 시장에는 미드저니^{Midjourney}, 스테이블 디퓨전$^{\text{Stable Diffusion}}$, DALL-E 같은 이미지 생성 툴부터 딥시크^{Deepseek} 같은 고급 검색 솔루션, 구글의 제미나이^{Gemini} 같은 멀티모달 생성형 AI 시스템까지 캄브리아기 대폭발[1]이 벌어졌습니다. 2024년부터 대부분의 기술 기업은 자사 프로덕트에 조금이라도 AI 기술을 통합하는 데 집중하고 있습니다. 많은 기업은 업무별 AI 솔루션을 범용 AI로 전환하고, 멀티모달 AI 및 개인화된 AI 에이전트로 새로운 사용자 경험을 구축하는 데 주력하고 있습니다.

이 책은 AI 기반 프로덕트를 만드는 과정에서 발생하는 복잡성을 효과적으로 헤쳐 나가도록 돕는 로드맵입니다. 구글과 메타에서의 경험에 AI 프로덕트 아카데미를 운영하며 얻은 인사이트를 더한 이 가이드는 프로덕트 매니저, 기업가, 비즈니스 리더가 AI를 자신 있게 업무에 통합하도록 도구와 프레임워크를 제공합니다.

---

[1] 옮긴이_ 캄브리아기 대폭발은 약 5억 4천만 년 전 짧은 기간 동안 생물 종의 다양성이 폭발적으로 증가한 현상으로 여기서는 생성형 AI 모델이 단기간에 급속히 다양화된 상황을 비유적으로 표현했습니다(*https://ko.wikipedia.org/wiki/캄브리아기_폭발*).

앞으로 모든 프로덕트 매니저는 AI 프로덕트 매니저가 될 것입니다. AI와 생성형 AI는 불과 10년 전만 해도 상상하지 못한 방식으로 문제를 해결하고 솔루션을 확장할 힘을 제공합니다. 이 책을 읽고, 독자 여러분이 사용자 요구와 비즈니스 목표에 부합하는 영향력 있는 AI 기반 프로덕트를 만들 지식, 프레임워크, 그리고 자신감을 갖추게 되길 바랍니다.

마릴리 니카

> 이 책에 대하여

AI 프로덕트 매니지먼트의 필요성

AI 프로덕트 매니지먼트에는 기존의 프로덕트 개발과는 본질적으로 다른 어려움이 있습니다. 기존의 프로덕트 개발과 달리, AI 시스템은 확률적이며, 고품질 데이터에 의존하고, 지속적인 학습과 최적화가 필요합니다. 대규모 언어 모델, 검색 증강 생성, 모델 파인튜닝과 같은 개념은 AI 프로덕트 매니지먼트를 이해하는 데 매우 중요하지만, 비기술적인 PM에게는 종종 접근하기 어려운 느낌을 줍니다. 이러한 장벽을 해결하기 위해 저자는 AI 프로덕트 아카데미를 설립해 AI 프로덕트 매니지먼트 인증 프로그램을 제공하고, 이 책을 집필하였습니다. 이를 통해 AI 전문 기술을 소개하고 사용자의 고충을 효과적으로 해결할 수 있도록 돕고자 합니다.

이 책은 복잡한 AI 프로덕트 개발 라이프사이클을 탐색하고, 전략적 및 윤리적 고려 사항을 고민해 보고, 혁신적이고 사용자 중심적인 프로덕트를 개발하는 데 도움이 되는 구체적인 가이드를 제시하고 실용적인 툴 및 사례 연구를 다룹니다.

대상 독자

이 책은 AI와 생성형 AI 기반 프로덕트를 관리하고, 구축하며, 성공적으로 출시하는 방법을 배우려는 분을 위한 책입니다. AI의 가능성을 탐구하고자 하는 기술 관련 현업자부터, 자신의 조직에 AI 프로덕트 매니저를 영입하여 경쟁 우위를 확보하려는 비즈니스 리더까지 다양한 독자층을 고려하여 내용을 구성하였습니다. 지금까지 AI PM 부트캠프를 진행하며 만난 약 8,000명의 현업자는 대부분 다음 세 가지 범주에 속합니다.

- **프로덕트 매니저:** AI로 전환하거나 AI 기반 프로덕트를 관리하기 위해 역량을 키우려는 사람
- **기업가와 혁신가:** AI가 자신의 비즈니스를 어떻게 변화시킬 수 있는지 가능성을 탐색하려는 사람
- **엔지니어와 데이터 과학자:** 프로덕트 및 사용자 중심 관점에서 AI 개발을 이해하고자 하는 기술 현업자

이 책의 구성

AI 자체는 프로덕트가 아닙니다. 진짜 프로덕트는 경험입니다. AI가 진정으로 사용자에게 가치를 제공하려면 특정 경험에 통합되어, 그 경험을 개선하거나 아직 충족되지 않은 요구를 해결해야 합니다. 이 책은 아이디어 구상부터 실행까지 AI와 생성형 AI로 새로운 경험을 구축하는 방법을 다룹니다. 기술 팀과 협업하여 AI 프로덕트를 개발하려는 모든 분들에게 매우 중요한 내용을 담았습니다.

이 책은 AI 기반 프로덕트 기획에서부터 시장 출시까지 모든 단계를 안내합니다.

- **1장 AI 프로덕트 매니저의 역할:** AI 프로덕트 매니저의 고유한 책임과, 기술적 진보를 사용자 중심의 솔루션으로 전환하는 역할에 대해 설명합니다.
- **2장 AI 프로덕트 개발 라이프사이클:** 아이디어 발상, 프로토타입 제작, 테스트, 배포에 이르기까지 프로덕트를 이끄는 AI 프로덕트 개발 라이프사이클 프레임워크를 소개합니다.
- **3장 AI PM의 필수 지식:** 일반 PM이 AI 중심의 역할로 전환하기 위해 필요한 개념과 이러한 원리들이 어떻게 사용자에게 영향을 미치는 프로덕트로 구현되는지 다룹니다.
- **4장 AI PM의 업무:** AI 프로덕트 매니저의 독특한 업무 흐름을 설명하며, 협업 중심의 업무, 다양한 이해관계자와의 소통, 지속적인 학습의 중요성을 강조합니다.
- **5장 AI에서의 전략적 사고:** 엔지니어, 디자이너, 이해관계자로 구성된 다양한 팀을 이끄는 전략을 제시합니다.

이 책에 대하여

- **6장 목표 설정과 성공 측정:** 성공 지표를 정의하고, 정확성과 속도 간의 트레이드오프를 균형 있게 고려하면서, AI 고유의 리스크를 관리하는 방법을 설명합니다.
- **7장 PM을 위한 AI 툴:** AI 프로덕트 개발 라이프사이클 전반에 걸쳐 중요한 툴과 기술을 소개합니다.
- **8장 AI 에이전트 구축:** 자율 AI 에이전트에 대해 다루며, 멀티 에이전트 시스템, 강화 학습, 그리고 실제 프로덕트에서의 활용 사례를 설명합니다.

감사의 말

이번 여정을 함께하는 동안 변함없이 응원해 준 남편 레이 요크 Ray Yocke 에게 깊은 감사를 전합니다. 또한 2018년에 처음으로 강의를 시도하도록 격려해 주신 카림 R. 라카니 Karim R. Lakhani 교수님께 감사드리며, 이 책을 완성하는 동안 연구에 도움을 준 제시 리 Jessie Li 에게도 감사의 뜻을 전합니다.

목차

지은이·옮긴이 소개 ··· 4
베타리더의 글 ·· 5
옮긴이의 말 ·· 8
지은이의 말 ·· 10
이 책에 대하여 ··· 12

CHAPTER 1 AI 프로덕트 매니저의 역할

1.1 AI 진화의 단계 ·· 20
1.2 프로덕트에 AI 도입 ·· 24
1.3 AI의 독특한 특징 ··· 25
1.4 AI와 생성형 AI의 초능력 ·· 30
1.5 AI PM의 역할 ·· 34
1.6 AI PM의 역량 ·· 36
1.7 조직 구조 ··· 37
1.8 왜 AI PM이 되려고 하는가? ··· 38
1.9 로드맵 ··· 43
1.10 결론 ·· 44

CHAPTER 2 AI 프로덕트 개발 라이프사이클

2.1 AI 프로덕트의 유형 ·· 45
2.2 AI 프로덕트 개발 라이프사이클 ··· 47
2.3 결론 ·· 73

CHAPTER 3 AI PM의 필수 지식

3.1 핵심 프로덕트 매니지먼트 기술과 실무 ······································ 76
3.2 일반적인 프로덕트 매니지먼트 역량 개발 방법 ··························· 88
3.3 필수적인 리더십과 협업 역량 ·· 90
3.4 PM을 위한 엔지니어링 기초 ··· 94

목차

3.5 AI 프로덕트 개발 라이프사이클과 운영 이해	102
3.6 결론	120

CHAPTER 4 AI PM의 업무

4.1 AI PM의 커리어패스	122
4.2 AI PM의 역할	126
4.3 결론	134

CHAPTER 5 AI에서의 전략적 사고

5.1 비즈니스 전략: AI를 솔루션으로 평가하기	136
5.2 AI 전략: 자체 개발할 것인가, 아니면 구매할 것인가?	142
5.3 데이터 전략: 모델 구축과 적응	146
5.4 프로덕트 리뷰: 리더십의 지지 얻기	151
5.5 결론	152

CHAPTER 6 목표 설정과 성공 측정

6.1 프로덕트 상태 지표	154
6.2 시스템 상태 지표	156
6.3 AI 프록시 지표	157
6.4 AI 프로덕트를 위한 OKR	162
6.5 결론	165

CHAPTER 7 PM을 위한 AI 툴

7.1 AIPDL 강화를 위한 툴	168
7.2 협업 및 점검을 위한 툴	170
7.3 결론	172

CHAPTER 8 AI 에이전트 구축

- 8.1 AI 에이전트란 무엇인가? ···································· 174
- 8.2 에이전트 기반 프로덕트 ·· 182
- 8.3 프로덕트에 적합한 AI 에이전트 설계하기 ················ 188
- 8.4 에이전트 상호 작용을 위한 디자인 패턴 ·················· 193
- 8.5 에이전트의 성공 기준 정의 ···································· 198
- 8.6 AI 에이전트 설문지 ·· 198
- 8.7 결론 ··· 199

APPENDIX A 템플릿

- 프로덕트 리뷰 템플릿 ··· 201
- AI 프로덕트 요구 사항 문서 템플릿 ······························· 202
- 워크시트: 조직 내 AI 도입 기회 평가 ····························· 207
- 워크시트: AI 구현 전략 워크시트 ·································· 213

APPENDIX B 인터뷰

- 지식의 대중화, AI 변곡점에 올라타다 ···························· 219
- 독학과 실험으로 완성한 머신러닝 MVP ························· 222
- 정말 AI가 필요한 일일까? ·· 224
- 아이디어를 현실로 만드는 0-to-1 ································· 226
- 우선순위와 집중이 만드는 가치 ···································· 229
- PM의 기본기가 훌륭한 AI 프로덕트를 만든다 ················ 231
- 고객과의 대화로 찾아내는 문제점 ································· 233

- 찾아보기 ·· 236

CHAPTER 1
AI 프로덕트 매니저의 역할

제가 처음으로 일했던 AI 팀은 특별한 프로젝트를 진행했습니다. 다양한 억양을 이해하고, 누가 말하는지, 또 그 사람이 AI 어시스턴트에 무엇을 지시하는지를 인식하는 스마트 홈 어시스턴트 기기였습니다. 그때는 음성 어시스턴트와 스마트 홈이 막 시작되던 시기였습니다. 저는 언어와 기술의 결합에 항상 관심이 있었고, 많은 음성 시스템이 다양한 말하기 방식(억양이나 말투)을 제대로 이해하지 못한다는 걸 알고 있었습니다. 우리 음성 팀의 목표는 이런 언어를 이해하는 AI를 만드는 것이었죠.

정말 복잡한 작업이었습니다. 엄청난 양의 데이터셋을 다루고, 알고리즘을 개선하며, 이 기술을 사용자 중심의 프로덕트에 내장하기 위해 몇 달 동안 노력하였습니다. 음성 기술, 특히 음성 인식 기술(https://oreil.ly/GebkV)은 기계가 사람이 말하는 내용을 문자로 전환합니다. 마찬가지로 텍스트 음성 변환 기술(https://oreil.ly/7MPDk)은 컴퓨터가 입력된 글자를 바탕으로 '말하는' 능력을 갖게 해 줍니다.

저는 어느 순간 제가 AI와 혁신의 중심에 서 있다는 걸 깨달았습니다. 이 경험은 저를 AI 프로덕트 매니지먼트라는 흥미로운 세계로 이끌었습니다.

AI라는 분야는 수십 년 동안 존재해 왔습니다. 이 분야의 시작은 1950년대로 거슬러 올라갑니다(https://oreil.ly/4MEqd). 그 당시 과학자들은 인간의 뇌처럼 작동하는 컴퓨터를 개발하려 했고, 특히 앨런 튜링은 기계도 인간처럼 사고하도록 가르칠 수 있다는 아이디어를 제안했습니다.

AI는 컴퓨터 과학의 한 분야로 컴퓨터에 지능을 부여합니다. AI는 기계가 인간처럼 추론, 감지, 음성 처리, 시각적 인식, 문제 해결과 같은 복잡한 인지 작업을 수행하게 만듭니다. 그리고 무엇보다도 AI는 데이터를 통해 학습하고 적응할 수 있습니다(https://oreil.ly/0r9Wx). 비록 새로운 개념은 아니지만(https://oreil.ly/Bwv67), 하드웨어의 한계로 인해 최근까지 그 잠재력이 가려져 있었습니다. 업계는 이제서야 AI의 방대한 잠재력을 활용하기 시작했습니다. 칩 기술의 비약적인 발전, 전례 없는 컴퓨팅 성능, 풍부한 데이터 덕분입니다. 이러한 발전은 정교한 알고리즘과 최첨단 머신러닝(ML) 기법과 결합해 이전에는 상상할 수 없던 AI의 능력을 실현할 기반을 마련하고 있습니다.

방대한 데이터를 보유한 조직은 AI와 ML을 수용할 특별한 위치에 있습니다. 운영 조직은 재고 보충 계획 수립이나 적절한 가격 산정과 같은 예측을 할 수 있고, 서비스 조직은 개인화, 추천, 자동화, 콘텐츠 생성 등 독창적인 스마트 솔루션을 제공해 상당한 경쟁 우위를 확보할 수 있습니다. 이제 그 어느 때보다도 AI와 그 잠재력을 이해하고, 활용하며, 고객에게 '제공'할 능력을 가진 전문가가 필요합니다.

이제 AI는 어디에나 존재합니다. AI는 대학 입학이나 의료 진단과 같이 점점 더 복잡하고 중요한 결정에도 관여합니다. 챗GPT가 처음 출시된 2022년 말부터 2023년까지 한 해 동안 AI는 엄청난 발전을 이뤘습니다. 생성형 AI(Gen AI)라고 불리는 콘텐츠 생성 특화 AI까지 등장했죠.

이 장에서는 AI 프로덕트 매니저(AI PM)의 비즈니스적 역할을 소개합니다. 이 역할이 일반적인 프로덕트 매니저와 어떻게 다른지, 어떤 역량이 필요한지 논의하겠습니다. 또한 AI 프로덕트가 다양한 AI 기술을 활용하는 방법을 비롯해, 여러 AI 환경을 탐구합니다. 또 AI PM의 일상적인 업무와 그들의 활약이 필요한 상황을 포괄적으로 소개합니다.

1.1 AI 진화의 단계

생성형 AI라고 하면 많은 분이 전통적인 AI를 떠올립니다. 최근 생성형 AI가 뜨거운 화제로 떠오르고 기술적으로도 눈부신 발전을 이루었지만, 이것이 기존의 AI를 대체하는 것은 아닙니다. 실제로 생성형 AI는 크고 복잡한 AI 생태계의 한 부분입니다. 이 차이를 알아야 AI의 잠재력을 온전히 이해할 수 있습니다.

'AI'라는 용어는 여러 가지 기술과 접근 방식을 포함하며, 각각의 AI는 고유한 사용 사례가 있다는 점을 분명히 해야 합니다. AI라는 용어가 생성형 AI만을 의미한다고 생각한다면 이 넓고 다양한 분야를 지나치게 단순화하는 셈입니다. 현대의 AI는 전통적인 AI$^{\text{traditional AI}}$, 생성형 AI$^{\text{generative AI}}$, 인공일반지능$^{\text{artificial general intelligence}}$(AGI), 인공초지능$^{\text{artificial superintelligence}}$(ASI)이란 네 가지 그룹으로 분류됩니다.

[그림 1-1]은 이 네 가지 유형의 AI가 범위와 기능 면에서 어떻게 다른지 비교하며, AI가 실무 작업부터 훨씬 더 넓고 잠재적으로 혁신적인 애플리케이션에 이르

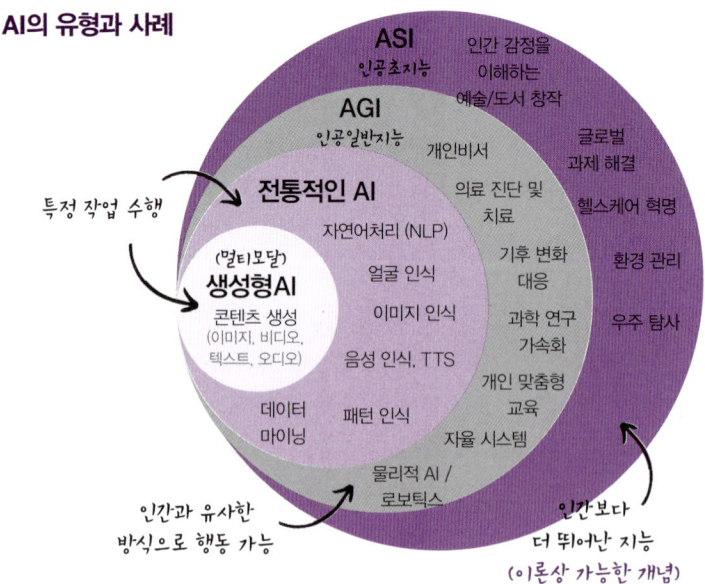

그림 1-1 인공지능의 네 가지 유형

기까지 어떻게 발전하고 있는지 보여줍니다. 이 다이어그램은 AI의 계층적 구조를 강조하며, 각 카테고리가 지능형 시스템에 대한 우리의 이해와 발전에 어떻게 기여하는지도 보여줍니다.

1.1.1 전통적인 AI (1950년대~현재)

전통적인 AI는 1950년대에 시작된 오랜 역사를 가지고 있으며, 인공지능의 기초 기술을 보여줍니다. 이 시스템들은 규칙 기반 또는 패턴 인식 시스템을 통해 특정 작업을 수행하도록 설계되었습니다. 전통적인 AI는 우리가 일상적으로 상호작용하는 가장 필수적인 애플리케이션을 포함합니다.

- **비전**
  전통적인 AI는 이미지 인식, 객체 탐지, 얼굴 인식과 같은 컴퓨터 비전 작업에 발전을 이루었습니다. 소셜 미디어 플랫폼의 사진 태그 지정부터 의사가 질병을 진단하는 데 도움을 주는 첨단 의료 영상 기술까지, 시스템이 시각적 입력을 해석하고 분석하는 기반을 이룹니다.

- **대화**
  시리와 알렉사 같은 음성 어시스턴트에 사용되는 음성 인식 및 음성 변환 기술은 수십 년간 개발되어 왔습니다. 음성을 텍스트로 변환해 기계가 음성 명령에 응답하도록 합니다. 반대로 작동하는 텍스트 음성 변환(TTS) 시스템은 컴퓨터가 인간처럼 말하도록 합니다.

- **자연어 처리 (NLP)**
  자연어 처리는 언어 번역, 감정 분석, 챗봇을 통한 다양한 과제에 큰 혁신을 가져왔습니다. 예를 들어 구글 번역기나 고객 서비스용 챗봇은 AI를 활용해 인간의 언어를 키워드를 넘어서, 더 정교하게 이해합니다.

- **로보틱스**
  전통적인 AI 기술이 로봇공학에 적용되면서 산업용 로봇, 자율주행차, 드론의 발전이 이루어졌습니다. 그 덕에 로봇은 조립이나 자율 주행 같은 복잡한 작업을 수행할 수 있습니다.

- **데이터 분석**
  전통적인 AI는 예측 분석, 데이터 마이닝, 패턴 인식에 뛰어납니다. 방대한 데이터셋을 분석하고 숨겨진 패턴을 발견합니다. 이전에는 사람의 직관이 필요했던 프로세스를 자동화하고 조직의 데이터 기반 의사 결정을 지원합니다.

1.1.2 생성형 AI (2010년대 후반~현재)

생성형 AI는 최근의 AI 혁신을 이끌며, 텍스트, 이미지, 비디오, 음악 등 다양한 콘텐츠를 생성하는 능력으로 대중의 큰 관심을 받고 있습니다. 하지만 생성형 AI는 전통적 AI의 작업을 대체하는 대신 새로운 영역을 확장하고 있습니다.

- **콘텐츠 제작**
  생성형 AI는 주어진 프롬프트로 이미지, 비디오, 텍스트와 같은 미디어를 생성할 수 있습니다. 창작 예술 분야(그래픽 디자인 또는 음악 창작 지원)부터 비즈니스 분야(전자상거래 사이트의 프로덕트 설명을 자동으로 생성)까지 활용 분야는 다양합니다.

- **딥페이크**
  생성형 AI는 **딥페이크**^{deepfake}라고 부르는 가짜 미디어를 생성할 수 있습니다. 실제 사람의 목소리나 외모를 그럴듯하게 모방할 수 있어 윤리적인 문제를 일으키기도 하지만, 엔터테인먼트나 시뮬레이션 등 합법적인 활용 사례도 있습니다.

- **개인 맞춤형 미디어**
  생성형 AI는 개인별로 맞춤화된 콘텐츠 경험을 제공할 수 있습니다. 예를 들어 넷플릭스나 스포티파이 같은 플랫폼은 인공지능을 사용하여 사용자 선호에 맞는 프로그램과 음악을 추천합니다. AI는 그 어느 때보다도 개인화된 경험을 제공하며 미디어 소비 방식을 변화시키고 있습니다.

- **디자인과 예술**
  Dall-E(https://oreil.ly/MzMRb)나 어도비 파이어플라이$^{Adobe\ Firefly}$(https://oreil.ly/F4T-4) 같은 AI 툴은 예술가가 컨셉이나 목업$^{mock-up}$(모형이나 프로토타입)을 신속하게 만들도록 도와줍니다. 이러한 툴은 창작 시간을 줄여, 아이디어를 구체화하는 데 더 집중하도록 도와줍니다.

- **게임 개발**
  생성형 AI는 게임 개발자가 세계, 캐릭터, 환경을 절차적으로 생성하도록 해, 더욱 상호작용적이고 역동적인 게임을 만들어, 각 플레이어에게 독특한 경험을 제공합니다.

1.1.3 인공일반지능 (2030년대?)

인공지능 연구의 다음 영역은 인공일반지능(AGI)으로, 아직 우리는 이 단계에 도달하지 못했지만, AGI는 다양한 작업에서 지식을 이해하고 학습하며 적용하는 기계를 만들 수 있습니다. AGI의 목표는 본질적으로 인간의 인지 기능을 모방하는 것입니다.

- **문제 해결**
  AGI는 복잡하고 여러 영역에 걸친 문제를 해결할 것입니다. 한 순간에는 의료 진단을 하고, 다음 순간에는 전략적 비즈니스 계획을 세우는 AI 시스템을 상상해 보세요.

- **연구와 개발**
  AGI는 연구 개발 분야에서 가설을 생성하고, 시뮬레이션을 실행하며, 인간보다 훨씬 빠르게 실험을 수행하여 과학적 발견을 훨씬 빠르게 가속할 것입니다.

- **개인 비서**
  AGI는 오늘날의 가상 비서를 진화시켜, 개인 일정 관리부터 창의적인 문제 해결까지 일상생활의 광범위한 영역을 관리할 수 있는 고도로 유능한 시스템으로 발전시킬 겁니다.

- **의료**
  AGI는 의료 분야에서 개인 맞춤형 의학을 제공하고, 복잡한 상태를 진단하며, 심지어 새로운 치료법을 제안하는 등 큰 발전을 이룰 가능성이 높습니다.

1.1.4 인공초지능 (2040년대?)

인공초지능(ASI)은 아직 이론적 단계에 머물러 있지만, 인간의 지능을 넘어서는 문제 해결 능력을 갖출 것으로 예상됩니다. 이로 인해 현재로서는 상상할 수 없는 문제까지 해결할 겁니다.

- **글로벌 문제**
  만약 ASI가 현실화된다면, 기후 변화, 세계 기아, 지정학적 갈등과 같은 대규모 문제에 혁신적인 해결책을 제공할 수 있습니다. ASI는 인류의 가장 시급한 문제를 해결하기 위한 새로운 전략을 제시할 것입니다.

- **신뢰할 수 있는 예측**
  오늘날 많은 결정이 데이터를 기반으로 이루어지고 있습니다. 예를 들어 일기 예보는 수천 개의 과거 데이터를 바탕으로 만들어집니다. ASI가 도입된다면 날씨나 시장 가격 예측 등 미래 전망이 훨씬 더 정확해질 것으로 기대됩니다.

- **첨단 우주 탐사**
  ASI의 분석적이고 창의적 능력은 추진력, 생명 유지, 자원 관리와 같은 복잡한 문제를 해결해 우주 탐사 임무, 더 나아가 행성 간 식민지 건설까지 이뤄낼 것입니다.

AGI와 ASI는 이론적 가능성만 살펴보았으나, 지금도 많은 프로덕트가 AI 기술을 널리 활용하고 있습니다. AI는 이미 산업을 깊이 변화시키고 있습니다. AI PM의 역할은 변화의 가운데서 사용자에게 가치를 전달하는 프로덕트를 만드는 것입니다.

지금부터 AI 기술이 적용된 혁신적인 프로덕트의 예시와 AI PM이 개발 과정에서 어떤 역할을 하는지 살펴보겠습니다.

1.2 프로덕트에 AI 도입

AI PM은 AI를 프로덕트에 전략적으로 도입하고 가치를 창출하여 업계를 이끌어 갈 수 있습니다. AI PM이 어떤 업무를 하는지 알아보기 위해, 실제로 혁신적이고 변혁을 이끈 AI 프로덕트 몇 가지와 그 탄생 과정에서 AI PM이 수행한 역할을 살펴보겠습니다.

구글 포토는 사용자의 사진과 비디오를 체계적으로 저장하고 정리하는 애플리케이션입니다. 구글은 이를 '모든 사진과 비디오를 보관하고, 정리하며 생동감 있게 만들어 주는 공간'이라고 소개합니다. 이러한 가치 제안 역시 AI PM 팀의 아이디어에서 탄생했을 가능성이 높습니다. 검색 기능(https://oreil.ly/EdesI) 또한 주목할 만한데, 사용자는 '강아지'라고 단어를 입력해, 모든 사진에서 해당 키워드를 포함하는 이미지를 바로 찾을 수 있습니다. 더 이상 예전처럼 모델을 따로 훈련하지 않아도 됩니다. 이 기능은 얼굴 인식, 객체 탐지, 장면 인식 등 다양한 AI 스마트 기술을 사용하여 특정 사람(예 스티브), 사물(예 자동차), 장소 또는 상황(예 숲, 결혼식)을 인식하고 검색합니다.

AI PM은 자율주행차 개발에도 큰 역할을 했습니다. 예를 들어 테슬라의 풀 셀프ー드라이빙 full self-driving (FSD) 베타버전(https://oreil.ly/j8uKS)은 스스로 도로를 주행하고, 안전하게 차선을 변경하며, 주차까지도 할 수 있습니다. 이 기능은 강화 학습(https://bit.ly/42hqd2U)과 컴퓨터 비전(https://oreil.ly/LjQhV) 같은 기술을 핵심적으로 활용했습니다. 강화 학습은 머신러닝 기법으로, 기계가 시행착오를 통해 스스로 배우는 방법이며, 컴퓨터 비전은 컴퓨터가 이미지, 비디오 및 기타 시각적 입력에서 의미 있는 정보를 얻는 기술입니다.

구글의 증강 현실(AR)/가상 현실(VR) 팀은 구글 렌즈(https://lens.google)를 개발하고 있습니다. 이 기술은 사용자가 주변 세계를 이해하는 데 도움을 줍니다. 사용자가 가리키는 모든 것을 카메라가 분석하고, 화면에 실시간 번역, 맞춤형 쇼핑 추천, 식당의 실시간 리뷰를 보여줍니다. 여기에는 컴퓨터 비전과 자연어 처리(NLP)를 사용합니다. NLP는 컴퓨터가 사람과 유사한 방식으로 말이나 글로 된 단어를 이해하도록 돕습니다.

이처럼 사진 정리, 자율주행, AR/VR 등 다양한 첨단 AI 프로덕트의 중심에는 AI PM이 있습니다. 혁신적인 AI 기술의 진정한 가치는 단순히 응용에 머무르지 않고, AI만의 고유한 특성(학습, 적응, 불확실성 처리 등)에 있습니다. AI PM은 이러한 AI의 근본적인 특성을 이해해야 AI 중심 프로덕트의 잠재력을 극대화할 수 있습니다.

이제 AI를 특별하게 만드는 요소를 살펴보겠습니다. AI 모델이 학습하고, 적응하며, 불확실성을 다루는 방식은 프로덕트 개발, 의사결정, 사용자 경험(UX) 설계에 영향을 줍니다. 이러한 특성과 함께 AI PM의 역할에도 어떤 영향을 미치는지도 함께 알아보겠습니다.

1.3 AI의 독특한 특징

AI는 기존 소프트웨어 및 다른 기술적 툴과 구별되는 여러 가지 독특한 특징을 가지고 있습니다. AI PM으로서 역할을 수행할 때 이러한 특징을 알아두는 것은 중요합니다. 이 특성은 AI 시스템의 작동 방식 외에도 프로덕트 개발 과정에서의 의사결정, 우선순위 설정, 사용자 경험 설계에도 영향을 미칩니다. 각 특성이 어떤 의미를 가지며, 프로덕트에 어떤 영향을 미치는지 자세히 살펴보겠습니다.

1.3.1 확률적 특성

AI 모델은 확실성이 아닌 확률을 기반으로 작동합니다. 기존 소프트웨어는 미리 정의된 명령을 실행하고 결정론적 규칙을 따르지만, AI는 데이터에서 학습한 패턴을 기반으로 예측합니다. 예를 들어 AI 시스템이 이미지를 보고 강아지가 있을 확률을 80%로 예측하더라도, 사실 이미지에는 20%의 확률로 전혀 다른 것이 있을 수도 있습니다.

따라서 AI PM은 불확실성을 받아들이고 관리해야 합니다. AI의 예측은 100% 확실하지 않기 때문에, 이해관계자와 사용자에게 적절한 기대치를 설정하는 것이 중요합니다. 정확성, 속도, 비용처럼 다른 요소 간의 트레이드오프도 이해해야 합니다. 자율주행차, 의료 진단, 금융 거래와 같은 애플리케이션에서는 작은 오류도 큰 영향을 미치기 때문에 지속적으로 모델 정확도를 개선하는 것이 매우 중요한 과제입니다. 이 트레이드오프에 대한 내용은 3장에서 자세히 다룹니다.

모델 성능을 지속적으로 모니터링하고 조정하기 위한 피드백 루프를 설정하면 이런 불확실성을 관리하는 데 도움이 됩니다. 또한 팀이 모델 재훈련, 테스트, 개선을 위한 전략을 갖춰도 좋습니다. 무엇보다 AI의 확률적 특성을 스마트하게 반영하는 인터페이스를 설계해야 합니다. 예를 들어 시스템이 확신이 없을 때 경고를 하거나 신뢰도 점수를 표시하는 방법이 있습니다.

1.3.2 데이터 의존성

AI 시스템은 데이터를 기반으로 발전합니다. 관련성이 높고 품질이 좋은 데이터가 많을수록 모델의 성능이 더 좋아집니다. 그러나 모든 데이터가 동일한 가치를 지니지는 않습니다. 데이터셋의 편향, 노이즈, 무관한 요소가 있다면 왜곡되거나 결함이 있는 결과로 이어질 수 있습니다.

AI 모델이 학습하는 데이터의 질과 양은 AI 프로덕트의 성공에 크게 영향을 미칩니다. 데이터 소싱, 정제, 검증은 업무 흐름의 핵심 부분이 되어야 합니다. 최고의 알고리즘도 좋은 데이터 없이는 좋은 결과를 제공하지 못합니다. 또한 데이터를 최대한 수집하려는 욕구와 개인정보 보호 문제 사이의 균형도 맞춰야 합니다.

이러한 위험을 줄이기 위해 AI PM은 연구원 및 데이터 과학자와 긴밀히 협력하여, 데이터 파이프라인이 올바르게 설정되고 데이터셋이 지속적으로 정제되고 업데이트되도록 해야 합니다. 개인화 추천이나 예측 분석과 같은 AI 프로덕트에서 작업할 때는 과거 데이터와 실시간 데이터를 모두 확보하기 위한 전략이 필요합니다. 추가적으로, 차등 개인정보 보호와 같은 기술을 구현하면 사용자 익명성을 보호하면서 데이터를 수집할 수 있습니다.

1.3.3 모델 드리프트

기존 소프트웨어는 수동으로 업데이트하지 않으면 변하지 않지만, AI 모델은 시간이 지남에 따라 학습하고 개선됩니다. 지속적으로 학습할 수 있는 능력은 AI가 가진 큰 장점 중 하나입니다.

그러나 동시에 업데이트 관리, 새로운 편향, 오류 방지 같이 관리할 요소가 늘어납니다. AI 프로덕트는 '한 번 출시하고 끝'이 아니라, 지속적으로 진화하는 시스템으로 생각해야 합니다.

새로운 데이터셋이나 사용자 상호작용은 모델이 학습하고 개선할 수 있는 기회를 줍니다. 하지만 이를 위해서는 장기적인 유지보수, 모델 재학습, 지속적인 업데이트 제공도 계획해야 합니다. 불확실한 경우 모델이 더 많은 정보를 요청할 수 있는 능동적 학습 프레임워크나 정기적인 모델 재훈련 일정 같은 지속적인 학습과 개선을 위한 프로세스를 구현하면 도움이 됩니다. 사용자 경험을 설계할 때는, 피드백 메커니즘을 제공하여 사용자가 AI를 수정하거나 향후의 결과를 개선하기 위한 추가적인 정보를 제공할 수 있도록 해야 합니다. 구글 맵스 같은 툴을 생각해 보세요. 제안된 위치가 정확한지를 사용자에게 확인하도록 요청한 후, 그 피드백을 모델에 즉시 반영하여 향후 더 나은 예측을 할 수 있습니다.

1.3.4 모델의 해석 가능성과 설명 가능성의 필요성

AI 모델, 특히 복잡한 신경망(https://oreil.ly/ndyOv)과 딥러닝 모델(https://oreil.ly/7oopf)은 작동 원리가 투명하지 않아 인간이 이해하기 어려운 방식으로 예측이나 결정을 내립니다. 이러한 AI의 '블랙박스' 같은 특성은 특히 투명성과 책임이 중요한 상황(의료, 금융, 법률 영역)에 문제를 야기할 수 있습니다. 모델의 성능과 해석 가능성 사이에서 균형을 맞춰야 합니다. 가장 정확한 모델은 종종 매우 복잡하지만, 설명하기 어려울 수 있으며, 이는 사용자나 규제 기관이 의사 결정 과정의 명확성을 요구하는 산업에서는 문제가 될 수 있습니다. 투명성 부족은, 사용자가 AI 시스템이 특정 결론에 도달한 방법이나 이유를 이해하지 못할 경우, 사용자의 신뢰를 떨어뜨릴 수 있습니다.

해석 가능한 AI 모델을 우선적으로 고려하고, 혹시라도 복잡한 모델을 사용해야 할 경우 SHAP(https://oreil.ly/q-XxY), LIME(https://oreil.ly/z83re) 같은 기술을 활용하는 편이 좋습니다. 예를 들어 신용 평가 AI는 기반 모델이 블랙박스일지라도 대출 거절 사유를 핵심 요소에 근거해 설명할 수 있어야 합니다. 사용자 인터페이스에 AI의 의사결정 과정을 명확하고 이해하기 쉬운 형태로 전달해야 합니다.

1.3.5 자동화된 의사 결정

AI는 사람의 개입 없이 자율적으로 의사결정을 내릴 수 있는 능력이 있습니다. 이 능력은 고객 지원을 챗봇으로 자동화하거나, 공급망을 최적화하거나, 자율 주행 차량을 운행하는 등 다양한 분야에서 산업을 변화시키고 있습니다.

자동화는 엄청난 효율성 향상을 가져오지만, 동시에 책임 소재도 변화시킵니다. AI PM은 인간과 기계의 의사 결정에서 어디에 경계를 그을지 신중하게 고민해야 합니다. AI에게 완전한 통제권을 언제 넘기고, 언제 인간의 감독이 필요한지를 결정해야 합니다. 이는 상황에 따라 다를 수 있습니다. 예를 들어 자동화된 마케팅 추천은 인간의 검토가 필요하지 않을 수 있지만, 의료 진단이나 법적 결정은 검토가 필요합니다.

필요한 경우 인간의 감독이 가능한 시스템을 설계하는 편이 좋습니다. 예를 들어 AI가 추천을 하되 최종 결정은 사용자가 내리는 '사용자 개입' 접근 방식을 구현할 수 있습니다. 특히 의료 및 금융과 같은 중요한 환경에서는 오류가 큰 영향을 미칠 수 있으므로 안전장치와 상위자로 보고할 수 있는 절차도 반드시 포함해야 합니다. 이 내용은 3장에서 더 자세히 다루겠습니다.

1.3.6 확장성

AI는 빠르게 확장할 수 있는 능력이 있습니다. AI 모델을 한 번 학습시키면, 초당 수천 건의 결정을 내릴 수 있어 인간의 능력을 훨씬 뛰어넘습니다. 하지만 확장성을 위해 특히 인프라, 성능 최적화, 데이터 처리에서 해결해야 할 과제가 있습니다. 인프라는 처음부터 생각해야 합니다. AI 프로덕트가 성장함에 따라 데이터 처리량과 컴퓨팅 자원 필요량도 함께 증가합니다. AI 모델은 자원을 많이 소모하므로, 효율적으로 확장할 수 있는 적절한 클라우드 인프라 또는 온프레미스 하드웨어를 확보하는 것이 중요합니다. 동시에 확장성은 단순히 인프라 구축에만 국한되지 않습니다. 더 많은 데이터나 다양한 사용자 입력을 처리하면서도 성능을 안정적으로 유지해야 합니다.

따라서 시작 단계부터 확장성을 고려한 계획을 세워야 합니다. AI의 요구에 따라 확장 가능한 클라우드 플랫폼을 선택하고, 현재와 미래의 수요를 모두 충족할 파이프라인과 데이터 아키텍처를 준비하세요. AI가 자원의 기하급수적인 증가 없이도 성능을 유지하는 모델 최적화 기술을 우선적으로 고려하세요.

1.3.7 AI의 독특한 특징이 사용자 경험에 미치는 영향

지금까지 살펴본 AI의 모든 독특한 특징은 사용자 경험에 다양한 방식으로 영향을 미칩니다. AI를 올바르게 구현하면 기존 소프트웨어로는 전달하기 어려운 경험을 제공할 수 있습니다. 사용자에게 매우 개인화되고 필요에 따라 변화하는 매끄러운 상호작용을 만들 수 있습니다. 이러한 독특한 특징을 이해하면 AI 도입 과정에서 마주칠 복잡성과 다양한 어려움에도 능동적으로 대응할 수 있습니다.

- **사용자 기대치 관리**
  AI는 확률적으로 동작하기 때문에, 사용자에게 AI가 어떻게 작동하는지 투명하게 전달해야 합니다. 예를 들어 신뢰도 점수를 표시하거나 추천에 대한 설명을 제공하면 신뢰를 쌓는 데 도움이 될 수 있습니다.

- **적응성을 위한 설계**
  AI 모델은 학습하고 진화하기 때문에 프로덕트도 함께 진화해야 합니다. 이를 통해 시간이 지남에 따라 각 사용자에게 더욱 적합하고 개인화된 경험을 제공할 수 있습니다.

- **투명성 우선**
  특정 산업 분야에서는 사용자가 AI가 공정하고 정확하게 판단 내린다고 신뢰할 수 있어야 합니다. 결정이 어떻게 이루어지는지 명확히 전달하면, 신뢰와 책임감을 높여 사용자 경험이 한층 향상됩니다.

- **효율성 최적화**
  자동화는 더 빠르고 효율적인 사용자 경험을 만들어 줍니다. 고객 문의를 해결하는 챗봇이든, 개개인 맞춤형 쇼핑 추천을 제안하는 AI든, 자동화는 마찰을 줄이고 만족도를 높여 사용자 경험을 개선합니다.

1.4 AI와 생성형 AI의 초능력

AI는 마치 초능력처럼 이전에는 상상할 수 없었던 방식으로 프로덕트와 서비스를 강화했습니다. 사용자의 요구를 이해하고 예측하는가 하면, 워크플로를 자동화하고 새로운 콘텐츠를 생성하기까지, AI와 생성형 AI는 더욱 개인화되고 창의적이며 효율적인 경험으로 가는 문을 열어줍니다. 사용자가 프로덕트와 상호작용하는 방식을 혁신적으로 변화시키며, 전례 없는 가치와 혁신을 제공합니다. AI가 현재 사용자에게 제공하는 7가지 초능력을 정리하겠습니다.

1.4.1 초능력 1: 방대한 데이터와 콘텐츠로부터 학습

AI는 데이터를 통해 학습할 수 있습니다. AI 시스템은 사용자가 생성한 방대한 양의 콘텐츠와 과거 상호작용을 분석하여 통찰력을 얻고 예측을 내립니다. 예를 들어 스포티파이가 새로운 노래를 추천하거나 구글 지도가 교통 패턴을 예측하는 등의 서비스가 이에 해당합니다. AI의 대규모 데이터셋 처리 능력으로 기업은 사용자에게 시기적절하고 적합한 정보를 제공할 수 있습니다.

생성형 AI는 여기서 한 발 더 나아갑니다. 사용자가 생성하는 대량의 콘텐츠를 학습하고, 소화하고, 종합하여 새로운 통찰이나 결과물을 생성해 더욱 발전시킵니다. 예를 들어 이전 행동을 기반으로 사용자 선호도를 예측해 새로운 제안이나 예측을 할 수도 있습니다. 스트리밍 서비스는 사용자의 취향을 실시간으로 반영해 사용자의 취향에 맞춰 조정하는 초개인화된 추천이 가능해집니다.

1.4.2 초능력 2: 대규모 개인화

AI가 개별 사용자를 위한 맞춤형 경험을 대규모로 제공하는 능력은 개인화 서비스의 핵심입니다. 추천 플랫폼은 이 기술을 통해 각 사용자에게 고유하고 맞춤화된 경험을 제공할 수 있습니다. AI는 정적인 추천을 넘어서, 실시간으로 사용자들의 변화하는 취향과 행동에 동적으로 서비스를 조정할 수 있다는 장점이 있습니다. 예를 들어 핀터레스트는 변화하는 개인의 미적 감각에 맞게 디자인을 제안합니다.

AI 알고리즘은 방대한 사용자 집단의 특징을 이해하고 분류해 대규모 개인화를 실현합니다. 대규모 데이터셋 내 패턴과 추세를 분석함으로써, 집단 내 공통적인 선호도와 행동을 파악한 뒤, 이를 바탕으로 각 개인이 어떤 집단에 속하는지에 따라 더욱 정교한 맞춤형 추천을 할 수 있습니다. 이처럼 집단의 역동성과 개인의 선호도를 동시에 이해함으로써 AI는 대규모로 지속적으로 변화하는 개인의 취향에 적절한 경험을 제공할 수 있습니다.

1.4.3 초능력 3: 업무 프로세스 자동화 및 최적화

AI는 워크플로와 반복적인 업무를 자동화하는 능력 덕분에 오랫동안 가치를 인정받았습니다. 일정을 정리하거나, 이메일을 관리하거나, 프로젝트 진행 상황을 점검하는 것과 같은 번거로운 수작업 업무를 AI 시스템이 대신 처리함으로써, 사용자는 진정으로 중요한 일에 집중할 수 있습니다.

생성형 AI는 단순히 업무를 자동화하는 데 그치지 않고, 실시간 데이터를 기반으로 업무를 최적화하여 업무 자동화의 수준을 한 단계 끌어올렸습니다. 예를 들어 생산성을 극대화하기 위해 팀원의 가용 시간과 프로젝트 마감일을 분석하면서 회의 일정을 잡는 생성형 AI 비서를 상상해 볼 수 있습니다. 이와 같은 수준의 자동화가 있다면 기업은 사용자 요구에 맞춰 진화하는 더 스마트하고 효율적인 툴을 제공할 수 있습니다.

1.4.4 초능력 4: 새로운 콘텐츠와 경험 창출

기존의 AI는 워크플로 자동화와 프로세스 최적화에 중요한 역할을 해왔습니다. 예를 들어 트렐로 같은 작업 관리 시스템은 AI를 사용하여 일정 관리를 자동화하고, 마감일을 점검하며, 프로젝트 관리를 지원합니다. 이런 AI 기능은 반복적인 업무를 자동화하여 사용자가 더 의미 있는 업무에 집중할 수 있도록 도와줍니다.

하지만 **콘텐츠 생성** 분야야 말로 생성형 AI가 진가를 발휘하는 영역입니다. 생성형 AI는 텍스트, 이미지, 심지어 비디오 콘텐츠까지 생성하며 창작 산업에 혁신을 불러일으키고 있습니다. 챗GPT와 DALL-E 같은 툴은 비즈니스 현장에서 대규모 문서, 시각 자료, 디자인을 만들어내도록 하여, 사용자가 AI가 만든 콘텐츠와 새로운 방식으로 상호작용하게 해 줍니다. 어도비의 생성 디자인 툴과 같은 플랫폼은 사용자의 요청에 기반하여 그래픽을 생성하며, 기존의 자동화 툴과 차원이 다른 창의성과 유연성을 제공합니다.

1.4.5 초능력 5: 예측과 전망

AI의 예측 능력은 트렌드, 재고 또는 시장 동향 예측에 의존하는 산업에서 오랫동안 강력한 무기로 여겨져 왔습니다. AI 시스템은 과거 데이터와 사용자 행동을 분석하여 근거 있는 예측을 도출합니다. 미래 매출을 예측하거나 시장 변화를 예상하는 능력은 기업이 변화에 앞서 나가도록 도와줍니다.

생성형 AI를 활용하면 더욱 정확한 예측 분석을 할 수 있습니다. 더 방대하고 복잡한 데이터셋을 처리하여 트렌드를 한층 깊이 이해해 더욱 정확한 예측과 바로 의사결정에 활용할 수 있는 인사이트까지 얻을 수 있습니다. 예를 들어 AI 기반의 주식 예측 툴은 시장 행동을 예측하는 동시에 구체적인 행동 전략을 제안하여 사용자가 실시간으로 더 현명한 결정을 내릴 수 있도록 지원합니다.

1.4.6 초능력 6: 실시간 적응

AI는 애플리케이션이 실시간 상호작용을 가능하게 만들었습니다. 시리, 알렉사, 고객 서비스 챗봇 등 음성 및 텍스트 인터페이스를 사용하는 애플리케이션을 생각하면 됩니다. 이러한 시스템은 사용자의 입력을 즉시 처리하여 신속하게 응답함으로써 접근성과 편리성을 높여줍니다.

특히 생성형 AI는 상황에 맞춰 즉각적으로 적응할 수 있습니다. 생성형 AI는 사용자의 입력을 이해하고 실시간으로 정제된 결과를 제공하여, 더욱 역동적인 대화형 상호작용을 가능하게 합니다. 예를 들어 AI 에이전트는 사용자와의 대화 흐름에서 실시간으로 응답하고, 사용자의 추가적인 정보와 맥락을 바탕으로 점차 더 관련성 높고 정확한 정보를 전달할 수 있습니다.

1.4.7 초능력 7: 새로운 기기를 통한 사용자 경험 혁신

AI와 생성형 AI는 단순히 디지털 환경을 변화시키는 데 그치지 않고, 하드웨어 발전과 새로운 형태의 기기를 통해 전에 없던 가능성도 열어가고 있습니다. 스마트 안경, VR 헤드셋 같은 웨어러블 기기는 AI 기반 시스템과의 상호작용하는 방식을 근본적으로 변화시키고 있습니다. 이러한 새로운 형태의 기기는 물리적 세계와 디지털 세계를 융합하여, 이전에는 상상할 수 없었던 몰입감 있고 매끄러운 경험을 만들어 냅니다.

1.5 AI PM의 역할

AI 프로덕트 매니지먼트는 비교적 새롭고 매우 인기 있는 분야로, AI 연구를 실제 기능과 프로덕트로 전환하는 데 중점을 둡니다. 이 직무는 다양한 기술 역량을 요구합니다. AI PM은 전략 수립 과정에서 AI 전문성을 활용해 앞서 논의된 여러 AI의 강점을 바탕으로 혁신적이고 전략적인 AI 프로덕트 로드맵을 만듭니다.

이미 독자 여러분은 프로덕트 매니저 역할에 익숙하실 것입니다. 이를 '일반 PM'이라고 부르겠습니다. 일반 PM은 사용자의 요구를 파악하고 이를 비즈니스 목표와 연계하여 팀과 회사가 적절한 프로덕트를 개발하고 출시할 수 있도록 돕습니다. AI PM을 일반 PM의 업그레이드라고 이해하셔도 좋습니다. AI PM은 단지 팀이 올바른 사용자에게 적합한 문제를 해결하는 정도로 그치지 않고, AI의 독특한 기능을 적극적으로 활용하여 개인화되고 지능적인 경험을 창출하는 데이터 중심적인 접근 방식으로 이를 수행합니다.

AI PM은 코드를 작성하거나 모델을 훈련시키는 역할을 직접 수행할 필요가 없습니다. 여전히 AI PM은 복잡한 사용자 문제에 대한 세계적 수준의 해결책을 설계합니다. 일반 PM과 차별화되는 점은 AI에 대한 전문성입니다. 이를 바탕으로 AI가 가장 큰 가치를 더할 수 있는 영역을 식별하고, 그 한계를 파악하며, 사용자 요구에 맞춰 AI를 적용할 기능을 효과적으로 조정할 수 있습니다.

대부분의 기업에서 일반 PM은 엔지니어링 팀이나 다른 팀의 일원으로 비즈니스, 연구 개발, 엔지니어링의 교차점에서 활동합니다(그림 1-2). 이들의 업무는 사용자가 필요로 하는 것을 파악하고, 이를 기술적 요구 사항으로 변환하는 것입니다. 한편, 엔지니어의 업무는 프로덕트를 개발해 사용자에게 제공하는 것입니다.

AI PM은 여러 부서의 교차점에 위치합니다(그림 1-3). AI PM은 기존 프로덕트에 AI를 적용하거나, 아직 명확한 사용자를 정의하지 않고 기술을 먼저 구축해야 할 수도 있습니다. 따라서, 기존 기술의 복잡한 환경을 헤쳐 나가며, 혁신적인 기능에 적합한 프로덕트-시장 적합성을 발견하고 개발하기 위해 AI기술의 복잡한 환경을 탐색해야 합니다.

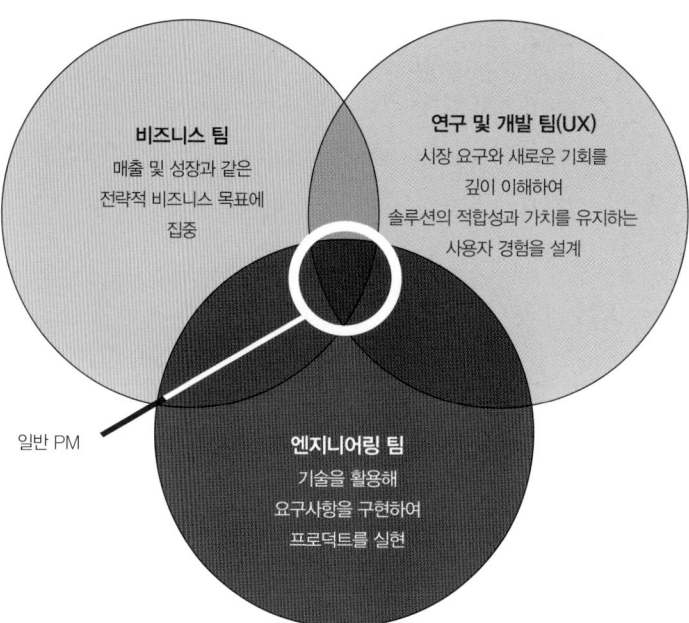

그림 1-2 기업에서 일반 PM의 역할

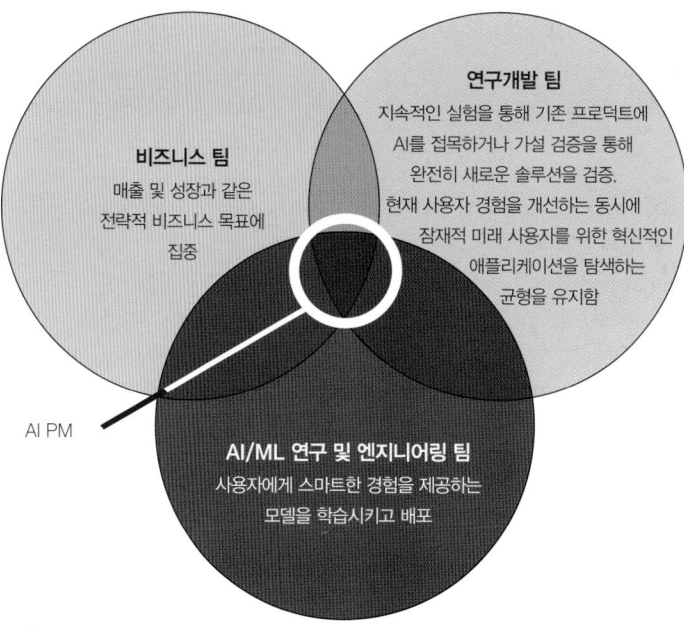

그림 1-3 기업 내 AI PM의 역할

1.6 AI PM의 역량

비즈니스 역할에도 레시피가 있다면 AI PM은 핵심 프로덕트 매니지먼트 지식, 엔지니어링 기초 지식, 필수적인 리더십 및 협업 기술, AI 라이프사이클과 운영 인식으로 구성됩니다(그림 1-4).

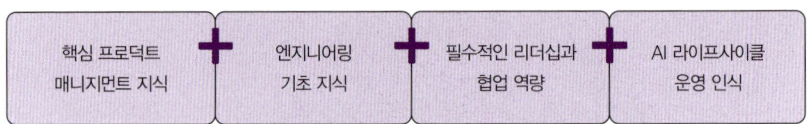

그림 1-4 AI PM의 다양한 역량

- **핵심 프로덕트 매니지먼트 지식**
  산업이나 프로덕트 유형에 관계없이 모든 PM이 갖추어야 할 기본 토대입니다. 사용자의 요구를 이해하고, 프로덕트에 대한 비전을 설정하며, 기능의 우선순위를 정하는 등 프로덕트의 이유와 목적을 확정합니다. AI PM에게 이러한 핵심 지식이 얼마나 중요한지 이 책 전반에 걸쳐 깊이 살펴보겠습니다.

- **엔지니어링 기초 지식**
  일반 PM은 기술적인 능력을 요구받는 경우가 적지만, 갖추고 있다면 좋은 평가를 받습니다. 일부 기업은 채용 과정에서 기술 면접을 진행하기도 합니다. AI PM은 일정수준의 AI 지식이 필요합니다. 비록 프로덕트를 직접 코딩하지는 않더라도, 소프트웨어 개발 관행과 툴을 포함한 기술적인 내용을 이해하는 편이 좋습니다. 이러한 지식은 AI PM과 기술 팀의 간극을 좁히고, 더 원활한 소통을 보장하며, 현실적인 기대치를 설정하는 데 도움을 줍니다.

- **필수적인 리더십과 협업 역량**
  자주 간과하지만 매우 중요합니다. 효과적인 의사소통, 리더십, 공감, 창의력이 여기 포함됩니다. 어려움을 극복하고 팀워크를 키우며, 제작하는 프로덕트가 사용자의 공감을 얻는 데 핵심적인 역할을 합니다. 직관적인 능력처럼 보이지만, 실제로 숙련하려면 의식적인 노력이 필요합니다. 이 책에서는 이러한 필수적인 역량을 갈고닦는 방법을 안내할 예정입니다.

- **AI 라이프사이클과 운영 인식**
  AI PM만의 가장 독특한 역량으로, AI PM은 머신러닝 알고리즘부터 모델 학습의 복잡성까지 AI의 다양한 차이를 이해해야 합니다. 이 역량을 갖추면 다음과 같은 장점이 생깁니다.
  - AI로 가능한 일과 불가능한 일을 이해할 수 있음
  - 올바른 사용자 문제를 식별하고 해결할 수 있음

- 엔지니어 및 데이터 과학자와 효과적으로 소통하여 신뢰를 얻을 수 있음
- 서로 다른 알고리즘의 트레이드오프를 평가하거나 프로덕트 출시 준비 여부를 결정하기 위한 지표를 검토하는 등 정보에 기반한 전략적 결정을 자신 있게 내릴 수 있음
- 프로덕트의 품질을 평가하고, 문제를 발견하여 해결할 수 있음

다음 장에서는 여러분이 완벽한 AI PM 툴 세트를 갖추도록 구성 요소를 자세히 설명하겠습니다. [그림 1-5]는 AI PM이 얼마나 다양한 역할을 수행하는지 보여줍니다.

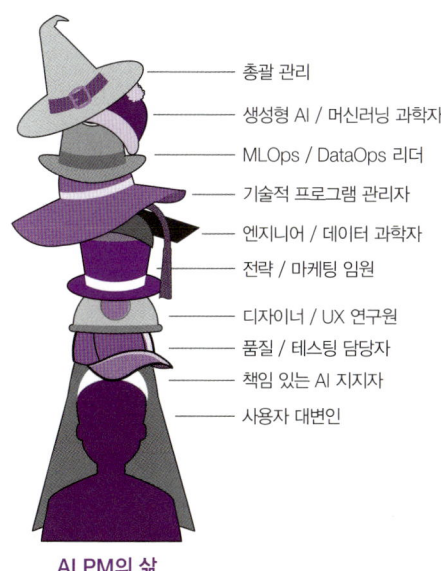

그림 1-5 다양한 감투를 써야 하는 AI PM

1.7 조직 구조

AI PM의 조직 내 위치와 보고 구조는 회사마다 크게 다를 수 있습니다. 새롭게 생긴 직무인만큼 많은 기업이 전체 비즈니스, 프로덕트 전략 및 목표와 가장 잘 조화시킬 방법을 아직 모색 중입니다. 이 결정을 좌우하는 요소에는 회사의 규모

와 단계(**예** 시리즈 A 스타트업 vs 직원 1,000명 규모 기업), AI에 대한 장기적인 전략 목표, 산업 분야, 직원들의 기술 전문성 수준, 부서 간 협업을 위한 체계가 얼마나 잘 갖추어져 있는가 등이 있습니다.

회사 내 자체적인 기술 전문 지식이 부족한 경우, AI PM이 외부 기관에 보고할 수 있습니다. AI가 회사 전반에 널리 사용된다면, 중앙집중식 AI 프로덕트 매니지먼트 팀이 있을 수 있습니다. 초기 단계의 스타트업에는 보통 한 명의 AI PM만 있으며, 이들은 종종 CEO나 최고 기술 책임자(CTO)에게 직접 보고합니다. 더 성숙한 기업에서는 AI PM이 프로덕트 매니지먼트 부사장과 같은 비즈니스 지향적인 리더에게 보고할 가능성이 더 높습니다.

1.8 왜 AI PM이 되려고 하는가?

어릴 때부터 PM이 되고 싶어 하는 사람은 없습니다. 대부분의 사람들은 대학교에 가거나 직장에 들어간 이후에서야 프로덕트를 관리하는 PM이라는 직업이 있다는 사실을 알게 됩니다. 그리고 높은 책임감과 그에 따른 큰 보상에 매력을 느낍니다.

AI PM은 각자 다양한 배경을 가지고 있지만, 이 글을 읽고 계신 독자 여러분도 세 가지 그룹 중 하나에 속할 가능성이 높습니다.

첫 번째 그룹은 관련 분야에서 AI PM 업무로 전환하려는 사람들입니다. 여러분은 기술 직무를 담당해 프로덕트 매니지먼트 경험이 많지 않거나, 일반 PM으로서 AI 분야로 이동하고자 할 수도 있습니다. 이 책이 여러분의 기술을 개발하고 경력을 결정하는 데 도움을 주면 좋겠습니다. 'PM을 하기에는 너무 기술적'이거나 'AI 분야에 있기에는 기술적이지 않다'고 걱정할 수도 있습니다. 이제 생각을 바꿔보세요. '나는 인공지능을 충분히 이해하고 있다. 사용자가 가장 중요하며, AI를 활용하면 사용자에게 훌륭한 프로덕트를 제공할 수 있다.'

두 번째 그룹은 AI 프로덕트 매니지먼트에 관심이 있는 열정적인 분들입니다. 최근에 졸업한 졸업생과 완전히 다른 분야의 현업자가 여기에 속합니다. AI PM은 누구나 도전할 수 있으며, 이 책은 AI 기반 프로덕트의 세계를 탐색할 때 유용한 정보를 제공합니다. AI 프로덕트 매니지먼트의 복잡한 개념을 쉽게 이해하도록 설명해 드리겠습니다.

세 번째 그룹은 AI PM을 채용하고 관리하려는 사람들입니다. 회사 내에 AI 부문을 신설하고 있을 수도 있습니다. 이 책은 AI PM의 사고방식에 대해 이해하고, 직무의 목적과 어려움, 평가 역량을 파악하는 데 도움이 될 것입니다.

1.8.1 AI PM의 매력

건축가가 건물을 설계하듯, AI PM은 프로덕트의 모습과 방향을 설계하는 비전을 갖습니다. AI PM은 팀과 함께 그 비전을 현실로 만들도록 영감을 주고, 나아갈 방향을 설정합니다. 직접 처음부터 프로덕트를 만들어 수개월간 고생한 끝에 마침내 완성된 결과물을 세상에 선보이는 순간, '출시' 버튼을 누르는 짜릿함은 이루 말할 수 없습니다.

또한, AI PM 업무는 지루할 틈이 없습니다. 새로운 기술, 대규모 언어 모델(LLM), 다양한 사고 프레임의 미묘한 차이에 대해 끊임없이 배우게 됩니다. AI 업계는 항상 새로운 변화가 생기기 때문에, 결코 앞서 나간다고 자부할 수 없는 분야입니다.

무엇보다 이 분야는 배경에 상관없이 누구에게나 열려 있습니다. AI 프로덕트 매니지먼트에 진입하기 위해서 필요한 정식 학력, 교육이나 훈련은 없습니다. AI 관련 지식과 역량은 충분히 학습하고 익힐 수 있습니다.

1.8.2 AI 프로덕트 매니지먼트 역할의 세부 유형

이 직업은 AI 기반 프로덕트를 구축, 확장, 관리하는 데 중점을 둔 다양한 전문 분야를 포함하고 있습니다. 조직에 따라 구체적인 역할이나 책임은 달라질 수 있지만, 다음에 나오는 설명들은 이 분야 내 다양한 역할을 이해하는 좋은 출발점입니다. 또한, AI 기술을 기반으로 새로운 프로덕트를 처음부터 구축하는 '0-to-1' 프로덕트 매니지먼트와 기존 프로덕트를 AI로 강화하는 '1-to-n' 프로덕트 매니지먼트의 개념에 대해서도 알아보겠습니다. 이러한 구분은 AI 프로덕트 개발 라이프사이클에 큰 영향을 미칩니다. 이에 관한 내용은 2장에서 자세히 다루겠습니다.

AI PM은 크게 세 가지 유형으로 나뉩니다. AI 빌더 PM, AI 경험 PM, AI 강화 PM입니다. **AI 빌더 PM**은 기반 AI 기술과 모델 개발에 집중하며, 기술 팀과 긴밀히 협력하여 견고한 시스템을 구축하도록 합니다. **AI 경험 PM**은 AI의 역량을 활용하여 매력적이고 혁신적인 사용자 경험을 만드는 데 중점을 둡니다. 반면에, **AI 강화 PM**은 AI 툴을 기존 워크플로에 통합하여 생산성을 높입니다. AI 빌더 PM과 AI 경험 PM은 주로 더 순차적인 접근 방식을 따르는 반면, AI 강화 PM은 프로덕트 라이프사이클 전체에 걸쳐 활동합니다. 이 책은 세 가지 유형을 모두 다루며, 이러한 역동적인 역할에서 뛰어난 성과를 내는 종합 가이드(`https://oreil.ly/bN6eo`)를 제공합니다.

AI 경험 PM들은 소비자와 기업이 직접 사용하는 애플리케이션에서 직접적으로 사용자의 상호작용 품질을 높이는 AI 기반 기능 개발에 집중합니다. 이들은 주로 스마트홈 기기에 새로운 음성 명령 기능을 선보이거나, 음악 앱에 AI로 생성된 플레이리스트를 설계하거나, 오우라 링$^{Oura\ Ring}$이나 메타^{Meta}와 레이밴$^{Ray-Ban}$의 AI 글라스 같은 웨어러블 기술에 첨단 기능을 추가하는 등 새로운 기능을 설계합니다.

이 역할은 진입 장벽이 비교적 낮아 깊은 기술적 전문지식이 없어도 괜찮습니다. 창의성과 사용자에 대한 공감, AI로 제공할 수 있는 기능에 대한 높은 수준의 이해가 더 중요한 역할을 하죠. 단순히 AI가 어떻게 작동하는지 알고 끝나는 것이 아니라, AI 기능을 자연스럽게 사용자 여정 전체에 녹여내며, 자동화와 사용자 통제의 균형을 맞추고 실제로 사용자 문제를 해결하는 새로운 기능을 만드는 데 탁월한 역량을 보입니다.

이 분야에는 다양한 세부 역할이 있습니다. 랭킹 PM은 검색 결과나 소셜 미디어 피드 등에서 콘텐츠나 상품을 정렬하는 방식을 담당하며, 관련성·공정성·다양성 같은 과제와 마주합니다. 추천 PM은 사용자가 원하는 콘텐츠를 개별적으로 제안할 수 있도록 추천엔진을 개발하는데, 신규 사용자를 위한 '콜드 스타트' 문제나 콘텐츠 편향(버블) 방지 같은 난제를 해결해야 합니다.

AI 윤리 PM은 AI의 공정성, 투명성, 규제 준수 등 윤리적 문제를 중점적으로 다루며, AI 개인화 PM은 맞춤형 학습 경로나 개인별 뉴스 피드 등 각 사용자의 특별한 경험을 만드는 데 집중합니다. AI 분석 PM은 예측 알고리즘을 활용해 실시간으로 인사이트를 제공하는 대시보드를 개발할 수 있고, 대화형 AI PM은 챗봇이나 음성 비서 등 자연어 처리(NLP) 기반 서비스를 관리하며, 사용자와 맥락을 고려한 자연스러운 상호작용을 책임집니다.

AI 경험 분야에서 실제로 사용하는 직무명은 다음과 같습니다.

- **메타**Meta: 프로덕트 매니저, AI 솔루션 및 자동화(ASA), 생성형 AI(GenAI)
- **마이크로소프트**Microsoft: AI 프로덕트 매니저
- **앤스로픽**Anthropic: 엔지니어링 책임자, 경험을 담당하는 엔지니어링 매니저 리드
- **인튜이트**Intuit: 수석 프로덕트 매니저, AI 혁신 적용
- **로블록스**Roblox: 시니어 프로덕트 매니저, 생성형 AI 및 콘텐츠 이해 분야

AI 경험 PM 직무를 맡으려면 AI로 할 수 있는 것과 할 수 없는 것에 대한 견고한 이해를 갖추는 편이 좋습니다. 또한, 이미 보유하고 있는 특정 분야의 전문성도 강조하는 것이 좋습니다. 예를 들어 헬스케어 분야 출신으로 AI 기반 피트니스 프로덕트를 리드하고 싶다면, 헬스케어 관련 인사이트를 강조함과 동시에 AI의 한계와 윤리적인 문제에 대한 폭넓은 이해를 갖춰야 합니다.

반면, AI 빌더 PM은 주요 AI 기술과 모델 중심 작업에 집중합니다. 이들은 연구원, 데이터 과학자 등과 긴밀하게 협업하며, 머신러닝 모델 개발, 학습, 평가, 배포 등 전 과정을 책임집니다. 특히, 이 역할은 전체 AI 인프라를 구축하거나 유지 보수할 때 깊은 기술적 지식을 요구합니다. AI 인프라/플랫폼 PM은 모델 학습

파이프라인, 데이터 저장 솔루션, MLOps 도구 등을 총괄하며, 여러 팀이 효율적으로 사용할 수 있도록 시스템의 확장성, 성능, 비용 효율성을 보장하는 역할을 합니다.

생성형 AI PM은 GPT 같은 모델이나 디퓨전 모델을 활용해 텍스트, 이미지, 기타 미디어를 생성하며, 콘텐츠의 품질, 효율성, 윤리적 사용과 관련된 문제를 해결합니다. 컴퓨터 비전 PM은 얼굴 인식, 증강현실(AR) 앱, 대규모 이미지 기반 검색 등 시각 데이터를 처리하는 프로덕트를 관리합니다. AI 보안 PM은 사기나 위협을 감지하는 AI 솔루션을 구축하거나 관리하며, 이 역할에서는 실시간 대응과 오탐/누락(오탐지/미탐지)을 최소화하는 것이 매우 중요합니다.

일부 AI 빌더 PM은 연구 또는 0-to-1의 최전선에서 활동하며, 혁신적인 연구실 연구 결과를 새로운 상업적 프로덕트로 전환하는 역할을 합니다. 이들은 대담한 비전을 설정하고 초기 단계의 실험적 프로젝트를 이끌며, 종종 AI의 미개척 영역을 탐색합니다. 만약 이런 빌더 역할을 꿈꾼다면, 직접 AI를 다뤄보는 실전 경험을 쌓는 것이 가장 좋습니다. 오픈소스 모델을 실험해 보고, 데이터 파이프라인의 기본을 익히며, 개념 증명 proof of concept (PoC)을 실제로 배포하는 방법을 배우세요. 현재 소속된 회사에서 관련 프로젝트를 시작하는 것이 가장 직접적인 경로일 수 있는데, 이렇게 하면 엔지니어링 팀과 신뢰를 구축하면서 동시에 기술 역량을 키울 수 있습니다.

이 분야에서 실제 사용하는 직무명은 다음과 같습니다.

- **로블록스**: 파운데이션 AI 수석 프로덕트 매니저(Principal Product Manager, Foundation AI)
- **스케일 AI** Scale AI: 스태프 AI 프로덕트 매니저(Staff AI Product Manager)
- **어도비** Adobe: 파이어플라이 수석 프로덕트 매니저(Principal Product Manager, Firefly)

마지막으로, AI 강화 PM은 비록 프로덕트 자체가 꼭 AI 기반일 필요는 없지만, 자신의 프로덕트 워크플로에 AI를 적극적으로 활용해 더욱 효율적이고 데이터 기반적이 되도록 합니다. 이들은 기존 프로덕트 매니지먼트 업무에 AI 툴을 접목해 경쟁 분석을 자동화하거나, 데이터 탐색 속도를 높이거나, 사용자 조사를 개선하는 등 프로덕트 매니지먼트 전반에 업무 효율성을 한층 끌어올릴 수 있습니다. 7장에서는 PM이 실제로 사용하면 좋을 AI 툴을 소개합니다.

어떤 분야에 속하든 앞으로의 프로덕트 매니지먼트에서는 AI의 잠재력을 최대한 활용해 독창적인 고객 가치를 제공하고, 더욱 개인화된 경험을 만들며, 개발 과정을 효율화하는 일이 점점 더 중요해집니다. 핵심 기술을 배우고, 새로운 AI 혁신에 대해 꾸준히 호기심을 유지하며, 윤리적인 프로덕트 설계를 추구한다면, PM은 이렇게 빠르게 변화하는 역할 속에서도 충분히 탁월한 성과를 낼 수 있습니다.

1.9 로드맵

앞으로 AI 프로덕트를 구상부터 완성까지 만들어가는 과정을 단계별로 함께 살펴보겠습니다. 이 책은 프로덕트 개발의 여러 단계에서 참고할 수 있는 프레임워크를 제공하고, 제가 메타와 구글에서 AI 프로덕트를 다루며 겪은 경험도 함께 공유하겠습니다.

프로덕트 개발 업무는 PM의 가장 중요한 우선순위이자 책임이긴 하지만, 프로덕트를 현실화하기 위해 함께 일하는 다양한 팀과의 관계를 이해하고, 다른 이해관계자가 중요시하는 위험과 우려 사항을 파악하는 것 또한 PM이 소홀히 해서는 안 될 부분입니다. 이 책이 독자분들의 프로덕트 매니지먼트 경력을 쌓아가는 과정에서 성공으로 이끄는 하나의 로드맵이 되기를 바랍니다. 이 책을 통해 생각을 공유하고, 독자분들의 직업적 목표를 달성하는 데 도움이 될 수 있는 자료와 툴도 소개할 예정입니다. AI PM의 책임에 대해 충분히 이해한 후에는, AI 프로덕트의 성공을 어떻게 측정하는지와 최종 사용자에게 AI 경험을 어떻게 제공할 것인지에 대해서도 다루겠습니다.

1.10 결론

이 장에서는 AI 프로덕트 매니지먼트라는 흥미로운 세계를 소개했습니다. AI PM이란 독특한 직무가 무엇인지, 기업 내에서 어디에 위치하는지, 어떤 점이 좋은지를 설명했습니다. AI PM의 업무는 단순히 기술에만 국한되지 않으며, 그 기술을 활용해 실제 사람들의 현실적인 문제를 해결하는 데 중점을 둡니다.

CHAPTER 2
AI 프로덕트 개발 라이프사이클

기존의 프로덕트와 달리, AI 기반 프로덕트는 코드, 데이터, 알고리즘, 사용자 경험이 독특하게 결합되어 있어 차별화된 개발 흐름을 갖고 있습니다. AI 프로덕트 개발 라이프사이클AI product development lifecycle(AIPDL)[2]는 AI 프로덕트 개발의 각 단계를 포착하면서, 프로덕트가 사용자의 요구를 충족시키고 시장에 적합하게 출시될 수 있도록 돕는 역할을 합니다. 이 장에서는 0-to-1과 1-to-n의 두 가지 유형의 AI 프로덕트를 소개하고, AIPDL의 단계에 따라 이러한 프로덕트가 어떻게 개발되는지를 자세히 설명하겠습니다. 대부분의 AI 프로덕트는 AIPDL 과정을 충실히 따르게 되지만, 프로덕트 유형에 따라 각 단계에서 소요되는 시간이 다를 수 있습니다.

2.1 AI 프로덕트의 유형

AIPDL은 개발하고자 하는 AI 프로덕트의 유형에 따라 달라집니다. 만약 초기 단계의 스타트업에서 일하고 있다면, **0-to-1 프로덕트**에 주력하게 될 수 있습니다. 0-to-1 프로덕트란 새로운 기술이나 모델을 적용하여 이전에 존재하지 않던 경험을 창출하는 새로운 프로덕트입니다. 반면 보다 규모가 큰 조직에서 일하고 있다면, 기존 프로덕트를 개선하거나 확장하거나 변화시키는 **1-to-n 프로덕트**에 관여할 가능성이 높습니다. 조직이 중점을 두는 분야에 따라 AIPDL은 약간씩 달

---

2 이 개념은 프로덕트 개발 라이프사이클(*https://oreil.ly/lnt--*)에서 파생되었습니다.

라집니다. 이제 다양한 AI 프로덕트를 관리할 때 고려해야 할 사항에 대해 살펴보겠습니다.

2.1.1 0-to-1 AI 프로덕트

0-to-1 AI 프로덕트를 개발하고 있다면, 조직에서 AI PM을 채용한지 얼마 안 됐을 가능성이 큽니다. 초기 단계 스타트업은 0-to-1 프로덕트 개발이 흔합니다. 자율주행차 스타트업이 첫 PM 채용을 위한 자금을 확보해 PM으로 합류하는 경우를 생각해 볼 수 있습니다.

0-to-1 프로덕트는 대기업 내에도 존재합니다. 특정 도메인에 기술적 전문성을 갖춘 연구 중심 부서에서 개발할 수 있습니다. 오픈AI가 챗GPT를 출시한 직후 어도비, 핀터레스트, 넥스트도어가 AI PM 채용 공고를 올렸습니다. 이는 방대한 데이터를 보유한 자사 플랫폼에 LLM(대규모 언어 모델) 기술이 가져올 혁신적 가치를 느꼈기 때문입니다. 이러한 잠재력을 실현하고 AI 연구와 실제 사용자 문제 해결 간의 격차를 해소하려면 전문적인 프로젝트 관리 역량이 필요합니다.

0-to-1 프로덕트를 개발할 때 사용자가 누구인지, 심지어 사용자가 있을지 조차 알 수 없습니다. 즉, 기술 자체는 백지 상태인데 실제 사용자의 문제 해소를 위한 솔루션으로 탈바꿈해야 합니다. 이런 경우 AIPDL의 초점은 단순히 프로덕트 개발에만 머무르지 않고, 신기술에 대한 시장 적합성도 함께 찾아내는 데 있습니다.

2.1.2 1-to-n AI 프로덕트

1-to-n AI 프로덕트는 조직의 기존 AI 프로덕트의 확장, 개선, 다양화를 의미합니다. 넷플릭스와 아마존 프라임 비디오와 같은 회사들은 AI를 활용하여 비디오 스트리밍 서비스를 개선하는 대표적인 1-to-n 프로덕트의 사례입니다. 이 경우, 맞춤형 사용자 경험을 제공하고 콘텐츠 전달 과정을 효율화하는 것이 주요 목표가 될 수 있습니다. 예를 들어 다음과 같은 업무를 담당할 수 있습니다.

- 사용자의 시청 패턴을 학습해 적응하는 고도화된 추천 시스템 개발

- 스트리밍 품질을 동적으로 최적화
- 콘텐츠 검열 과정을 자동화

1-to-n 프로덕트의 경우, 프로덕트와 시장의 적합성을 더 잘 이해하고 있는 경우가 많습니다. 1-to-n 프로덕트는 파생 프로덕트나 기능 업그레이드로 볼 수 있습니다. 이때 AIPDL은 기존 사용자 경험을 향상하고 불편함을 해소하는 데 초점을 둡니다.

2.2 AI 프로덕트 개발 라이프사이클

전체적으로 볼 때, AIPDL은 비즈니스 문제를 AI 솔루션으로 해결하는 과정을 의미합니다. [그림 2-1]에서 보이듯이, 이는 아이디어 구상, 기회 탐색, 개념/프로토타입 개발, 테스트 및 분석, 출시의 다섯 단계로 구성됩니다(이 중 AI 라이프사이클은 개념/프로토타입 단계에 속합니다). AIPDL은 반복적인 과정이므로, 프로덕트가 시장에 적합해질 때까지 각 단계를 여러 번 다시 거칠 수 있습니다.

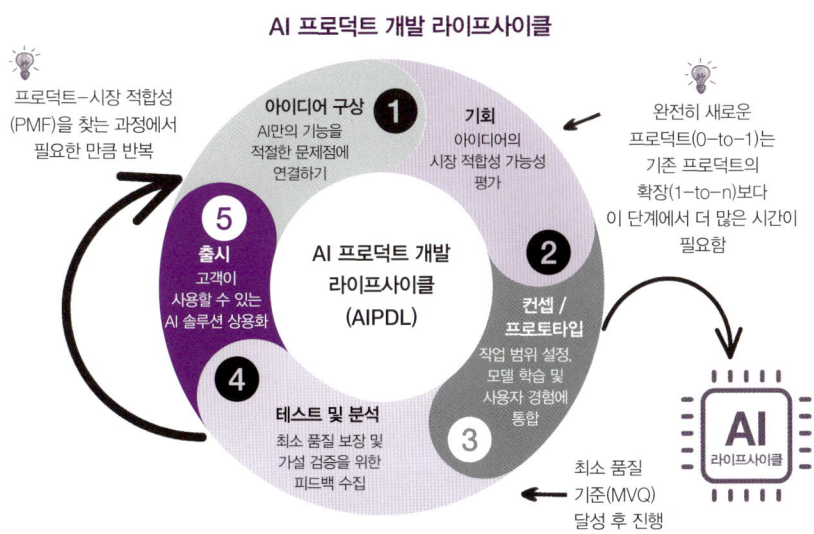

그림 2-1 AIPDL(https://oreil.ly/bBNVx)

2.2.1 아이디어 구상

AIPDL의 첫 번째 단계는 아이디어 구상입니다. 이 단계는 프로덕트의 초기 콘셉트를 생각하는 단계입니다. 대상 사용자 층에 도움이 될 AI 기능을 찾아내야 합니다. 이 절차에서 이어지는 내용은 창의력을 올바른 방향으로 이끌 수 있도록 돕는 단계별 가이드와 질문 예시입니다. 질문에 답하기 위한 모든 데이터를 항상 찾을 수 있는 것은 아니므로, 가설을 세우고 테스트할 준비를 하고, 가설을 검증할 수 없다면 처음부터 다시 시작할 준비도 필요합니다.

| 1단계: 혁신 중심 사고방식 채택 |

스티브 잡스는 "사람들은 보여 주기 전까지 자신이 뭘 원하는지 모른다"고 말한 바 있습니다(https://oreil.ly/361jj). 얼마 전까지만 해도, 휴대폰에는 키패드가 있었고, 집 전화는 수화기를 벽에 꽂아야 했습니다. 휴대폰 화면을 터치하고, 집 안을 돌아다니며 통화할 수 있는 일은 상상할 수 없었습니다. 따라서 아이디어가 아무리 엉뚱하더라도 창의적인 사고를 과감하게 받아들여야 합니다. 이러한 아이디어야말로 산업 전체를 변화시키는 수십억 달러 규모의 혁신으로 이어질 수 있습니다.

AI PM은 새로운 아이디어를 창출하는 것뿐만 아니라, AI가 독특하게 강점을 가질 수 있는 혁신의 기회를 포착해야 합니다. 이를 위해서는 지속적인 혁신과 호기심의 사고방식이 필요합니다. 다양한 산업, 사용자 행동, 시장의 빈틈에서 영감을 얻어야 합니다. 저 역시 프로덕트를 사용할 때 고객과 프로덕트 간의 상호작용을 개선하는 방법을 브레인스토밍하여 창의적인 프로덕트 아이디어를 구상하기 좋아합니다. 예를 들어 스타벅스 앱으로 커피를 주문할 때, 무의식적으로 프로덕트의 사용자 경험을 좋게 만들 부분을 찾습니다. 가령 AI 알고리즘으로 선택한 지점의 가장 바쁜 시간대를 예측해 대기 시간이 가장 짧은 최적의 픽업 시간을 제안하고, 추천 알고리즘을 활용하여 자주 구매하는 품목을 우선적으로 표시하거나, 맛과 재료 선호도에 따라 새로운 음료를 제안할 수 있겠습니다. 이러한 개선점은 사용자 경험을 간편하게 만들고, 더욱 개인화된 경험을 제공할 수 있습니다.

0-to-1 AI 프로덕트 개발에서 아이디어 구상 단계의 목표는 미개척 시장의 잠재적 사용 사례를 발굴하고 특정 사용자 집단의 고충점을 해결하는 것입니다. 이를 위해 브레인스토밍, 광범위한 시장 조사, 가설 설정, AI 연구자와의 협업이 필요합니다. 협업은 매우 중요하며, 가설은 프로토타입과 시장 적합성 실험을 통해 엄격하게 검증됩니다. 각 실험의 피드백 주기에서 시장과의 차이를 메우고 사용자 요구에 대응 방향으로 AI 솔루션을 개선하는 데 중점을 둡니다. '기존 사용자의 불편 사항은 무엇인가?'와 'AI 혁신으로 새로 접근할 수 있는 미개척 시장은 어디인가?' 같은 질문을 던질 수 있습니다.

1-to-n AI 프로덕트의 아이디어 구상 단계는 기존에 존재하는 것을 개선하는 방법에 집중합니다. 개선할 부분을 정확히 파악하려면 사용자 경험 팀과 긴밀히 협력해 고객의 피드백을 수집하는 것이 매우 중요합니다. 또한 현재 프로덕트 사용에 대한 데이터 인사이트를 확보하면, AI가 가치나 효율성을 높일 트렌드와 기회를 발굴할 수 있습니다. 이를 통해 'AI가 이 기능을 어떻게 더 효율적으로 개선할 수 있을까?', '데이터로 사용자 경험을 어떻게 개선할 수 있을까?' 같은 고민을 할 수 있습니다.

프로덕트 유형에 상관없이 아이디어는 항상 사용자 중심이어야 합니다. 아이디어 도출 단계에는 대상 사용자를 파악하고, 그들의 사용 사례, 요구 사항, 불편 사항을 이해하는 과정이 있습니다. 고객의 의견을 참고하여 문제를 해결할 수 있도록 영감을 얻으시길 바랍니다. 여러분은 AI로 특정 사용자의 특정 요구를 충족시킬 독창적인 방법을 도출해야 합니다. 가장 흔한 방식은 시장 도달 범위와 영향력을 최적화하는 것입니다. 가장 중요한 사용자 집단을 정확하게 식별하고, 어떤 문제를 가장 현실적이고 영향력 있게 해결할 수 있을지 파악해야 합니다. 어떤 사용자 집단에 집중해야 하며, 그중 어떤 집단이 AI의 역량을 통해 가장 큰 혜택을 받을 수 있을지, 스스로 질문해 보시기 바랍니다.

AI는 독립적인 프로덕트가 아니며, 그 자체로는 사용자에게 가치를 주지 않는 머신러닝 기술임을 기억하기 바랍니다. 기존 혹은 잠재적인 사용자에게 가치를 제공하려면 사용자 경험에 통합되어야 합니다. 이 기술이 어떻게 사용자 경험을 향상시킬지, 충족되지 않은 요구를 해결하는 데 어떤 기여를 할 수 있을지를 항상 생각해야 합니다.

| 2단계: AI 기반 기능과 능력에 대한 이해 |

AI PM은 AI 기술과 사용자 문제 사이의 다리 역할을 합니다. 아이디어 도출 단계에서는 해결해야 할 적절한 문제를 파악하고, 식별한 사용자에게 어떻게 가치를 더할 수 있을지 판단해야 합니다.

1장에서 논의된 AI의 독특한 강점을 고려하여, '특정 사용자 집단의 문제를 AI로 어떻게 해결해 더 효율적이고 즐겁고 가치 있게 만들까?'라는 질문을 해보시기 바랍니다. 1-to-n 프로덕트는 이미 확보한 사용자 인사이트를 활용하여 기존 프로덕트를 개선할 수 있습니다. 0-to-1 프로덕트의 경우, 프로덕트가 시장에 적합한지를 알 수 있도록 창의적으로 사용자 경험을 설계할 필요가 있습니다.

[표 2-1]에서는 AI와 생성형 AI의 초능력으로 제공할 수 있는 다양한 사용자 경험을 정리했습니다.

표 2-1 AI와 생성형 AI의 초능력이 사용자에게 제공하는 기능

초능력	사용자에게 제공하는 기능	예시
데이터 학습	사용자가 생성한 콘텐츠와 과거 데이터 기반 실시간 인사이트 및 제안	훕(https://www.whoop.com): 회복, 수면, 신체부담에 대한 예측적 인사이트를 제공하는 웨어러블 피트니스 트래커 Fitbod(https://fitbod.me): 과거 운동 성과와 피로도를 기반으로 최적의 운동을 예측하는 근력 훈련 앱
대규모 개인화	지속적으로 사용자 선호도, 행동, 기분에 적응하는 맞춤형 추천과 경험 제공	스포티파이의 AI DJ 기능
새로운 콘텐츠 생성	대규모 텍스트, 이미지, 오디오, 비디오 맞춤 생성	구글 제미나이 (https://oreil.ly/_G3pp) 클로드(https://claude.ai) 챗GPT(https://chatgpt.com)

초능력	사용자에게 제공하는 기능	예시
정제 및 요약	복잡한 정보를 이해하기 쉬운 인사이트나 요약으로 단순화하여 내용을 더 쉽게 소비하고 이해할 수 있도록 하며, 지식 발견과 의사 결정을 지원	노트북LM (https://notebooklm.google) 오터AI(https://otter.ai) AI 기반 분석 기능을 갖춘 태블로 (https://www.tableau.com) IBM 왓슨(https://oreil.ly/ZA4AM): 의료 관련 결정에 사용
예측 및 전망	트렌드를 예측하고 더 나은 의사결정을 위한 실행 가능한 인사이트를 생성하는 예측 분석	켄쇼(https://kensho.com): S&P Global의 금융 시장 예측 인사이트 제공 AI
실시간 적응	대화형 상호작용과 콘텐츠 생성에서 사용자의 필요에 따라 즉각적이고 동적으로 반응하고 진화하는 기능	듀오링고(https://www.duolingo.com): 사용자 학습 성과에 따라 수업을 조정하는 언어 학습 앱
워크플로 자동화	실시간 데이터와 상황적 요소를 기반으로 작업을 최적화하여 효율성을 높이는 스마트 자동화	재피어의 잽스 (https://oreil.ly/Pe76v)
창의적 협업	사용자가 음악, 글쓰기, 예술과 같은 창의적 프로젝트를 브레인스토밍하고 아이디어를 생성하며 다듬도록 지원	어도비 파이어플라이 (https://oreil.ly/F4T-4)
몰입적이고 상호작용적인 공간	사용자 입력에 따라 동적으로 반응하는 상호작용적 환경으로, 더욱 매력적이고 개인화된 가상 경험 제공	렉룸(https://recroom.com), 로블록스(https://www.roblox.com)
오류 탐지 및 완화	프로세스나 콘텐츠에서 오류나 비효율성을 식별하여 정확성과 성능을 향상	그래머리 (https://www.grammarly.com)
추론 및 의도 이해	모호하거나 불완전하게 표현된 경우에도 사용자의 진짜 의도를 정확히 해석하여 요구를 충족	제미나이, 챗GPT, 클로드 사용자 입력을 추론해 진짜 의도를 파악
멀티모달리티	텍스트, 오디오, 이미지, 영상 등 다양한 입력 유형을 매끄럽게 통합·처리하여 더 다재다능하고 직관적인 상호작용	제미나이, Dall-E, 위스퍼 다양한 형태의 입력을 받아 작업을 처리(오디오 전사, 실시간 음성 대화 등)
인간과 유사한 대화	자연스럽고 몰입감 있는 상호작용을 통한 공감 형성	대화형 에이전트

사용자 한 명의 프로덕트 경험에는 AI 초능력이 다양하게 활용될 수 있습니다. 예를 들어 의료 애플리케이션은 대규모 개인화, 예측 및 전망, 프로덕트 상호작용을 재창조하는 능력이 의료 서비스 방식을 혁신할 AI의 초능력입니다.

정확도가 높은 예측 모델을 사용하여 AI 알고리즘을 의사의 환자 진단, 치료 추천, 신약 개발에 활용할 수 있습니다. 의료 접근성이 낮은 지역에서는 이러한 모델을 도입해 도움이 필요한 개인에게 의료 서비스를 더 많이 제공할 수 있습니다.

| **3단계: 팀과 함께 브레인스토밍** |

AI 프로덕트 개발에서 아이디어 도출 단계는 혁신의 씨앗을 심는 단계입니다. 이 시점은 프로덕트 요구사항 문서 product requirements document (PRD)를 작성하기에 완벽한 시기입니다. PRD를 작성하며 문제의 틀을 잡고, 잠재적인 AI 기반 기능 아이디어 기록을 시작합니다. 프로덕트 요구 사항 문서에 초기 개념을 작성한 후에는 팀원과 협력적 브레인스토밍이 중요해집니다. 이때부터 막연한 아이디어가 실현 가능한 AI 솔루션으로 구체화되기 시작합니다. 부록에서 예시 PRD 구조를 확인할 수 있습니다.

특히 AI 프로덕트 개발은 특히 브레인스토밍 과정에서 다양한 관점이 결합될 때 큰 이점을 얻을 수 있습니다. 팀원들은 저마다 데이터 소스, 모델의 기능, 사용자 요구 사항, 윤리적 고려 사항에 대한 인사이트를 가지고 있을 수 있습니다. 이러한 관점을 함께 모아 초기 아이디어를 다듬고, 기존의 가정을 검토하며, 혼자서는 고려하지 못했을 AI 솔루션을 탐색할 수 있습니다. 모델 학습에 필요한 데이터나 AI가 사용자 경험에 미칠 수 있는 잠재적 영향과 같은 실현 가능성에 대한 논의는 프로덕트 팀이 현실적인 목표를 설정하고 현재 AI 기술 범위 내에서 방향을 일치시키는 데 매우 중요합니다.

팀원들은 지식과 아이디어를 얻을 수 있는 최고의 원천입니다. 이들은 해당 도메인을 잘 알고 있으며, AI 통합의 고유한 어려움을 잘 이해하고, 혁신적인 아이디어 제시에도 매우 적극적일 가능성이 많습니다. 팀이 크다면 데이터 과학, UX 디자인, 윤리, 도메인 전문 지식과 같은 다양한 역량을 가진 핵심 멤버 4~5명을 선정하여 PRD에 태그하거나 브레인스토밍 세션에 초대하는 것이 좋습니다. 다양한 시각은 보다 창의적이고 포괄적인 AI 솔루션으로 이어져 데이터 수집부터 모델 배포까지 모든 요소를 충분히 고려할 수 있게 합니다.

실제 회의를 진행할 계획이라면 창의적이고 집중할 수 있는 환경을 조성하세요. 3~4시간 정도를 확보해 심도 있는 브레인스토밍을 진행하는 편이 좋습니다. AI 관련 아이디어는 가능성을 탐색하고, 장단점을 따져보고, 데이터 요구 사항을 논의하는 데 시간이 필요한 경우가 많으므로, 팀에서 충분히 준비하고 깊이 있는 토론을 할 수 있도록 시간을 보장해야 합니다. 참가자가 브레인스토밍 본연의 활동에만 집중하도록, 알림을 끄고, 이메일을 멈추며, 잡담을 삼가도록 독려하세요.

창의적인 탐색을 시작하기 전에, 팀원들에게 명확한 AI 중심의 목표를 상기시키기 바랍니다. 개발, 영업, 윤리, 연구개발 등 다른 프로덕트 분야에서 협업하는 동료들에게 기존 프로덕트의 아쉬움 중 AI가 독보적으로 해결할 수 있는 부분이 무엇인지 확인하도록 권장하세요. 여기서 나온 아이디어를 바탕으로, AI 기능을 활용하여 사용자 요구를 해결할 수 있는 솔루션을 아이디어화 하세요. 명확한 목표를 설정하면 AI의 잠재적 영향 탐색에 집중하는 데 도움이 됩니다.

팀이 AI 목표와 가능성에 대해 공감대를 가질 수 있도록, 모든 사람에게 현재의 프로젝트, 지향하는 프로젝트, 그리고 야심차고 원대한 프로젝트를 적어보는 작은 성찰 연습으로 세션을 시작해 보세요.

- **현재 진행 중인 프로젝트**
  이를 통해 AI가 기존 기능을 어떻게 개선하거나 자동화할 수 있을지 파악할 수 있습니다. 이 시간을 활용하여 AI가 프로덕트에 가치를 더할 수 있는 방법을 다른 팀과 소통하고 브레인스토밍하세요. 예를 들어 머신러닝을 활용하여 진행 중인 프로세스를 최적화하는 방법 등이 있습니다.

- **지향하는 프로젝트**
  이는 팀원들이 여유가 있을 때 하고 싶어 하는 프로젝트들입니다. 이 활동을 통해 개인화나 지능형 자동화와 같은 AI 관련 트렌드에 대한 관심을 발견할 수 있으며, 프로덕트 전략에서 더 깊이 탐구해 볼 만한 아이디어를 도출해 낼 수 있습니다.

- **야심차고 원대한 아이디어**
  팀원들에게 자원의 제약이 없다는 가정하에 야심 찬 AI 프로덕트에 대해 생각해 보도록 권장하세요. 데이터 제약과 모델 복잡성이 전혀 문제가 되지 않는다면 어떤 일을 시도해 보고 싶겠습니까? 이러한 자유로운 아이디어로 프로덕트가 달성할 수 있는 범위를 넘어서는 혁신적인 AI 애플리케이션으로 발전할 수 있습니다.

리스트를 작성하면, 팀원들에게 주요 사용자 집단에 가장 큰 가치를 제공하는 상위 10%의 아이디어를 선택하도록 하세요. 가치 있는 고객을 우선하면, 팀이 영향력 있는 프로젝트에 집중할 수 있습니다. 리스트가 완성되면, 각자의 아이디어를 그룹에 공유하게 하세요. 논의 과정에서 반복되는 주제와 관심사를 파악하여 팀의 강점과 조직 목표에 부합하는 가장 유망한 프로젝트를 선정하는 것이 중요합니다.

프로덕트 아이디어의 브레인스토밍 과정에서 강력히 권장하는 할 일과 하지 말아야 할 일이 있습니다. 먼저 꼭 해야 할 일은 다음과 같습니다.

- **적절한 문제 해결**
  모든 훌륭한 프로덕트 아이디어는 중요한 문제에서 시작되지만, 그 문제가 과연 AI를 활용하기에 적합한 문제인지가 중요합니다. 해결책에 몰두하기 전에, 사용자가 그 문제를 얼마나 불편하게 느끼는지 확인해야 합니다. 사용자가 계속 경험하는 프로덕트의 불편함이나 부족함을 파악하면 혁신적인 프로덕트를 만들 수 있습니다. 예를 들어 다이슨은 많은 사람이 청소기 코드를 빼기를 귀찮아 한다는 점에 주목하고 최초의 무선 청소기인 다이슨 DC01을 개발했고, 현재 업계의 선두주자로 성장하였습니다.

- **각 기능의 영향 이해**
  이미 출시된 프로덕트에 새로운 기능을 추가할 경우, 기존 기능이나 전체 프로덕트의 목표에 어떤 영향을 미칠지 반드시 고려해야 합니다. 새 기능은 이전 기능을 개선하거나 최소한 방해하지 않아야 하며, 전반적인 프로덕트 목표와도 일치해야 합니다. 특히 빠르게 변화하는 AI 분야에서는 전략이 성공에 핵심적인 역할을 합니다.

하지 말아야 할 일은 다음과 같습니다.

- **'화려한 AI 기술'의 함정에 빠지지 않기**
  단순히 기술이 멋지다는 이유만으로 프로덕트를 출시하지 마세요. 철저한 사전 조사를 통해, 프로덕트 로드맵이 비즈니스 목표와 일치하는지 확인해야만 성공할 수 있습니다.

- **'직감'만으로 이야기하지 말기**

  훌륭한 PM은 뛰어난 추정 능력과 분석 능력을 갖추고 있습니다. 데이터로 자신의 '직감'을 뒷받침하세요. 다른 사람이 비슷한 시도를 했는지, 그렇다면 투자 대비 수익(ROI)은 어땠는지 데이터를 통해 아이디어를 뒷받침하면, 제안에 대한 동의를 얻을 가능성이 훨씬 높아집니다.

| 4단계: RICE 프레임워크를 사용하여 고객을 이해 |

0-to-1 AI 프로덕트를 개발할 때 아이디어 구상의 최종 단계는 매우 중요합니다. 대상 고객의 요구사항을 철저히 연구해야 합니다. 가장 효과적인 통찰과 영감의 원천은 사용자의 의견을 적극적으로 경청하는 데서 나옵니다. 피드백과 지적받은 사항, 그리고 겪고 있는 어려움에 주의 깊게 귀 기울이세요. 피드백은 어디서든 찾을 수 있습니다. 고객 서비스 상호작용을 기반으로 시작하면 좋은데, 이러한 상호작용은 개인적인 경우가 많기 때문입니다. 온라인 리뷰는 양질의 피드백을 얻기 위한 또 다른 좋은 선택이며, 소셜 미디어는 많은 의견을 얻을 수 있는 좋은 공간입니다.

소셜 미디어 플랫폼에서 피드백을 수집할 때는 품질을 신중하게 필터링하시기 바랍니다. 어떤 피드백을 원하는지에 따라 접근 방식이 달라질 수 있습니다. 그냥 '나쁜 프로덕트'라는 의견은 의미가 없습니다. 대신, 사용자가 프로덕트에 불만을 가지는 이유를 찾기 위해 검색하시길 권장합니다. 예를 들어 '영화 추천이 마음에 들지 않습니다.'라는 피드백이 있다면 AI를 통해 문제를 해결할 수 있는지 분석하세요. 사용자가 추천 알고리즘에 불만이 있을 경우, AI 솔루션을 구현하여 더 나은 개인화와 즉각적인 지원을 제공해 불만을 최소화할 수 있습니다. 이러한 불편 사항을 파악하고 이해함으로써, AI로 기존 문제를 해결하고 사용자 경험을 높일 독특한 해결책을 제공할 수 있습니다. AI 프로덕트 개발 프로세스에서 이 단계에 오면 목표로 하는 사용자 집단을 잘 이해하고, 잠재적인 AI 기반 기능에 대한 이해가 충분할 것입니다. 그러나 모든 기능을 한 번에 추진할 수는 없으므로, 우선순위 설정이 중요합니다. 이때 프레임워크는 어떤 기능에 집중할지에 대한 결정을 내리는 데 도움을 줍니다.

기능 우선순위를 정할 때 RICE 프레임워크(https://oreil.ly/JfqjN)를 사용하는 것을 추천합니다. 이 프레임워크는 도달 범위reach, 영향impact, 확신confidence, 노력effort을 기준으로 각 기능을 객관적으로 평가하는 데 도움이 됩니다. 이러한 차원에서 아이디어에 점수를 매김으로써 최소한의 자원으로 최대의 가치를 제공할 수 있는 기능을 확인할 수 있습니다.

- **도달 범위:** 주어진 기간 내에 해당 기능이 얼마나 많은 사용자에게 영향을 미칠지 추정합니다. 예를 들어 비디오 스트리밍 서비스의 추천 기능을 개발할 때, 한 달 동안 이 새로운 기능에 참여할 잠재적인 몰아보기 시청자의 수를 고려하세요.
- **영향:** 사용자 참여 또는 유지율과 같은 핵심 지표에 미칠 수 있는 잠재적 영향을 측정합니다. 이것을 정량화하기 위해 척도(⑩ 큰 영향은 3, 중간 영향은 2, 낮은 영향은 1)를 사용하세요.
- **확신:** 도달 범위와 영향에 대해 얼마나 확신하는지 평가합니다. 예측을 뒷받침하는 강력한 데이터나 사용자 연구가 있다면 확신이 높아야 합니다. AI 프로덕트 개발에서는 확신이 매우 중요합니다. 왜냐하면 아이디어 단계에서는 데이터나 알고리즘의 실현 가능성이 명확하지 않을 수 있기 때문입니다. 이를 반영하기 위해 백분율을 사용하세요(⑩ 80% 확신).
- **노력:** 기능 구현에 필요한 전체 작업량을 맨먼스man-month(일반적으로 한 사람이 한 달 동안 할 수 있는 작업량)로 추정합니다. 기술적인 복잡성(⑩ 데이터 수집, 모델 훈련 및 통합)과 비기술적인 노력(⑩ 디자인 및 사용자 테스트) 모두를 고려해야 합니다.

각 기능에 대한 RICE 점수는 [그림 2-2]에 제시된 공식을 사용하여 계산합니다.

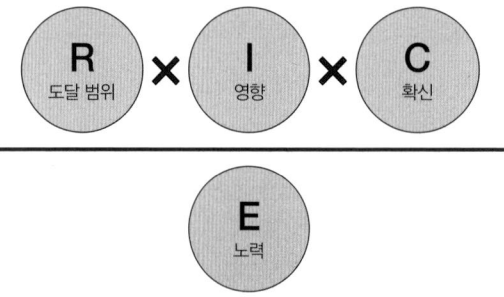

그림 2-2 RICE 점수 계산 공식

높은 RICE 점수는 적은 노력으로 더 많은 가치를 제공할 수 있는 기능을 나타내며, 이는 구현할 기능으로서 좋은 후보가 됩니다. 가령 동영상 스트리밍 플랫폼에서 시청 시간을 늘리기 위한 방법으로, 몰아보는 정주행 시청자를 위한 기능을 개발한다고 합시다. 평가할 수 있는 세 가지 기능 아이디어가 있습니다.

- **개인 맞춤형 몰아보기 추천**: AI를 사용하여 몰아보기 습관에 기반한 초개인화된 콘텐츠 추천을 제공합니다.
- **이어 보기 스마트 알림**: 사용자의 이전 기록과 일정을 기반으로, 특정 시리즈를 이어서 볼 수 있도록 적절한 요일이나 시간에 알림을 보내주는 AI 기반 알림입니다.
- **향상된 시청 목록 관리**: 사용자가 특정 프로그램에 대한 관심 표시를 누르면, 모든 프로그램이 함께 관심 목록에 그룹화됩니다. AI 기반의 관심목록은 사용자의 선호도와 시청 기록에 따라 해당 프로그램을 우선적으로 추천합니다.

표 2-2 RICE 점수를 사용한 기능의 우선순위 지정

기능	도달 범위	영향	확신	노력	RICE 점수
개인 맞춤형 몰아보기 추천	8,000	3	90%	4	5,400
이어 보기 스마트 알림	6,000	2	80%	2	4,800
향상된 시청 목록 관리	5,000	2	70%	3	2,333

여기서 '개인 맞춤형 몰아보기 추천'은 RICE 점수가 가장 높습니다. 즉, 요구되는 노력에 비해 가장 큰 가치를 제공함을 나타냅니다. 정주행 시청자의 시청 시간을 최대화하는 것이 목표라면, 이 기능을 우선적으로 개발하는 것이 가장 합리적입니다.

> **노트** 노력(Effort) 외에도 'AI 투자(AI investment)'라는 추가 변수를 도입할 수 있습니다. 이 변수는 모델 학습 또는 통합 시 발생하는 복잡도를 의미하며, 데이터 수집, 리소스 할당, 하드웨어/비용 요구사항 등 원하는 품질 달성에 필요한 요소를 종합적으로 반영합니다. 이렇게 하면 RICE 모델이 R×I×C/(E×A)로 변형됩니다(*https://oreil.ly/RZ37S*).

2.2.2 기회

대상 사용자 집단에 가장 큰 도움이 될 AI 기능이 명확해진 후, 다음 단계는 해당 아이디어의 시장에 적합한지 평가하는 것입니다. 이 단계는 가설부터 시작하는 것이 좋습니다.

- **0-to-1 프로덕트 기회 가설 예시**: 몰아보기 시청자들은 다음에 볼 콘텐츠에 대한 추천이 정확하면, 우리 스트리밍 플랫폼에 더 자주 방문한다.

- **1-to-n 프로덕트 기회 가설 예시:** 바쁜 직장인들은 일상생활에 대한 의미 있는 인사이트와 추천을 제공하는, 눈에 띄지 않는 웨어러블 걸음 수 측정 장치를 사용하면 건강을 개선할 수 있다.

기회 단계에서는 가설을 계속 진행할지 여부를 평가합니다. 해당 사용자 집단에 대한 솔루션이 프로덕트-시장 적합성을 얻을 가능성이 있는지 확인해야 합니다. 이 단계에서는 경쟁 프로덕트, 대체 솔루션, 시장 규모, 솔루션에 대한 적절한 시기를 깊이 분석하여 기회가 얼마나 큰지 이해하는 것이 목표입니다. 철저한 시장 분석은 강력한 프로덕트 가치 제안에 필수적이며, 시장성이 없는 아이디어에 자원(돈, 노력, 시간)을 낭비하지 않도록 도와줍니다.

AI PM으로서의 목표는 기술적으로 실현 가능하고, 사용자에게 매력적이며, 사업적으로 타당한 아이디어를 확보하여 프로덕트-시장 적합성을 찾는 것입니다.

| 프로덕트-시장 적합성 |

프로덕트-시장 적합성은 특정 시장 영역의 요구를 충족시키고 불편한 점을 해결할 수 있는지를 나타냅니다.

프로덕트-시장 적합성 달성은 AI 벤처의 성공에 매우 중요합니다. 이는 AI 솔루션이 기술적으로 작동할 뿐만 아니라 사용자에게 가치 있고 적합함을 의미하기 때문입니다. 이 개념은 마크 앤드리슨 Marc Andreessen 의 글을 비롯해 비즈니스와 기술 분야에서 널리 논의됐습니다. 앤드리슨은 주로 스타트업과 기술 프로덕트 문맥에서 프로덕트-시장 적합성 개념을 대중화했습니다. 물론 이 논의가 AI에 특화되지는 않았지만 시장의 요구에 맞는 기술 개발이 중요하다는 면에서 AI 분야에도 동일하게 적용할 수 있습니다.

AI에서 프로덕트-시장 적합성에 대한 더 깊이 있는 탐구와 예시를 알고 싶다면, 앤드리슨의 글인 'The only thing that matters'[3]와 에릭 리스 Eric Ries 가 제안한

---

3 편집자_ 해당 글은 현재 삭제된 상태로 아카이브된 글만 남아있습니다. https://pmarchive.com/guide_to_startups_part4.html

린 스타트업 방법론[4]이 도움이 됩니다. 이 방법론은 빠른 프로토타이핑과 사용자 피드백을 강조하며, 실제로 많은 AI 스타트업과 프로젝트가 기술적 진보뿐만 아니라 사용자의 요구를 충족하기 위해 이러한 원칙을 채택했습니다.

프로덕트–시장 적합성은 프로덕트가 다음 세 가지 기준을 충족해야 합니다.

- **사업 타당성:** 프로덕트는 경쟁 시장에서 지속 가능한 수익을 창출할 수 있어야 합니다. 사업 타당성이란 확보 가능한 시장이 존재하고, 수익성 있는 수익 모델, 그리고 건강하고 반응성 있는 경제 환경을 갖추는 것을 의미합니다. 프로덕트의 사업 타당성을 평가하기 위해서는 위험도를 평가하고, 투자 수익률(ROI)을 계산하며, 규제 준수를 확인해야 합니다.
- **기술적 실현 가능성:** 조직이 목표로 하는 기능과 서비스를 지원할 수 있는 기술적 전문 인력, 하드웨어, 소프트웨어, 데이터, 컴퓨팅 파워 등을 보유하고 있어야 합니다. 필요한 기술 자원을 정확히 파악하면 현실적인 기대치와 목표를 수립할 수 있고, 궁극적으로 시장 진입 위험을 최소화할 수 있습니다.
- **사용자 선호도:** 프로덕트가 목표 시장의 불편을 효과적으로 해결해야 합니다.

[그림 2-3]에서 볼 수 있듯이, 세 가지 기준을 모두 충족해야 프로덕트–시장 적합성이 있다고 할 수 있습니다.

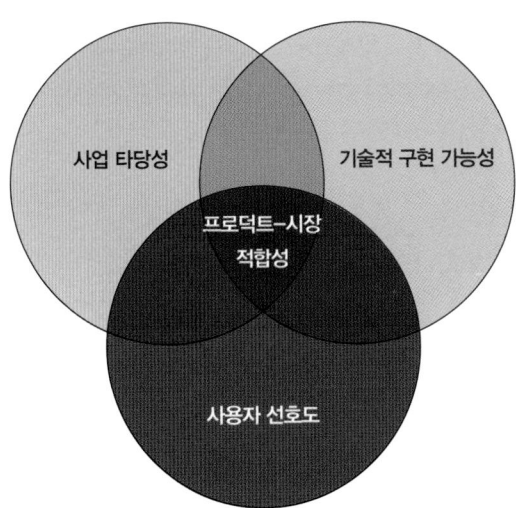

그림 2-3 프로덕트–시장 적합성 시각화

---

4 『린 스타트업』(인사이트, 2012)

프로덕트-시장 적합성 기준을 자세히 살펴보겠습니다.

| 사업 타당성 |

사업 타당성은 종합적인 시장 진출 전략, 고객 확보, 유지 전략을 포함합니다. 사업 타당성을 확보하면 프로덕트가 시장에서 지속할 수 있고, 투자를 유치하며, 시간이 지남에 따라 성장할 수 있다는 의미입니다. 사업 타당성을 예측하려면 시장에서 해결되지 않은 부분이 어디인지, AI 프로덕트가 그 공백을 어떻게 채울 수 있는지에 대한 심층적인 조사가 필요합니다.

이러한 조사는 일반적으로 목표 시장을 이해하고 프로덕트가 해결하는 문제를 파악하는 데서 시작합니다. 이를 위해 기존 솔루션의 공백을 파악하고 프로덕트에 대한 수요를 검증하는 철저한 시장 조사가 필요합니다. 설문조사, 포커스 그룹, 사용자 인터뷰와 같은 툴을 사용하면 고객의 불편한 점과 기대치를 발견할 수 있습니다. 대형 기술 회사에서는 대개 사내 UX 연구원이 있어 PM과 협력하여 사용자에게 적절한 질문을 설계하기도 합니다. 중소기업과 스타트업은 종종 이러한 업무를 외부 기관에 아웃소싱하거나, 사용자를 바로 연결해 주는 웹사이트를 통해 조사하는 경우가 많습니다. 질문은 설문조사, 포커스 그룹, 온라인 일대일 인터뷰, 앱 내 피드백을 통해 사용자에게 전달될 수 있습니다. 또한 코모(https://komo.ai) 및 유닷컴(https://you.com) 같은 AI 툴을 시장 조사에 활용할 수도 있습니다.

최종 사용자 외에도 경쟁사에 주의를 기울이면 프로덕트를 독특하게 포지셔닝하는 데 도움이 되며, 대안보다 명확한 강점을 제공할 수 있습니다. 경쟁사를 통해 배우고 영감을 얻으세요. 여러분과 유사한 영역에서 활동하는 조직이 많을 가능성이 높습니다. 그들의 프로덕트와 솔루션에 익숙해지고, 블로그, 연구 간행물, 소통 채널을 지켜보는 편이 좋습니다.

- **ROI 분석**

  프로젝트의 ROI를 계산하려면 초기 투자 비용과 예상 이익을 철저히 분석해야 합니다. ROI는 [그림 2-4]에 표시된 대로 투자로부터 발생한 순이익을 총 투자 비용으로 나눈 값에서 도출됩니다. 이 계산에는 AI 도입과 관련된 모든 직접 비용(소프트웨어 개발 및 구매 등)뿐 아니라, 간접 비용(⑩ 도입 기간 동안의 교육, 인력 이직, 병가 등으로 발생할 수 있는 생산성 저하)도 포함되어야 합니다. AI 통합으로 기대되는 이익에는 효율성 향상, 프로덕트 기능 향상, 판매 증가 및 시장 점유율 확대와 같은 정량화된 가치가 포함되어야 합니다.

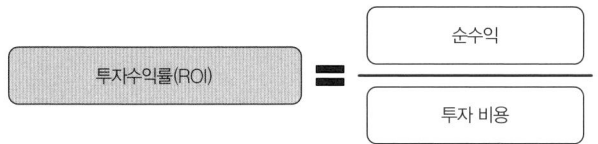

그림 2-4 ROI 공식

AI 프로젝트의 ROI를 극대화하는 몇 가지 전략이 있습니다. 첫째, AI 통합은 회사의 전략적 목표와 긴밀히 연계해 진행합니다. AI가 큰 개선 효과를 낼 수 있거나 주요 과제를 해결할 수 있는 영역을 대상으로 하세요. 둘째, 데이터의 품질과 가용성을 확보하는 것은 매우 중요합니다. 왜냐하면 AI 모델의 효과는 주로 학습한 데이터에 크게 의존하기 때문입니다. 독자적인 시스템과 내부 데이터 수집 방식에 대한 투자는 AI 프로젝트의 결과를 크게 개선할 수 있습니다. 셋째, 향후 성장을 고려해 확장성과 유연성을 갖춰야 합니다. 설계 과정 초기에 확장성을 고려하면 유지보수 및 업그레이드 비용을 최소화해 장기적인 ROI를 높일 수 있습니다.

신규 버전이나 업데이트를 실제 사용자가 사용하고, 지속적으로 최적의 서비스를 제공하는 것도 ROI 달성에 매우 중요합니다. 고객 지원과 반복적인 피드백을 제공하여 최종 사용자가 프로덕트를 적극적으로 사용하도록 하세요. 이는 프로덕트에 대한 고객의 지속적인 참여를 유도하는 데 도움이 됩니다.

이와 같은 AI 통합 전략을 실행하고 꾸준히 유지해, PM은 AI 투자 가치를 크게 높일 수 있습니다.

- **AI 기능 수익화**

AI 기능의 수익화는 프로덕트-시장 적합성과 사업 타당성에 큰 영향을 미칠 수 있는 기회와 어려움을 동반합니다. 기업들은 상황에 따라 직접 또는 간접 수익화 전략을 채택합니다 (https://oreil.ly/5zhTn).

직접 수익화 전략은 AI 기능을 부가 기능으로 별도 요금을 부과하거나, 프로덕트 가격 인상과 함께 번들로 제공하거나, AI 기능 자체를 독립 상품으로 제공하는 방식 등입니다. 이 접근 방식은 고객이 명확한 부가 가치를 인식하거나 AI 기능이 높은 운영비(⑩ 컴퓨팅, 스토리지 비용 등)를 수반할 때 적합합니다. 반면에 **간접 수익화 전략**은 가격을 변경하지 않고 기존 패키지에 AI 기능을 통합하여, 고객의 신규 유입, 충성도 향상, 핵심 프로덕트 사용률 증가 등의 효과를 노리는 방식입니다. AI 기능에 가격을 책정하기 전에 프로덕트를 개선하고자 할 때 특히 효과적입니다. 어떤 전략을 선택하느냐는 고객의 지불 의사와 최종 사용자 확보, 즉각적인 ROI 극대화 중 어떤 목표를 더 우선하는가에 따라 달라져야 합니다.

- **위험 평가**

    새로운 AI 프로덕트를 개발할 때 잠재적인 위험을 파악하는 것은 매우 중요합니다. 이러한 위험은 기술, 시장, 재무 측면에 산재해 있습니다. **기술 위험**에 대처하려면 AI 기술의 성숙도를 평가하고, 양질의 데이터를 확보하고 활용하며 보호하는 방법을 모색해야 합니다. **시장 위험**에 대처하려면 사용자 채택의 장애 요소를 파악하고, 경쟁 환경을 분석하며, 변화하는 규제 환경을 파악해야 합니다. **재무 위험**에 대처하려면 AI 개발에 내재된 비용 초과를 관리하고, 수익을 정확히 예측하며, 시장 출시까지 개발 단계를 지속할 수 있도록 충분한 자금을 확보해야 합니다.

    마찬가지로 특정 AI 솔루션을 도입할 적합한 시점을 파악하는 것도 중요합니다. 시장이 새로운 프로덕트를 받아들일 준비가 되어 있지 않다면 성공할 가능성은 크게 줄어듭니다. 시장 준비 상태, 잠재적 사용자들의 기술 인프라 상태, 현재 수요와 같은 요인은 프로덕트-시장 적합성을 찾는 데 중요한 역할을 합니다. 또한 경제 침체, 규제 변화, AI 기술에 대한 사회적 저항과 같은 더 넓은 사회경제적 장벽도 새로운 AI 프로덕트 출시의 실현 가능성과 시기에 상당한 영향을 미칠 수 있습니다.

    이러한 요소를 평가하면 현재의 기회와 프로덕트 성공에 영향을 줄 수 있는 잠재적인 문제를 파악할 수 있습니다. 적절한 출시 시점은 이러한 위험 평가 요소의 미묘한 균형을 맞춰야 합니다. 위험 요소와 타이밍을 꼼꼼히 따져보면, 기업은 정보에 기반한 결정을 내려 시장에서 프로덕트가 성공할 가능성을 높일 수 있습니다.

- **규제 준수**

    AI와 같은 신기술 산업에서 사업의 지속 가능성을 확보하기 위해서는, AI 솔루션 도입이 가져올 규제적, 윤리적, 사회적 영향까지 종합적으로 고려해야 합니다. 특히 시장 조사와 개발 단계에서, 산업 규제 및 표준을 정확히 이해하고 준수하는 것은 복잡하지만 필수적인 과정입니다. AI 프로덕트는 개인정보 보호, 보안, 윤리적 고려 사항에 미치는 잠재적 영향에 대한 강화된 감시로 인해 많은 주목을 받고 있기 때문입니다.

    기업은 사업을 수행하는 지역과 업종에 따라 EU의 GDPR(https://gdpr-info.eu), 유럽 연합의 인공지능법(EU AI Act)(https://oreil.ly/20nu0), 미국의 건강보험 이전 및 책임법(HIPAA)(https://oreil.ly/-B6vg) 등 다양한 규제와 법률을 준수해야 합니다. 이러한 법률을 준수하려면 데이터 처리, 사용자 동의, 투명성, 책임성 등 법적 요구 사항을 충족하는지 확인하기 위해 AI 시스템에 대한 종합적인 감사를 실시해야 합니다. 투명성과 책임성 원칙을 지키기 위해서는 AI 솔루션은 AI의 의사결정 과정을 최종 사용자와 규제 기관이 이해할 수 있도록 만드는 설명 가능한 AI explainable AI(XAI)(https://oreil.ly/x02y_)방식을 도입해야 합니다. XAI에는 SHAP(https://oreil.ly/2G9Gm), LIME(https://oreil.ly/IIVky), 인터프리트ML(https://interpret.ml) 같은 오픈소스 툴이 사용됩니다. 이 툴은 모델이 어떻게 작동하는지, 어떤 잠재적인 편향성이 있는지, 그리고 결과물이 어떻게 도출되는지를 사용자에게 설명합니다. 많은 연구자가 커뮤니티에서 XAI의 가치를 탐구하고 있으며, 기계학습을 더 설명 가능하게 만드는 방법을 다루는 수많은 책이 있습니다.

AI 기술과 규제 환경이 변화하는 상황에서도 규정을 준수하기 위해서는 AI 시스템을 정기적으로 점검하고 조정하는 체계를 갖추어야 합니다. 예를 들어 새로운 법률이 제정되면 개인정보 보호 정책, 데이터 처리 계약, 사용자 동의 절차를 업데이트해야 할 수도 있습니다. 관련 정책 및 가이드라인의 변화에 항상 주의를 기울이고, 사회의 기대와 규제 동향을 지속적으로 파악하는 것이 중요합니다. 무엇보다도 AI PM으로서 법률 기술, 데이터 법률 전문가, 컴플라이언스 담당자와 긴밀히 협력하여 이러한 복잡성을 해결하고 프로덕트 업데이트가 법적으로 문제가 없는지 확인해야 합니다.

많은 기업은 고객 신뢰의 중요한 가치를 깨닫고 있습니다. 신뢰는 디지털 시대에서 중요한 자산인데, 특히 AI 기반 프로덕트에서는 데이터 개인정보 보호, 보안, 윤리적 사용에 대한 우려가 큽니다. 성공적인 AI PM이 되려면, 프로덕트를 사용자 문제에 대해 신뢰할 수 있는 해결책이 되도록 자리매김해야 합니다. 프로덕트의 법적 준수 및 윤리적 무결성을 보장하면 금전적 제재와 법적 문제의 위험을 줄일 수 있으며, AI 지속 가능성과 윤리적인 데이터 활용의 기반을 마련해 사용자 및 이해관계자와의 신뢰를 쌓을 수 있습니다.

| 기술적 실현 가능성 |

AI 기반 프로덕트를 개발하기 위해서 철저한 기술적 실현 가능성 평가는 매우 중요합니다. 이 평가는 기술 팀, 엔지니어, 과학자에게 기획한 AI 기능을 공유하고 초기 피드백을 받는 것에서 시작됩니다. 구체적인 세부사항을 논의하기 보다는, 잠재적인 기술적 제약과 기회를 파악하는 데 중점을 두는 과정이므로, 기술 팀은 제안된 기능을 기존 기술 인프라가 지원할 수 있는지 초점을 맞추어야 합니다.

AI 모델을 학습하고 구축하는 데 필요한 데이터의 가용성은 기술적 실현 가능성의 핵심입니다. 기술 팀과 긴밀하게 협력하여 필요한 데이터의 유형, 품질, 양을 파악하는 것이 중요합니다. 데이터의 가용성과 품질은 AI 기능 개발의 실용성과 그 기능의 성공적인 도입 여부에도 직접적인 영향을 미칩니다. 기술적 실현 과정에서 이론적 개념이 실제 데이터 제약과 직면하고, 프로젝트의 범위와 방향을 조정하게 됩니다.

| 사용자 선호도 |

특정 문제를 해결하기 위해 사용자가 실제로 비용을 지불할 의향이 있는지 확인하는 것은, 프로덕트의 상업적 가능성을 검증하는 데 핵심적인 요소입니다. 이 과

정에서 시장 조사, 실험, 잠재 사용자와의 직접적인 소통이 함께 이루어져야 합니다. 이를 실질적으로 확인하는 방법과, 언제 확신에 가까워졌다고 볼 수 있는지 설명드리겠습니다.

먼저, 사전 조사를 철저히 하셔야 합니다. 이미 시장에 나와 있는 기존 솔루션과 그 가격대를 살펴보세요. 경쟁 환경을 파악하면, 본인이 해결하고자 하는 문제의 시장 가치를 가늠할 수 있는 기준점이 생깁니다. 경쟁사들의 가치 제안을 분석해 보면, 차별화나 새로운 기회를 찾을 수도 있습니다. 시장에서 본인의 위치를 정했다면, 목표 고객을 대상으로 설문조사와 인터뷰를 진행해 새로운 해결책에 대해 얼마나 관심이 있고, 실제로 돈을 지불할 의향이 있는지 알아봐야 합니다. 설문에 '이 [문제점]이 일상생활에 얼마나 자주 영향을 주나요?' 또는 '이 문제를 줄이기 위해 현재 어떤 방법을 사용하고 있나요?' 같은 질문을 포함할 수 있습니다.

이렇게 질문을 구성할 때는 단순한 예/아니오 답변에 그치지 말고, 해당 문제가 사용자의 삶에 얼마나 큰 영향을 주는지, 그리고 이를 해결하는 데 얼마나 가치를 둘 수 있는지를 심층적으로 파악할 수 있도록 해야 합니다. 더불어 공정한 가격을 도출하는 데 도움이 되는 판 베스텐도르프 가격 모델(https://oreil.ly/NDd5K) 같은 기법도 좋습니다.

프로토타입이나 최소 기능 프로덕트(MVP)가 있다면, 실제 고객이 프로덕트를 사용해 보도록 하고, 얼마나 가치를 느끼는지 직접 관찰해 보세요. MVP는 핵심 기능만 담은 프로덕트의 첫 번째 버전으로, 초기 고객의 반응으로 이후 개선 방향을 잡는 데 참고할 수 있습니다. MVP는 실제 사용자 테스트뿐 아니라, 가격 정책을 실험해 보는 데도 사용할 수 있습니다. A/B 테스트 같은 방법을 도입해 여러 가격 정책을 시도해, 어떤 가격대에서 전환율이나 고객 만족도가 상승하는지 확인할 수 있습니다. 각 가격대별로 프로덕트에 대한 피드백과 그때의 고객 인식도 꼼꼼히 기록해 두시기 바랍니다. 이런 고객의 인식이 브랜드 인지도와 이미지에도 중요한 영향을 미칩니다.

언제 답을 얻었다고 볼 수 있는지는, 설문과 실험 데이터를 분석해서 판단할 수 있습니다. 설문조사에서 가격에 대한 질문에 사용자가 어떻게 반응하는지, 그리고 MVP 테스트에서 실제 행동은 어땠는지 패턴을 찾아보세요. 만약 시장에서 지속적으로 비슷한 가격에 지불 의향을 보이고, 그 가격대가 본인의 원가 구조와 이익률에도 부합한다면, 시장에서 적정 가격대를 찾은 것입니다.

비록 모든 지표가 긍정적이라도, 시장 상황이나 소비자 인식은 계속해서 변할 수 있으니, 프로덕트가 성장할 때도 꾸준히 모니터링하고 테스트를 반복해야 합니다.

[그림 2-5]의 척도는 데이터가 충분히 수집되어 프로덕트-시장 적합성에 가까워졌는지 판단하는 데 매우 유용합니다. 만약 신호가 점점 더 오른쪽에서 나타난다면 프로덕트-시장 적합성에 근접하고 있는 것이고, 왼쪽에서 더 많이 나온다면 오히려 멀어지고 있다는 의미가 됩니다.

그림 2-5 프로덕트-시장 적합성 척도

| AI 프로덕트-시장 적합성 달성 |

프로덕트-시장 적합성을 전체적으로 평가하려면, 이를 이루는 세 가지 핵심 기둥인 비즈니스의 실현 가능성, 기술적 구현 가능성, 사용자의 선호도를 다시 살펴보는 것이 중요합니다. 이 세 가지 기둥이 모두 모여야 기회 단계에 대한 큰 그림을 보고, 단순히 혁신적이거나 기술적으로 구현 가능할 뿐만 아니라 사용자가 정말로 원하고 시장에서 지속 가능한 프로덕트인지 확인할 수 있습니다.

프로덕트-시장 적합성을 이루기 위해서는 이 세 가지 요건을 모두 충족해야 한다는 점을 강조하고 싶습니다. 이 중 하나라도 약하거나 빠져 있다면, 해당 프로덕트가 성공할 확률은 매우 낮아집니다.

이 점을 좀 더 명확하게 설명하기 위해, AI 기반 음악 추천 알고리즘을 만든다고 가정해 보겠습니다. 이 AI는 사용자의 콘텐츠 이용 방식, 오디오 캡처, 바이오 신호 데이터를 바탕으로 감정을 분석해, 어울리는 음악을 추천합니다. 감정과 분위기의 미묘함을 잘 반영한 AI 추천 플레이리스트에 많은 사용자가 흥미를 느낄 겁니다. 이와 같은 음악 추천 알고리즘은 이미 존재하는 머신러닝 네트워크로 구현할 수 있습니다.

하지만 비즈니스 실현 가능성이 떨어진다면 AI 프로덕트-시장 적합성이 낮게 나올 겁니다. 이 AI 프로덕트는 사생활 보호와 사회적 감시 문제에 직면할 수 있으며, 생체 정보를 활용해 민감한 감정 데이터를 수집하면 매우 중요한 윤리적, 법적 이슈를 야기할 수 있습니다. 프로덕트에 대한 관심이 있더라도, 개발 비용이 낮더라도, 사업 리스크와 규제의 불확실성이 성공을 저해할 수 있습니다.

이처럼 프로덕트-시장 적합성을 찾는 과정은 균형을 잡기 어렵고, 시장이 실제로 기대할 만한 프로덕트를 만들려면 반드시 신중한 프로덕트 설계가 필요합니다.

2.2.3 컨셉과 프로토타입

아이디어 구상과 초기 검증 단계를 지나면, AI 프로덕트의 MVP를 구축하는 데 집중할 시점입니다. AI MVP는 단순히 프로덕트의 기본적인 버전 그 이상입니다. 이는 목표로 하는 사용 사례에서 AI의 가능성을 명확히 보여주기 위해 전략적으로 만든 시제품입니다. 에릭 리스는 "MVP는 가장 적은 노력으로 고객에 대한 최대한의 검증된 정보를 얻게 하는 새로운 버전"이라고 설명한 바 있습니다.[5] AI 프로덕트에서 MVP란, 즉시 가치를 보여주면서 향후 가능성도 함께 암시하는 버전을 만드는 것을 의미합니다.

---

5 https://leanstartup.co/resources/articles/what-is-an-mvp

AI MVP와 프로토타입을 구분하는 것도 중요합니다. 프로토타입은 주로 실현 가능성을 탐색하고, AI가 어떻게 작동할 수 있는지 보여주며, 다양한 아이디어를 제한된 환경에서 실험하는 초기 시험 모델입니다. 프로토타입은 개념을 검증하고 탐색하는 데는 유용하지만, 최종 사용자가 실제로 쓸만한 가치를 제공하지는 않습니다. 이들은 어떻게 **동작할 수 있다**는 점을 보여주는 데 더 중점을 둡니다.

반면에 AI MVP는 출시 첫날부터 가치를 제공할 수 있도록 만든 실제 동작하는 프로덕트입니다. 프로토타입이 사전에 설정된 상호작용이나 모의 데이터를 사용해 경험을 시뮬레이션하는 데 그친다면, AI MVP는 실제 시스템과 연동하고, 실시간 데이터를 활용하며, 사용자의 문제를 실질적으로 해결하는 데 초점을 둡니다. 이렇게 시뮬레이션에서 실제 사용자와의 상호작용으로 무게중심이 옮겨지는 부분에서, AI MVP가 프로덕트 개발의 핵심 단계로 자리 잡게 됩니다.

AI MVP를 구축하는 과정에는 지금까지의 MVP와는 다른, AI만의 여러 어려움과 고려 사항이 따릅니다. 이 중 하나가 바로 **모델 학습 과정**인데, 이는 이 단계 안에서도 또 하나의 작은 라이프사이클이라 볼 수 있습니다. 이 과정에는 적합한 알고리즘을 선택하고, 관련 데이터를 수집한 뒤, 모델을 학습시키고 초기 성과에 따라 반복적으로 개선하는 작업이 포함됩니다. 이와 같은 반복적 과정이 AI가 스스로 학습하고 발전할 수 있게 하며, 이것이 바로 MVP의 핵심 구조가 됩니다.

이 과정과 AI 라이프사이클 전체에 대해서는 3장에서 더 자세히 다룹니다. 각각의 단계마다 어떤 기술 개념이 바탕이 되는지 이해하실 수 있을 것입니다.

일반적인 MVP가 프로덕트의 가장 단순한 버전에 집중하는 것과 달리, AI MVP는 네 가지 요건을 갖춰야 합니다. 하드코딩된 경험을 구성하고, 통합 가능성을 입증해야 하며, 도메인 특화 전문성을 보여야 하고, 출시와 동시에 즉각적인 가치를 만들어내야 합니다. 이제 각 요건별로 좀 더 자세히 살펴보겠습니다.

| 하드코딩된 경험 구성의 필요성 |

AI MVP를 만들 때, 모든 기능을 완전히 자동화된 시스템으로 개발하는 데 시간이 너무 많이 소요되는 상황이라면, 프로덕트의 일부 요소를 하드코딩해서 잠재

력을 보여줘야 할 수도 있습니다. 이런 방식은 핵심 기능을 빠르게 검증하고 시연할 수 있어서 아직 AI 모델이 완전히 최적화되거나 충분히 학습되지 않았더라도, 프로덕트의 주요 기능을 보여주는 데 도움이 됩니다.

실제로 많은 AI MVP에서는 여러 모델이나 기법을 조합해 하이브리드 솔루션을 만드는 경우가 많습니다. 하지만 시스템의 모든 부분을 처음부터 전부 구현하려고 하면 시간과 자원이 많이 소요됩니다. 이때, 하드코딩은 효율적인 대안이 될 수 있습니다. 예를 들어 추천 시스템을 개발하는데 아직 개인화 모델을 학습시킬 만큼 충분한 데이터가 없다면, 추천의 작동 방식을 시연하기 위해 특정 규칙을 하드코딩해서 넣을 수 있습니다. 챗봇 MVP도 고도화된 자연어 처리(NLP) 기능이 완전히 완성되지 않았을 때는, 자주 들어오는 질문에 대해서만 미리 정해진 답변을 넣어두는 방법을 쓸 수 있습니다.

이렇게 특정 요소를 하드코딩하면, 반드시 이 단계에서 완전히 자동화할 필요가 없는 부분에 불필요하게 시간을 낭비하지 않을 수 있습니다. 이러한 전략 덕분에 MVP는 AI의 주요 가치 제안을 집중적으로 보여줄 수 있고, 복잡한 AI 기반 기능은 이후에 병행하여 계속해서 개발·개선해 나가면서 관계자들에게 프로덕트의 잠재력을 효과적으로 전달할 수 있습니다.

| (가능하다면 적은 노력으로) 통합 가능성을 입증하기 |

AI 프로덕트가 가치를 가지려면, 일반적으로 API를 통해 기존 시스템과 자연스럽게 연동될 수 있어야 합니다. 특히 규모가 큰 조직의 경우 복잡한 소프트웨어 환경 안에서 운영하기 때문에, MVP가 이런 워크플로에 잘 들어맞을 수 있다는 점을 보여주는 것이 매우 중요합니다. 이는 프로덕트의 기술적 실현 가능성을 증명할 뿐만 아니라, 기존의 업무 프로세스를 방해하지 않고 오히려 더 발전시킬 수 있다는 점을 이해관계자에게 보여줍니다.

AI MVP를 설계할 때는, 이 프로덕트가 조직 내 다른 도구나 시스템과 어떻게 연결될지 고민해야 합니다. 예를 들어 판매 예측을 위한 예측 분석 도구를 만든다면, 이 MVP는 기존 고객관계관리(CRM) 시스템에서 데이터를 불러오고, 분석 결과를 다른 플랫폼으로 내보낼 수 있어야 합니다. MVP에 간단한 API나 통합 계층을 추가하는 것만으로도, 회사의 현재 시스템 환경에서 확장성과 적응 가능성을 충분히 보여줄 수 있습니다. 실제로 이러한 샘플 통합 사례는 시연이나 검증 단계에서 설득력 있는 증거가 될 수 있습니다.

| 도메인 특화 전문성 드러내기 |

AI 프로덕트의 성공을 좌우하는 중요한 요소 중 하나는, 해당 프로덕트를 적용할 도메인에 대한 이해입니다. MVP 단계에서는 이 도메인 지식을 초기에 충분히 보여줘야 중요합니다. 의료 진단, 리테일 고객 세분화, 금융 분석 등 어떤 분야에 집중하고 있든, AI가 해당 분야가 가진 고유한 특성을 잘 다룰 수 있다는 점을 보여줘야 이해관계자의 신뢰를 얻을 수 있습니다.

이를 위해서는 해당 도메인에 특화된 소규모이지만 고품질의 데이터셋으로 모델을 학습시키는 것이 일반적입니다. 예를 들어 헬스케어 분야의 AI 진단 도구를 개발할 경우, 특정 질환을 식별할 수 있는 모델의 역량을 보여주기 위해 익명화된 의료 이미지를 활용할 수 있습니다. 이 단계에서 모든 활용 사례를 다룰 필요는 없습니다. 중요한 것은, AI가 실제 현장에서 원하는 정확도와 적합성을 갖춘 결과를 낼 수 있다는 점을 증명하는 것입니다.

| 출시 첫날부터 가치 제공하기 |

AI MVP는 기존 소프트웨어 MVP와 달리, 잠재력을 입증하기 위해 즉각적인 가치를 제공해야 한다는 점이 다릅니다. AI 애플리케이션은 시간이 지남에 따라 데이터가 쌓이면서 점차 개선되도록 설계되어 있지만, MVP 단계에서도 바로 눈에 보이는 효과를 보여줘야 합니다. 예를 들어 더 개인화된 사용자 경험을 제공하거나, 운영 효율성을 높이거나, 기존 데이터를 바탕으로 실질적인 인사이트를 도출하는 식이 될 수 있습니다.

MVP를 설계할 때는 바로 효과를 체감할 수 있는 기능에 중점을 두는 것이 중요합니다. 이커머스 플랫폼용 AI 기반 추천 시스템이라면 최소한 사용자에게 입력된 기본 정보를 바탕으로 적절한 상품을 추천해야 합니다. 반드시 완벽할 필요는 없지만, 해당 컨셉이 실현 가능함을 입증하고, AI가 사용자와의 상호작용을 통해 시간이 갈수록 어떻게 더 효과적으로 발전할 수 있는지 보여야 합니다.

MVP에 피드백 루프를 포함시키는 것도 프로덕트가 학습하고 개선될 수 있음을 쉽게 나타내는 방법입니다. 예를 들어 사용자가 어떤 추천 상품을 클릭했는지 등과 같은 상호작용 데이터를 수집하는 기능을 추가하면, 향후 모델을 정교하게 개선하는 데 유용한 인사이트를 얻을 수 있습니다. 이를 통해 개발 초기 단계임에도 불구하고 AI가 지속적으로 발전하고 적응할 수 있다는 점을 이해관계자들에게 효과적으로 보여줄 수 있습니다.

2.2.4 테스트 및 분석

테스트 및 분석 단계는 AI 기반 프로덕트를 개발하는 과정에서 매우 중요한 단계로, 프로토타입 개발과 시장 출시 사이의 연결 고리 역할을 합니다. 이 단계에서는 거의 완성된 형태의 프로덕트를 다양한 측면에서 철저하게 평가하여, 성능과 사용자 수용성, 그리고 시장 적합성을 점검합니다.

이 과정은 개발 초기 단계에서 정의한 타깃 페르소나에 가까운 사용자와 구조화된 피드백 세션을 진행하는 것으로 시작됩니다. 앞선 피드백 과정과 마찬가지로, 프로덕트가 실제로 사용자의 문제를 얼마나 잘 해결하는지, 사용의 편리성은 어떤지, 전반적인 만족도는 어떠한지 등에 대해 심도 있는 인사이트를 수집하는 것이 목적입니다. 이 단계에서 베타 테스트나 점진적 출시와 같이, 선별된 일부 고객 집단을 대상으로 한 제한적 배포가 주로 이루어집니다. 예를 들어 게임 산업에서는 새로운 업데이트나 패치를 정식 출시 전 베타 테스터들에게 먼저 공개하여 실제 플레이 경험에 대한 피드백을 받는 경우가 많습니다. 이러한 피드백은 프로덕트의 가치 제안에 대한 초기 가설을 검증하고, 보완이 필요한 지점이나 개선이 필요한 부분을 파악하는 데 핵심적인 역할을 합니다.

피드백 수집 방법은 설문조사, 인터뷰, 포커스 그룹, 시뮬레이션 등 다양한 형태로 이루어질 수 있습니다. 각각의 방법은 프로덕트의 효과와 사용성에 대해 서로 다른 관점을 제시해 줍니다. 또한, 고도화된 분석 도구나 AI를 활용하여 사용자 상호작용을 분석함으로써, 만족도, 몰입도, 또는 잠재적인 불편 지점 등 다양한 패턴을 도출할 수 있습니다. 이 단계의 목표는 전체 사용 경험을 폭넓게 이해하는 데 있으며, 이를 바탕으로 프로덕트가 초기 단계에서 설정한 니즈와 기대치를 충족하는지 여부를 판단하게 됩니다.

테스트와 분석 과정의 마지막에는 가장 중요한 '**출시/보류 결정**'이 이루어집니다. 이 중요한 순간에는 이해관계자가 지금까지 수집된 데이터와 피드백을 바탕으로 프로덕트가 시장에 출시될 준비가 되었는지를 평가하게 됩니다. 이 결정에는 프로덕트의 기술적 완성도, 사용자 만족도, 시장의 상황, 경쟁 현황 등 여러 요인이 복합적으로 고려됩니다. 단순히 프로덕트가 제대로 작동하는지 뿐만 아니라, 경쟁이 치열한 시장 환경에서 실제로 도입되고 성공할 수 있는지 여부까지 검토하는 과정입니다.

출시 결정이 내려지면, 시장 적합성과 성공 가능성에 대한 신뢰를 바탕으로 프로덕트 출시를 진행하게 됩니다. 반면, 보류 결정이 내려진다고 해서 반드시 프로젝트가 폐기된다는 의미는 아닙니다. 이 경우에는 다시 기획 단계로 되돌아가, 테스트 과정에서 드러난 문제를 해결하거나, 시장 전략 자체를 재검토하는 등 보완과 개선의 기회로 삼을 수 있습니다. 이처럼 프로덕트 개발 과정은 반복적이고 실험적이며, 데이터를 바탕으로 시장에서 차별화된 위치를 확보하는 데 데이터 중심의 분석과 지속적인 개선이 왜 중요한 이유를 잘 보여줍니다.

2.2.5 출시

출시 단계는 AIPDL에서 매우 중요한 이정표로, 개발과 테스트를 마치고 실제로 프로덕트를 대상 시장에 선보이는 단계입니다. 이 단계는 프로덕트 여정의 끝이 아니라, 실제 현장에서의 적용과 지속적인 발전이 본격적으로 시작되는 시점입니다. 따라서 원활한 출시를 위해 세밀한 계획과 실행이 필요하며, 이후에도 프로덕트의 시장 경쟁력을 유지하기 위한 지속적인 유지 관리와 개선 노력이 이어져야 합니다. 이제 출시를 시작으로, PM이 주의해야 할 사항을 살펴보겠습니다.

프로덕트 출시는 세밀하게 짜인 마케팅 및 홍보 전략뿐 아니라, 물류 및 공급망 관리 계획이 뒷받침해야 성공할 수 있습니다. 마케팅 계획에서는 명확한 타깃 사용자 그룹을 정의하고, 강력한 메시지를 전달할 수 있도록 하며, TV, 인쇄물, 소셜 미디어 등 최적의 홍보 채널을 선정해야 합니다. 관심을 유발하기 위해 출시 전 미리보기 제공이나 사전 체험 등으로 기대감을 높이는 것도 효과적인 전략입니다. 실제로 여러 홍보 활동을 서로 연계하고, 미리 정해진 일정에 맞춰 이벤트를 체계적으로 추진하는 것이 큰 시너지를 발휘했습니다. 동시에, 물리적 프로덕트의 경우에는 견고하고 신뢰할 수 있는 공급망과 물류 시스템이 반드시 필요합니다. 충분한 재고 확보와 운송 일정을 미리 세워, 출시 시 수요에 원활하게 대응할 수 있도록 준비해야 합니다.

출시 단계에서는 준비된 모든 세부 계획이 일정에 따라 완벽하게 추진될 수 있도록 모든 조직 구성원이 긴밀하게 협업해야 합니다. 이 시기에는 철저한 조율과 만반의 준비, 실시간 피드백에 대한 모니터링, 긍정적인 출시 경험을 유지하는 것이 중요합니다. 이러한 요소가 완벽히 실행될 때, 프로덕트의 성공 기반이 탄탄하게 다져집니다.

배포가 완료된 후에는 시스템의 모니터링과 유지 관리로 초점이 맞춰집니다. AI 모델의 정확성과 성능을 정기적으로 평가하는 것 외에도, 배포 후 운영 팀은 AI 기능이 제대로 작동하는지 점검하고, 필요시 유지보수 일정을 관리해야 합니다. 또한 AI 시스템이 계속해서 새로운 데이터를 받아들이고 학습할 수 있도록 지원하는 것도 중요합니다. 모델이 지속적으로 최신 데이터로 업데이트 및 재학습하는 만큼, 예기치 않은 편향이나 윤리적 이슈가 발생하지 않도록 항상 주의해야 합니다. 공정성과 편향 검증을 위한 점검 체계를 마련하는 것은 규제 준수뿐 아니라 사용자 신뢰를 쌓는 데에도 필수적입니다.

AIPDL의 모든 단계가 반복적이고 순환적이듯, 출시 단계도 예외가 아닙니다. 배포 후에도 운영 팀은 계속해서 시장 동향과 규제 변화를 모니터링하며, 그에 맞춰 프로덕트를 업데이트해야 합니다. 이러한 반복적 접근 방식을 통해 기능을 정교하게 다듬고, 사용자 경험을 개선하며, 새로운 요구와 트렌드에 맞는 기능도 추가할 수 있습니다. 기능 고도화를 지속함으로써, 빠르게 변화하는 기술 환경에서도 경쟁력을 유지할 수 있습니다. 출시 단계는 단순히 프로덕트를 시장에 내놓는 일에 그치지 않고, 장기적인 성장의 기반을 마련하는 일임을 잊지 않아야 합니다.

2.3 결론

이번 장에서는 AIPDL의 다섯 가지 단계, 즉 아이디어 도출, 기회 탐색, 컨셉 및 프로토타입 개발, 테스트와 분석, 출시에 대해 개념적으로 정리했습니다. 이제 여러분은 누군가의 머릿속에서 시작된 아이디어가 수백만 명이 사용하는 완성된 프로덕트로 탄생하기까지, 전체적인 전략과 그 안에서 필요한 의사결정 과정을 이해하셨으리라 생각합니다.

프로덕트 개발 라이프사이클은 혁신적인 아이디어를 시장에 적합한 프로덕트로 변모시키는 여정을 담고 있습니다. 이 과정에서 철저한 기획, 지속적인 피드백, 반복적인 개선의 중요성이 강조됩니다. 프로덕트가 컨셉에서 실제 구현 단계로 나아가는 동안, 디자이너, 엔지니어, 개발자 등 다양한 구성원 간의 협업이 기술적 난관을 극복하는 데 필수적입니다.

PM으로서 새로운 프로덕트를 개발하는 일은 가치 있고 흥미로운 경험이지만, 결코 혼자만의 힘으로 이룰 수 있는 일은 아닙니다. 3장에서는 성공적인 PM이 되기 위해 갖추어야 할 역량과 스킬에 대해 살펴보겠습니다.

CHAPTER 3
AI PM의 필수 지식

2장에서는 AI PM이 AIPDL 각 단계에서 어떤 역할을 수행하는지 살펴보았습니다. 기존의 PM과는 달리, AI PM은 빠르게 발전하는 AI 기술과 변동성이 큰 시장의 요구를 동시에 주의 깊게 파악해야 합니다. 독특한 프로덕트 가치 제안과 정확한 시장 적합성을 결합하는 것이 프로덕트에 경쟁력을 부여하고, 산업의 혁신을 이끄는 핵심입니다. 최근에 들어 의사결정 최적화, 운영 효율화, 맞춤형 고객 경험 등 다양한 영역에서 AI 활용이 늘어나면서 뛰어난 역량을 가진 AI PM에 대한 수요 역시 커지고 있습니다. 이러한 전문가들은 아직 충족되지 않은 요구를 해결할 혁신적인 프로덕트 개발의 최전선에 있습니다.

이번 장에서는 기존의 PM에서 AI 분야로 경력을 전환하려는 분이 갖추어야 할 필수 역량에 대해 다룹니다. AI 프로덕트 매니지먼트는 새롭게 모든 것을 시작하는 것이 아닙니다. 프로젝트 관리, 이해관계자와의 소통, 전략적 사고와 같은 기존에 갈고닦은 핵심 역량이 이 새로운 영역에서도 탄탄한 기반으로 작용합니다. 다만, AI PM에게는 전문적인 능력도 요구됩니다.

AI PM은 AI 프로덕트만의 특수한 과제를 해결하기 위해 기술적 이해와 전략적 통찰력을 함께 갖추어야 합니다. AI PM은 단순히 프로젝트를 관리하는 역할을 넘어, 인간의 니즈와 기술이 가진 가능성, 제약의 균형을 찾아 조율하는 비전 제시자입니다. 따라서 AI 기술의 잠재력과 한계를 깊이 이해해야 합니다. 창의적인 해결책을 제시하는 감각도 중요하지만, 성공적인 AI PM은 반드시 현실감과 집중력이 뛰어나야 하며, 개발 중인 프로덕트가 참신함과 함께 시장성·수익성도 확보할 수 있도록 이끌어야 합니다.

AI는 헬스케어, 금융, 엔터테인먼트 등 다양한 산업의 주류를 빠르게 재편하고 있습니다. 이처럼 기존 프로덕트와 AI 주도 프로젝트의 간극을 메울 수 있는 유능한 PM의 역할이 점점 더 중요해지고 있습니다. 이제부터 기존 역량을 어떻게 활용할 수 있는지, 성공적인 AI PM이 되기 위해 새롭게 익혀야 할 역량에는 무엇이 있는지 구체적으로 설명하겠습니다.

AI PM에게 필요한 핵심 역량은 네 가지 영역(그림 3-1)으로 나눌 수 있습니다. 즉, 핵심 프로덕트 매니지먼트 기술과 실무, PM을 위한 엔지니어링 기초, 필수적인 리더십 및 협업 역량, AI 라이프사이클 및 운영에 대한 이해입니다. 영역별로 직무와 관련된 주요 역량이 정리되어 있습니다. AI PM을 꿈꾸는 분은 물론, 기존

핵심 프로덕트 매니지먼트 역량 및 실무	PM을 위한 엔지니어링 기초	필수적인 리더십 및 협업 역량	AI 라이프사이클 및 운영 이해

• 사용자 세그먼트, 페르소나, 주요 불편 사항, 사용 사례 파악
• 아이디어 발굴 및 혁신적인 해결책 도출
• 트레이드오프 분석 및 우선순위 결정(RICE)
• 전략 수립과 로드맵 작성
• 분석적 사고 및 추정 프레임워크(Top-down, Bottom-up 등)
• 목표 설정과 성과 측정(KPI, North Star)
	• 소프트웨어 개발 방법론(워터폴, 애자일)
	• 일상적인 코드 작업 및 협업 도구 활용
	  - 버전 관리, 빌드 프로세스, 테스트
	  - 업무 관리(아하!, 트렐로, 지라, 프로덕트 보드)
	• 주요 기술 개념
	  - API, 알고리즘, 시스템 아키텍처, 통합
	  - AI 분야에서의 기술 부채
	• AI 인프라
	  - 클라우드 플랫폼(AWS, 구글 클라우드, 애저 등)
	  - 엣지 AI 또는 클라우드 외부에서 AI 적용 시 고려 사항
		• 실험 중심의 사고방식
		• 창의성
		• 이해관계자 조율
		• 커뮤니케이션
		• 리더십
		• 분석적 사고
		• 기술 및 실행력
		• 스토리텔링
		• 공감 능력
			• AI 및 생성형 AI의 고유 역량 이해
			• 프롬프트 엔지니어링 및 최적화
			• 모델 학습(MLOps, 모니터링, 반복 개선)
			• LLM 및 파인튜닝
			• 실제 서비스 적용을 위한 고려사항
			• DataOps 및 사람 중심의 데이터 운영
			• 알고리즘 품질 검토(평가, 적대적 테스트, 견고성 확인 등)
			• 윤리 및 컴플라이언스, 최신 트렌드 및 운영 방안(멀티모달 AI, 에이전틱 AI 등)

그림 3-1 AI PM 역량의 다양한 영역

실무 능력을 더 키우고자 하는 분께도 본 장의 인사이트가 반드시 도움이 되기를 바랍니다. 이어지는 내용에서는 AIPDL의 전 단계에 걸쳐 이 역량을 어떻게 활용할 수 있을지 함께 고민해 보시기 바랍니다.

3.1 핵심 프로덕트 매니지먼트 기술과 실무

핵심 프로덕트 매니지먼트 기술과 실무 역량은 성공적인 PM을 뒷받침하는 핵심입니다. 이 역량은 AI PM이 기존의 일반적인 PM 역할과 유사함을 의미합니다. 이번 절에서는 기본적인 역량이 AI 기반 프로덕트 매니지먼트라는 맥락에서 어떻게 적용되는지 이해하는 데 중점을 두시기 바랍니다. AI 프로덕트 매니지먼트 분야로 원활하게 전환하고, 실질적인 전문성을 높이실 수 있을 겁니다.

이 책 전반에 걸쳐 다양한 실무를 깊이 다룹니다. 2장에서는 아이디어 도출과 AI의 독특한 강점에 대해 논의했고, 5장에서는 전략 수립과 로드맵 작성에 대해 자세히 다룰 예정입니다. 이번 절에서는 기본 역량을 복습하는 데 그치지 않고, AI의 관점을 더해 이를 강화하는 방법, 기존 프로덕트 매니지먼트 방식과 AI의 새로운 요구사항 사이의 간극을 어떻게 메울지 안내합니다. AI 중심 시장에서 주도적인 역할을 유지하고 개선하는 데 도움을 받기 바랍니다.

3.1.1 사용자 세그먼트, 페르소나, 고충, 요구사항 파악

사용자를 명확히 파악하는 것은 가장 중요한 일입니다. 역량 있는 PM이라면 전체 사용자 집단을 보다 세분화하여 주요 페르소나로 정의하고, 각 그룹의 특성을 분석할 수 있어야 합니다. 이렇게 세분화된 분석을 통해 기능을 각 그룹의 니즈나 고충에 맞게 맞춤화할 수 있습니다. AI 프로덕트에서는 어떤 사용자 그룹이 스마트 알고리즘의 혜택을 가장 크게 보는지, 혹은 어느 그룹이 보다 직관적인 인터페이스를 필요로 하는지 등도 미리 가정할 수 있습니다.

특히 사용자 세분화는 고객 이해의 첫 단계이자 매우 중요한 과정입니다. **사용자 세분화**란 공통 특성을 바탕으로 넓은 사용자 기반을 명확한 그룹 여러 개로 나누는 것을 뜻합니다. 이때 그룹을 나누는 기준은 인구통계 데이터, 플랫폼 내 행동 패턴, 구매 이력, 서비스 이용도 등 다양한 사용자 데이터를 종합해야 합니다. 이렇게 사용자를 나누면 각 그룹에 가장 적합한 전략을 수립할 수 있습니다.

3.1.2 유저 스토리 작성

유저 스토리 User story는 프로덕트 매니지먼트에서 기본이 되는 중요한 도구입니다. 이는 최종 사용자의 관점으로 필요한 기능을 간결하고 명확하게 설명하는 문서입니다. 유저 스토리를 통해 개발 과정 내내 사용자의 요구와 경험을 중심에 둘 수 있어, 실제로 가치 있는 프로덕트를 만들어낼 수 있습니다.

특히 AI 프로덕트의 경우, 인간의 요구 사항과 기계적 기능이 복잡하게 얽혀 있기 때문에, 유저 스토리는 이 균형을 유지하는 데 중요한 역할을 합니다. 유저 스토리를 바탕으로 개발 팀은 설계 및 구현의 모든 단계에서 사용자의 맥락을 충분히 고려할 수 있습니다. 이는 AI 애플리케이션이 성공적으로 안착하는 데 결정적인, 사용자 중심의 접근 방식을 촉진합니다. AI 분야에서 잘 작성된 유저 스토리는 복잡한 기술적 가능성을 사용자가 이해할 수 있는 현실적인 혜택으로 전환하는 다리 역할을 하며, 프로덕트의 확산과 사용자 만족도를 높이는 데 기여합니다.

AI PM으로서 설득력 있는 유저 스토리를 작성하는 일은 더욱 중요합니다. AI 기반 솔루션은 복잡할 수 있으므로, 첨단 기술을 도입할 때 실질적인 사용자 경험 및 활용도와 동떨어지지 않도록 꼭 사용자 중심으로 설계해야 합니다.

다음은 다양한 AI 기능에 대한 가상의 유저 스토리를, 세 줄 구성 템플릿에 따라 정리해 보았습니다.

- 사용자가 누구인지
- 어떤 사용 목적이 있는지
- 어떤 기대나 원하는 결과가 있는지

예시 1: 넷플릭스 추천 시스템 고도화

스토리: 반복되는 추천 방지

특정 프로그램 추천을 자주 무시하는 넷플릭스 시청자로서,

시스템이 제가 해당 프로그램에 관심이 없음을 인지하고 더 이상 추천하지 않기를 바랍니다.

그래서 제 취향에 더 맞는 추천을 받을 수 있었으면 합니다.

예시 2: 스포티파이의 친구 기반 음악 추천

스토리: 친구 추천 음악

친구의 음악 취향을 신뢰하는 청취자로서,

친구들이 요즘 듣는 곡을 볼 수 있는 옵션이 있으면 좋겠습니다.

그래서 더 쉽게 제게 맞는 곡이나 플레이리스트를 발견하고 싶습니다.

예시 3: 틴더나 범블과 같은 데이팅 앱의 매칭 알고리즘 고도화

스토리: 공통 관심사 기반 매칭

공통 취미와 가치관을 중요하게 생각하는 데이팅 앱 사용자로서,

매칭 알고리즘이 서로의 취미나 주요 가치관을 우선적으로 반영했으면 합니다.

그래서 더 많은 공통점이 있는 상대를 만나 깊이 있는 인연으로 발전하기를 기대합니다.

예시 4: 캔바와 같은 디자인 소프트웨어의 맞춤 초대장 템플릿

스토리: 맞춤형 초대장 템플릿

독창적인 초대장을 만들고 싶은 행사 기획자로서,

행사의 테마, 색상, 분위기에 따라 맞춤형 디자인 템플릿을 자동으로 생성하는 기능이 있으면 좋겠습니다.

덕분에 행사 분위기를 잘 담은, 눈길을 끄는 초대장을 빠르고 쉽게 만들어 보내기를 바랍니다.

예시 5: 테슬라의 자율주행 안전 기능 강화

스토리: 다양한 조건에서의 고급 안전성

자율주행에 관심이 많은 테슬라 차량 소유자로서,

자율주행 시스템이 다양한 날씨와 도로 상황을 인식해 적응기길 원합니다.

그래야 다양한 환경에서도 보다 안전하고 신뢰성 있는 자율주행을 경험할 수 있기 때문입니다.

유저 스토리를 정의하면, 해당 요구를 해결할 수 있는 기술 및 프로덕트에 대한 아이디어를 폭넓게 고민해야 합니다. 특히 AI와 같이 기술이 빠르게 변하는 환경에서는 기존의 방식에만 머무르는 것으로는 충분하지 않습니다. AI PM은 창의적

인 해결책을 고민하고, 기존의 틀에서 벗어나 사용자 요구를 만족시킬 수 있는 솔루션을 찾아봐야 합니다.

혁신적인 아이디어와 새로운 접근법이 프로덕트의 경쟁력과 시장 적합성을 유지하는 핵심입니다. AI 기반 어시스턴트와의 새로운 상호작용 방식이든, 혁신적인 알고리즘 설계이든, 변화에 유연하게 대응하는 혁신이 필요합니다. 이에 관한 구체적인 혁신 방법과 문제 해결 전략은 이후 3.3절에서 다룰 예정입니다.

3.1.3 AI 프로덕트 매니지먼트에서 트레이드오프 평가와 우선순위 설정

실제로 구현 가능하다고 해서 모든 기능이나 솔루션을 반드시 구현해야 하는 것은 아닙니다. AI PM의 핵심 역할 중 하나는 비즈니스 목표, 기술적 실현 가능성, 윤리적 문제를 종합적으로 고려하여 트레이드오프를 꼼꼼히 평가하고 우선순위를 결정하는 일입니다. AI 시스템의 경우 여러 상충 요소 간 균형을 맞춰야 하기에, 이 과정은 단순하지 않습니다. 트레이드오프 평가는 각 기능이나 솔루션의 기대 효과와 비용, 잠재적 위험을 모두 비교·분석해, 기업의 장기적인 전략과 사용자 요구에 맞춰 결정을 내려야 합니다. 의사결정 과정에서 자주 마주치는 트레이드오프 유형은 다음과 같습니다.

| 정확성과 속도 |

특히 실시간 의사결정이 필요한 시스템에서 알고리즘의 정확성과 데이터 처리 속도 간에는 긴장감이 존재합니다. 예를 들어 자율주행 차량의 경우, 객체 인식 알고리즘이 보행자, 차량, 장애물을 정확히 감지해야 하면서도, 데이터를 수 밀리초 내에 처리하여 즉각적으로 도로 위에서 의사결정을 내려야 합니다. 이때, PM은 시스템이 정해진 시간 내에서 동작하도록 어느 정도의 정확도까지 허용할지를 결정해야 합니다. 정확성에 지나치게 집착하면 반응 속도가 늦어져 안전에 문제가 생길 수 있고, 반대로 속도를 지나치게 우선하면 오류가 늘어나면서 기술에 대한 신뢰와 안전이 모두 저하될 수 있습니다.

| 복잡성과 단순성 |

AI 모델은 매우 복잡한 딥러닝 네트워크부터 비교적 단순한 룰 기반 시스템까지 다양합니다. 복잡성과 단순성의 균형은 주로 이해의 용이성과 성능 사이의 균형으로 이어집니다. 고객 지원 챗봇의 경우, 복잡한 자연어 처리 모델이 더 미묘한 질문을 잘 처리하고 사람과 비슷한 답변을 제공할 수 있습니다. 그러나 이런 시스템은 설명하기 어렵고, 디버깅이나 유지보수가 힘들 수 있습니다. 반면에 단순한 모델은 더 투명하고 문제 해결이 쉬운 대신, 사용자의 기대를 만족시키지 못할 수 있습니다. PM은 복잡성을 추가함으로써 실제로 사용자 경험이나 운영 성과가 얼마나 개선되는지, 그 가치를 면밀히 따져 보고 결정을 내려야 합니다.

| 데이터 품질과 데이터 양 |

AI 시스템은 방대한 데이터가 필요합니다. 하지만 많은 양의 데이터를 확보하는 것과, 데이터의 품질이 높으면서도 관련성이 충분하고 윤리적으로 수집된 데이터를 확보하는 것 사이에는 명확한 트레이드오프가 존재합니다. 예를 들어 헬스케어 분야에서 AI 모델의 진단 정확성을 높이기 위해서는 많은 환자 데이터를 필요로 합니다. 그러나, 이 데이터가 정확하고, 제대로 레이블링되어 있으며 GDPR과 같은 개인정보 보호 규정을 준수하는지 반드시 확인해야 합니다. 낮은 품질이거나 편향된 데이터를 대량으로 수집하면, 모델 성능을 심각하게 저해하는 문제가 발생할 수 있습니다. 따라서 AI PM의 역할은 데이터 파이프라인을 견고하게 구축하는 것이며, 단순히 데이터의 양뿐 아니라 품질과 윤리적 측면까지 고려해 데이터가 수집될 수 있도록 관리하는 것입니다.

| 일반화와 특수화 |

AI 개발에서는 범용적인 모델을 만들지, 아니면 특정 목적에 최적화된 특화형 모델을 만들지 결정해야 하는 딜레마가 존재합니다. 예를 들어 추천 시스템의 경우, 범용 모델은 여러 도메인(영화, 도서, 음악 등)에 걸친 추천을 제공할 수 있지만, 영역별로 특화된 모델보다는 정확성이 떨어질 수 있습니다. 반대로 영화에만 특화된 추천 모델을 따로 개발하면 정확성은 향상되지만, 도메인 확장은 어렵고 개

발 복잡도와 비용도 커질 수 있습니다. PM은 범용 모델이 가져올 더 넓은 사용자 기반과 성능 저하 사이에서, 혹은 여러 특화 모델을 운영하는데 따르는 복잡성과 비용 증가 사이에서, 실제로 더 나은 결과를 가져올 방안이 무엇인지 평가해야 합니다.

| 사용자 프라이버시와 개인화 |

AI 기술이 맞춤화된 경험을 제공함에 따라, 사용자 프라이버시에 대한 고민도 커지고 있습니다. 개인화된 광고 플랫폼과 같이 사용자 데이터를 분석하는 AI 시스템은 높은 효과를 보일 수 있지만, 개인정보에 대한 우려 역시 증가합니다. 특히 GDPR과 같은 규제가 강화되는 상황에서, 일부 사용자는 얼마나 많은 개인 데이터가 수집되고 어떻게 사용되는지에 대해 우려합니다. 따라서 PM은 맞춤형 경험과 사용자 프라이버시 보호 사이에서 균형을 찾아야 하며, 때로는 신뢰를 지키기 위해 데이터 활용 범위를 제한하거나, 차등 프라이버시 Differential Privacy 와 같은 개인정보 보호 기술에 추가 투자를 해야 할 수도 있습니다.

| 윤리적 고려 사항과 사업 목표 |

AI 시스템이 고도화될수록 편향, 공정성, 투명성 등 윤리적 이슈의 중요도도 커지고 있습니다. 예를 들어 AI 기반 채용 도구를 사용할 때, 지원자 평가 알고리즘이 편향 없이 공정하게 작동하는지 반드시 검증해야 합니다. 하지만 채용 속도를 높이거나 비용을 절감해야 하는 비즈니스 압박 등이 윤리적 고려를 약화시키는 요인으로 작용할 수 있습니다. AI PM은 이러한 윤리적 문제를 간과하지 않고, 비즈니스 목표도 달성하면서 동시에 공정하고 편향 없는 윤리적 프로덕트를 만들어야 합니다. 필요하다면 위험성을 완화하기 위해 사업 진행 속도를 조절하는 결단력도 필요합니다.

| 설명 가능성과 성능 |

AI 모델의 성능과 설명 가능성 또한 중요한 트레이드오프 중 하나입니다. 심층 신경망이나 앙상블 모델과 같이 복잡한 모델은 더 높은 정확도를 달성할 수 있으

나, 그 과정을 설명하기 어렵기 때문에 흔히 블랙박스 모델로 불립니다. 신용 점수, 의료 진단과 같이 결정의 근거를 명확히 밝히는 것이 중요한 영역에서는, 성능이 아무리 뛰어나도 설명할 수 없는 모델은 채택이 어려울 수 있습니다. PM은 높은 성능과 모델 결정의 투명성·책임성 요구 사이에서 균형을 맞추는 역할을 맡아야 합니다.

3.1.4 전략적 트레이드오프: 자체 구축할 것인가, 구매할 것인가?

모델 개발 과정에서 발생하는 기술적 트레이드오프 외에도, AI PM은 더 상위 수준에서 전략적 트레이드오프를 자주 경험합니다. AI 시스템을 직접 개발할지 기존의 솔루션을 구매할지 결정해야 하는 경우가 대표적입니다. 이때 고려해야 할 주요 요소는 다음과 같습니다.

- **비용 대비 효과**
  내부에서 AI 시스템을 직접 개발하면 더 많은 제어와 맞춤화가 가능하지만, 막대한 비용과 시간이 소요됩니다. 반면, 외부의 상용 솔루션을 구매하면 시간과 리소스를 절약할 수 있으나, 자사만의 특정 요구나 장기 전략과 완벽하게 맞지 않을 수 있습니다.

- **전문성과 인재 확보**
  AI 시스템을 개발하려면 데이터 과학자와 머신러닝 엔지니어 등 전문 인력이 필요합니다. 만약 회사에 고도화된 AI 모델을 자체적으로 구축할 역량이 없을 경우, 외부 솔루션을 구매하거나 외부 파트너와 협업해야 할 수 있습니다. 그러나 AI가 비즈니스의 핵심이라면, 우수 인재에 투자하고 직접 개발을 추진하는 것이 장기적으로 경쟁력을 갖추는 데 도움이 될 수 있습니다.

- **시장 출시 속도**
  변화가 빠른 업계에서는 완성된 AI 솔루션을 구매해 프로덕트를 시장에 신속하게 선보일 수 있습니다. 다만, 기성 솔루션은 내부 개발에 비해 향후 커스터마이징이나 확장성에 제약이 있을 수 있습니다.

- **위험과 불확실성**
  자체 구축은 데이터 확보, 모델 성능, 확장성 등 여러 불확실성 때문에 리스크가 큽니다. 반대로, 상용 솔루션은 입증된 프로덕트를 제공하여 이러한 리스크를 어느 정도 해소할 수 있지만, 외부 공급업체에 대한 의존성이 높아질 수 있습니다.

- **데이터 프라이버시와 윤리**

    AI 시스템을 자체 개발하면 데이터 처리와 프라이버시 정책을 완벽히 통제할 수 있어, 규제가 엄격한 산업군에서는 더욱 중요합니다. 반면, 외부 솔루션을 이용할 경우에는 데이터 활용 방식이나 처리 과정의 투명성이 떨어질 수 있습니다.

- **확장성과 유지보수**

    확장 가능한 솔루션을 구매하면 단기적으로 빠른 성장에 도움이 되지만, 시간이 지나면서 유지보수나 추가 커스터마이징에 제약이 나타날 수 있습니다. 반면 내부 개발은 우리 회사의 성장 경로에 맞춘 최적화된 시스템을 구축할 수 있으나, 지속적 개발 및 관리 비용이 발생합니다.

- **경쟁 환경**

    AI가 기업의 핵심 경쟁력이라면, 사내에서 직접 개발하는 것이 차별화 측면에서 더 유리할 수 있습니다. 그러나 AI가 핵심 역량이 아니면, 검증된 솔루션을 구매하는 것이 더 효율적이고 비용도 절감할 수 있습니다.

- **비즈니스 핵심 목표와의 연계 수준**

    궁극적으로 자체 개발할지 구매할지에 대한 결정은 AI가 회사의 장기 목표에서 얼마나 중요한 역할을 하는지에 달려 있습니다. AI가 혁신과 경쟁력의 핵심이라면 직접 개발이 더 바람직할 수 있으나, 보조적인 역할에 머문다면 외부 솔루션 도입이 효율적일 수 있습니다.

현실에서 트레이드오프trade-off는 단순히 A와 B 중 하나만 선택한다는 의미가 아닙니다. 그 차이가 항상 명확하게 드러나는 것도 아닙니다. 저는 다양한 요소를 마치 3차원 트레이드 스페이스3D trade space에 있는 슬라이더처럼 생각하는 것이 좋다고 봅니다. 이러한 각각의 슬라이더를 적절히 조정해야 하는 것이죠. 이 부분에 대해서는 3.1.5절에서 더 자세히 다룰 예정입니다. 즉, 여러 차원에 걸쳐서 여러분의 접근 방식을 세밀하게 조율할 수 있습니다.

3.1.5 나만의 트레이드 스페이스 정의하기

AI 기반 기능을 새롭게 구축한다고 가정하겠습니다. 이 과정에서는 앞서 언급한 다양한 트레이드오프를 모두 적용할 수 있습니다. 예시로 비용 대비 효과, 시장 출시 속도, 위험 대 보상의 균형이라는 세 가지 트레이드오프를 선택하겠습니다. 만약 이번 프로젝트에서는 신속한 시장 출시가 중요하다고 결정한다면, 기성 AI

솔루션을 도입할 가능성이 높습니다. 하지만 이 경우, 통제력과 맞춤화 측면에서 일부를 희생하게 되는 만큼, 사용자 경험이나 고객 지원 등 다른 영역에 더 많은 투자를 하여 이러한 손실을 보완해야 할 수도 있습니다.

트레이드 스페이스는 고정된 것이 아닙니다. 프로젝트가 성장함에 따라 트레이드오프의 중요도나 내용도 함께 변화합니다. 개발 초기에는 빠른 성과에 집중할 수 있지만, 프로젝트가 성숙하면서 장기적 관점의 지속 가능성이나 확장성이 더 중요한 요인으로 대두될 수 있습니다. 이처럼 트레이드 스페이스를 동적으로 바라보고, 변화에 따라 전략적으로 의사결정을 할 수 있어야 합니다.

트레이드 스페이스는 프로덕트, 시장, 조직의 목표에 따라 저마다 달라집니다. 예를 들어 작은 스타트업은 속도와 유연성에, 대기업은 확장성이나 장기적 ROI에 더 집중할 수 있습니다.

자신만의 트레이드 스페이스를 정의하는 6단계 가이드를 소개합니다.

- **1단계: 주요 요소 정의**
  먼저, 프로덕트에서 중요한 트레이드오프 요인을 나열해 봅니다. 비용, 시간, 전문성, 리스크는 반드시 포함해야 할 기본 항목입니다. 프라이버시와 개인화의 균형처럼 흔한 트레이드오프도 있지만, 이해관계자와의 논의를 통해 케이스마다 고려해야 할 추가 요소를 발견할 수도 있습니다. 예를 들어 연구원들은 더욱 견고하고 확장성 높은 솔루션이나 컴퓨팅 비용 절감을 위한 새로운 관점을 제시할 수 있습니다. 충분한 정보를 얻으려면 과학자, 엔지니어, UX 디자이너와 적극적으로 소통하는 것이 좋습니다.

- **2단계: 우선순위 선정**
  각 요소의 중요도를 파악합니다. 무엇이 반드시 지켜져야 하며, 무엇은 타협이 가능한지 명확히 하세요. 이해관계자마다 목표가 다를 수 있으므로, 전체적 관점을 조율하는 것은 PM의 역할입니다. 예를 들어 한 이해관계자는 품질을 우선시하고, 또 다른 이해관계자는 빠른 시장 출시를 원할 수 있습니다. 여기에 본인의 비전과 전략적 사고를 더해 조화를 이루는 것이 중요합니다.

- **3단계: 상호 의존성 파악**
  각 트레이드오프가 서로 어떻게 영향을 미치는지 이해해야 합니다. 예를 들어 비용을 줄이면 시장 출시 시간은 길어지거나 맞춤화 수준이 낮아질 수 있습니다. 이를 제대로 파악하려면 과학자, 엔지니어링, 마케팅/PR 팀 등 여러 부서와 활발히 논의해야 합니다.

- **4단계: 트레이드 스페이스 시각화**
  표나 그래프와 같은 도구를 활용하여 트레이드 스페이스를 시각적으로 표현해 보세요. 예를 들어 [그림 3-2]와 같이 다양한 시나리오와 결과를 도식화하여 한눈에 비교할 수 있습니다.

- **5단계: 다양한 시나리오 테스트**
  이렇게 만든 트레이드 스페이스 모델을 이용해, 여러 의사결정 시나리오가 미치는 영향을 시뮬레이션해 보세요. 그 결과를 바탕으로 전략을 유동적으로 조정하는 것이 중요합니다.

- **6단계: 반복 및 조정**
  프로젝트가 진행됨에 따라 트레이드 스페이스를 정기적으로 재검토하세요. 새로운 정보가 생기거나 시장 환경이 변하면, 우선순위와 전략도 상황에 맞게 유연하게 재조정해야 합니다.

[그림 3-2]는 여러 제약 조건을 고려해 트레이드 스페이스를 추상적으로 보여주는 그래프입니다. 이 그래프는 아이디어 구상이나 의사결정 과정에서 도움이 될 수 있습니다. 트레이드 스페이스를 만들 때는 해당 과제와 관련된 모든 제약조건 (예 자원, 윤리, 기술, 규제 등)과 트레이드오프를 먼저 식별해 각각의 경계선으로 시각화합니다. 이렇게 하면 서로 교차하는 경계선 내에 해결책이 될 수 있는 영역이 나타나고, 우리 솔루션이 이 안에서 어느 위치에 놓이는지 확인할 수 있습

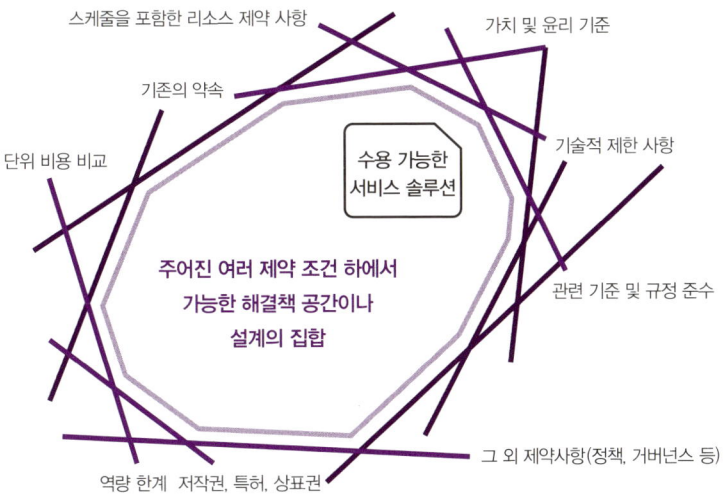

그림 3-2 크리스천 케스트너(Christian Kaestner)가 제시한 AI 애플리케이션에서 트레이드오프의 트레이드 스페이스 예시(https://oreil.ly/v6MTu)

니다. 각 트레이드오프가 수반하는 위험과 기회 요소는 반드시 명확하게 명시하는 것이 필요합니다.

3.1.6 프로덕트 리뷰에 트레이드오프 반영하기

복잡한 AI 솔루션에 대한 올바른 방향 설정 과정은 다양한 부서와 경영진의 의견이 필요한 협업 과정입니다. 프로덕트 리뷰는 트레이드오프, 제약사항, 전략적 우선순위에 대해 공감대를 형성하는 효과적인 방법입니다. 5장에서는 프로덕트 리뷰를 실시하는 방법을 자세히 안내합니다. 부록에는 리뷰 문서를 만드는 데 참고할 템플릿을 담았습니다. 프로덕트 리뷰 문서의 상단에 경영진 요약executive summary을 포함하는 것이 좋은데, 이는 경영진과 트레이드 스페이스를 논의하기 위한 목적입니다. 이러한 요약본은 여러 가지 옵션, 각 옵션의 트레이드오프, 그리고 권고사항을 명확하고 체계적으로 제시하여, 정보에 기반한 의사결정이 이루어지도록 돕습니다.

[표 3-1]은 AI 프로덕트를 위한 다양한 솔루션을 시각적으로 표현하는 예시로, 주요 고려 요소, 트레이드오프, 잠재적 결과를 포함하고 있습니다. 표에서는 온디바이스 처리와 클라우드 처리 중 한 가지를 선택할 때 주요 요소와 장단점(⊕, ⊖)을 비교합니다. 표에서는 사용자 경험, 윤리 및 개인정보 보호, 규정 준수, 리소스 제약, 기술 제약을 고려했습니다.

표 3-1 의사 결정 선택지별 장단점을 정리한 경영진 요약 예시

요소	A: 온디바이스 처리	B: 클라우드 처리
사용자 경험	⊕ 빠른 응답 시간(낮은 지연 시간), 실시간 애플리케이션에 이상적	⊕ 더 정확하고 기능이 풍부한 고급 AI 모델 지원
	⊕ 오프라인 기능으로 연결 상태가 좋지 않은 지역에서도 안정적	⊕ 기기 제한 없이 다수의 사용자를 위한 손쉬운 확장
	⊖ 기기 하드웨어 제한으로 모델의 복잡성 제약	⊖ 일관된 네트워크 품질에 의존해 지연으로 인한 경험 저하

요소	A: 온디바이스 처리	B: 클라우드 처리
윤리와 개인정보 보호	⊕ 사용자 데이터가 기기 내에 저장되어 프라이버시 향상 및 유출 위험 감소 ⊖ 기기가 분실되거나 해킹될 경우, 노출 위험 증가	⊕ 중앙화된 관리로 데이터 감사와 보안 모니터링 단순화 ⊖ 데이터 집계로 오용이나 규제 위반 위험 증가
규정 준수	⊕ 데이터를 기기 내에 유지함으로써 GDPR이나 HIPAA와 같은 엄격한 규정 준수 용이 ⊖ 기기 기반의 규정 준수는 하드웨어 및 소프트웨어 파트너십에 따라 달라질 수 있음	⊕ 중앙 집중식 제어로 글로벌 규정 준수 관리 단순화 ⊖ 국가 간 데이터 흐름 제한으로 배포 복잡성 증가 가능
리소스 제약	⊕ 초기 투자 후 낮은 지속적 비용 ⊖ 기기 내 처리를 위한 상당한 초기 하드웨어 투자 필요	⊕ 유연한 종량제 가격 모델로 유휴 시간 동안 비용 낭비 감소 ⊖ 서버 인프라와 클라우드 확장을 위한 지속적인 운영 비용 필요
기술적 제약	⊕ 네트워크 가용성에 관계없이 신뢰성을 보장하여 견고함 유지 ⊖ 제한된 하드웨어에 최적화된 경량 AI 모델 필요	⊕ 최신 AI 모델과 높은 컴퓨팅 파워를 요구하는 기술 지원 ⊖ 안정적인 인터넷 연결 필요. 장애 지점이 될 수 있음

표 아래에는 여러분이 추천하는 방안과 그에 대한 근거를 추가해 주시기 바랍니다. 전체 프로덕트 리뷰 템플릿은 부록에서 확인하실 수 있습니다.

명확한 방향을 설정하고 실행 방안을 계획해야 AI 프로덕트를 성공적으로 출시하고 시장에서 긍정적인 반응을 얻을 수 있습니다. PM은 프로덕트의 전략적 비전을 정의해, 이를 조직의 목표와 일치시키는 역할을 합니다. 여기에는 프로덕트의 개발 로드맵과 여정을 시각적으로 정리하여, 언제 어떤 기능을 개발할 것인지 구체적으로 계획하는 것이 포함됩니다. AI 프로덕트의 경우 데이터 확보나 모델 성능 고도화와 같은 주요 마일스톤 역시 전략적 비전에 반영될 수 있습니다. 로드맵을 세우는 과정과 일상적인 AI 프로덕트 매니지먼트는 4장에서 자세히 다룰 예정입니다.

3.2 일반적인 프로덕트 매니지먼트 역량 개발 방법

성공적인 PM이 되는 데 필요한 기술과 역량은 지속적으로 변화하고 있습니다. 성공적인 전문가가 되기 위해서는 지속적인 학습과 기존 역량의 강화가 필수적입니다. AI 프로덕트 매니지먼트 분야에는 고유의 도전과 기회가 존재하는 만큼, 이 절에서는 분석력, 의사결정 능력, 실무 역량을 키우는 다양한 교육 및 실전 경험을 소개합니다. 여기서는 효과적인 AI 프로덕트 매니지먼트를 위해 시작할 수 있는 실질적인 조언을 정리하였습니다.

3.2.1 교육적 접근

AI PM은 분석적 사고와 의사결정 능력을 기를 수 있는 교육적 기반이 필요합니다. 정규 교육 과정은 이러한 능력 개발에 중요한 역할을 합니다. 이러한 과정은 분석적 사고를 중심으로 한 폭넓은 강의부터, IT 및 AI 분야에 특화된 전문 과정까지 다양합니다. 이들 강의를 통해 비판적 사고와 실질적인 분석 도구를 익혀, AI 프로젝트를 효과적으로 추진할 수 있습니다. 이러한 강의는 기존의 대학뿐만 아니라 코세라^{Coursera}(https://www.coursera.org), edX(https://www.edx.org), 유다시티^{Udacity}(https://www.udacity.com) 같은 온라인 러닝 플랫폼에서도 수강할 수 있습니다. 이 플랫폼들은 각 분야 전문가가 개발한 특화 교육 과정을 제공하며, 학습자들은 지리적 위치에 관계없이 최신 지식을 습득할 수 있습니다.

3.2.2 실무 경험

정규 과정 외에도, 워크숍과 부트캠프는 짧은 기간 내에 실전 경험을 쌓을 수 있는 좋은 방법입니다. 특히 데이터 분석 분야의 이해도를 높이는 데 효과적입니다. 제가 직접 강의하는 메이븐^{Maven}(https://maven.com), 제너럴 어셈블리$^{General\ Assembly}$(https://generalassemb.ly), 르 웨건$^{Le\ Wagon}$(https://www.lewagon.com) 등은 최신 산업 트렌드와 기술을 반영한 실무 중심 워크숍을 제공해 기술 커뮤니티 내에서 높은 평가를 받고 있습니다.

부트캠프 외에도 해커톤 참가 역시 AI PM이 실무 능력을 끌어올리고, 커뮤니티 지식과 네트워킹을 동시에 얻을 수 있는 훌륭한 방법입니다. 데브포스트 Devpost(https://devpost.com), 캐글 Kaggle(https://www.kaggle.com) 등의 플랫폼에서는 현실적인 데이터셋을 제공하며 문제 해결 과제에 도전할 수 있는 다양한 해커톤을 주최하고 있습니다. 이러한 행사에서는 제한된 시간 내에 기술을 적용하며 도전할 수 있을 뿐만 아니라, 협력과 혁신의 분위기 속에서 경쟁과 학습을 동시에 경험할 수 있습니다.

AI PM에게는 다양한 프로젝트에 적극적으로 참여하며 실무 경험을 쌓는 것이 매우 중요합니다. 다양한 AI 프로젝트에 직접 참여해 보면, 혁신적인 해결책과 유연한 사고가 요구되는 실제 현장의 문제를 자연스럽게 접할 수 있습니다. 이러한 경험은 문제 해결 능력을 크게 키울 뿐 아니라, 여러 AI 응용 분야에 대한 이해와 잠재적인 영향을 파악하는 데도 큰 도움이 됩니다. 실전 경험은 AI 프로덕트 개발의 복잡성을 실제로 다루는 데 값진 자산이 됩니다.

3.2.3 지속적인 학습

AI 분야는 그 변화가 매우 빠르기 때문에, AI PM에게 지속적인 학습은 성공의 핵심입니다. 최신 연구 동향이나 변화하는 방법론, 업계 뉴스를 꾸준히 따라잡아 민감하게 대응하세요. 메타 AI 블로그 Meta AI Blog(https://ai.meta.com/blog), 구글 AI 블로그 Google AI Blog(https://oreil.ly/bb_N_)등 주요 테크 기업의 AI 블로그를 정기적으로 참고하면 새로운 기술 발전, 연구 성과, 실제 활용 사례 등을 접할 수 있습니다. 아울러, MIT 테크놀로지 리뷰의 알고리즘 The Algorithm(https://oreil.ly/AWtWx), AI 위클리 AI-Weekly(https://ai-weekly.ai), 오라일리의 AI 뉴스레터(https://oreil.ly/2SzI4), 라스트 위크 인 AI Last Week in AI(https://lastweekin.ai)와 같이 선별된 뉴스레터를 구독하면 최신 트렌드와 경쟁 환경, 그리고 AI 기반 프로덕트 매니지먼트에 필요한 전략과 도구에 대한 정보를 꾸준히 받아볼 수 있습니다.

3.3 필수적인 리더십과 협업 역량

PM으로서 성공적인 AI 프로덕트 매니지먼트를 위해서 필수적인 여러 비기술적 역량을 갖추는 것도 매우 중요합니다. 이 절에서는 기존의 비기술적 역량을 기반으로, AI 프로덕트 매니지먼트에서 요구되는 더욱 특화된 역량, 그리고 실제 필요한 상황에 맞게 어떻게 발전시켜 나가야 하는지에 중점을 두겠습니다.

AI 개발에 관한 기술적 지식이 필수적이긴 하지만, AI PM의 역할은 기술과 사용자를 연결하는 가교 역할도 함께 요구됩니다. 즉, 사용자에 대해 공감하면서 복잡한 AI 기술을 실제 생활에 밀접하게 적용할 수 있도록 하는 역량이 매우 중요합니다. 이 장에서는 AI PM에게 필수적인 비기술적 역량이 무엇인지, 그리고 이를 어떻게 발전시켜야 사용자의 요구에 부합하는 혁신적인 해결책과 프로덕트를 만들어갈 수 있는지 구체적으로 다뤄보겠습니다. 이러한 접근은 기존의 강점을 살리면서도, 혁신을 주도하고, AI 프로덕트가 실제로 사용자에게 의미 있는 가치를 제공하도록 하는 데 도움이 됩니다.

3.3.1 창의성

창의성은 PM이 독창적인 솔루션을 도출하고, 새로운 기능을 고안하며, 기존의 관점에서 벗어나 다양한 사용자 요구를 충족할 수 있게 만들어 줍니다. 변화가 빠르며 새로운 가능성이 끊임없이 등장하는 AI 시장에서는 창의적 접근이 평범한 프로덕트와 성공적인 프로덕트를 구분 짓는 중요한 요소가 됩니다. AI PM의 창의성은 단기적인 기능을 구현할 뿐 아니라, 앞으로 산업 전체를 변화시키거나 완전히 새로운 시장을 개척할 기회도 찾아야 합니다. 단순히 현재의 기술에 국한되지 않고, 가능한 것과 불가능한 것을 구분 짓는 과감한 판단과 도전으로 혁신의 길을 열어가야 합니다. 이런 창의성을 키우기 위해서는 예술, 여행 등 다양한 경험을 쌓으며 시야를 넓히는 것도 도움이 됩니다. 또한, 정기적인 브레인스토밍 세션(2장 참고)은 넓은 사고와 혁신의 시작점이 됩니다.

이제부터 창의성을 AI 프로덕트 매니지먼트에 실제로 적용하는 다양한 방법, 즉 혁신적 문제 해결, 차별화, 스토리텔링 등을 살펴보겠습니다. 창의성은 단순히 아이디어를 많이 내는 정도가 아니라, 시장에서 프로덕트가 독창적으로 자리 잡고, 그 가치를 효과적으로 전달하는 데 핵심적인 역할을 합니다.

| 혁신적인 문제 해결과 디자인 사고 |

AI 프로덕트 매니지먼트에서 창의성이 나타나는 주요 방식 중 하나는 바로 혁신적인 문제 해결입니다. 대부분의 상황에서는 정답이 명확하지 않기 때문에, 기존의 틀을 벗어난 솔루션이 필요합니다. 이러한 창의적 문제 해결을 위해서는 디자인 사고를 실천하는 것이 매우 효과적입니다. 디자인 사고의 핵심은 사용자를 공감하고, 문제점을 정의하며, 테스트를 통해 사용자 중심의 문제를 해결하는 데에 있습니다. 예를 들어 AI PM이 대중교통의 사용자 경험 및 만족도를 개선해야 할 때, 대기 시간에 대한 불만이라는 문제점을 해소하기 위해 AI 기술을 창의적으로 적용함으로써, 고객 서비스 경험을 획기적으로 바꿀 가치 있는 프로덕트를 만들 수 있습니다.

| 차별화 |

창의성은 차별화에서도 매우 중요한 역할을 합니다. 창의적인 AI PM은 겉보기에는 전혀 상관없는 데이터 소스를 결합해 독특한 인사이트를 제공할 수 있습니다. 예를 들어 소매 분야의 AI PM이 날씨 예보 데이터와 소비자 구매 패턴을 결합하여, 기상 변화에 따라 구매 행동이 어떻게 달라지는지 예측하고 대응하는 것을 들 수 있습니다. 차별화를 통해 고객에게 새로운 가치를 제공하고, 시장에서 경쟁 우위를 만드는 일은 본질적으로 창의적인 도전입니다.

| 스토리텔링 |

스토리텔링은 이해관계자의 지지를 얻고, 팀 내 결속을 다지며, 효과적인 커뮤니케이션과 강한 브랜드 아이덴티티 형성까지 이끌어내는 전략이 될 수 있습니다. PM은 명확하고 설득력 있는 스토리를 제시함으로써, 팀원부터 다양한 이해관계자까지 모두가 프로덕트의 목표에 공감하도록 만들 수 있습니다. 이런 스토리 중

심의 접근은 사용자에 대한 공감을 높이고, 팀 내 의사소통을 원활하게 하며, 실제로 사용자 요구에 부합하는 프로덕트를 개발하는 데 도움이 됩니다. 또한 일관성 있는 스토리는 사용자의 모든 접점에 브랜드의 정체성을 전달하여 프로덕트를 사용자 삶의 일부로 만드는 데 큰 역할을 합니다.

> **노트** 창의성을 지속적으로 키우면, AI PM은 최신 기술을 따라가고 미래 혁신의 방향성까지 제시할 수 있습니다. 추상적인 아이디어를 실제로 구현 가능한 프로덕트로 발전시켜, 시장의 현재 요구뿐 아니라 미래 트렌드까지 선도할 수 있습니다.

3.3.2 커뮤니케이션

AI PM의 핵심 역량 중 하나는 복잡한 AI 개념을 이해관계자와 사용자 모두가 쉽게 이해할 수 있도록 명확하고 효과적으로 전달하는 능력입니다. 예를 들어 새로운 AI 알고리즘의 비즈니스적 장점을 비기술적인 경영진에게 쉽게 설명함으로써, 프로젝트의 전폭적인 지지를 이끌어낼 수 있어야 합니다. 이 역량은 다양한 청중과 지속적으로 소통하는 경험을 통해 발전시킬 수 있습니다. 팀 회의, 이해관계자 대상 발표, 비공식 토론 등 다양한 상황에서 복잡한 AI 기능을 간결하고 명확하게 설명하는 연습을 꾸준히 하기 바랍니다. 이렇게 하면 기술과 비즈니스 사이의 가교 역할을 보다 자신 있게 수행할 수 있고, 조직 내 신뢰도 높일 수 있습니다.

3.3.3 리더십

리더의 핵심 자질 중 하나는 다양한 팀을 하나의 목표 아래 통합하는 역량입니다. 탁월한 리더십은 해당 분야의 전문성과 프로덕트의 방향성 및 목표에 대한 깊은 이해에서 시작됩니다. AI PM은 여러 비즈니스 조직과 긴밀하게 협업하며, 특히 엔지니어링, 디자인, 마케팅 등 여러 부서를 연결해 프로덕트의 비전과 주요 마일스톤에 대한 공감대를 이끌어내야 합니다. 소비자들에게 높은 호응을 얻는 프로덕트에 AI 기술을 성공적으로 접목하려면 이러한 협업 능력이 필수적입니다. 의미 있고 효과적인 협업의 핵심은 팀원 모두를 공통된 목표로 이끄는 PM의 리더십에 달려 있습니다.

리더십 역량을 강화하려면 업계 내 경험 많은 전문가에게 적극적으로 멘토링을 요청하는 것이 좋습니다. 멘토링은 성공적인 리더십 전략에 관한 가치 있는 인사이트를 제공하며, AI 중심 프로젝트에서 마주치는 다양한 도전 과제에 대처하는 방법을 습득하게 합니다. 멘토링은 1:1 대화, 리더십 워크숍, 업계 컨퍼런스 등 다양한 형태로 이루어질 수 있습니다.

3.3.4 분석적 사고

분석적 사고는 AI PM에게 필수적인 역량으로, 데이터를 기반으로 한 의사결정 능력을 갖추는 데 매우 중요합니다. 데이터 기반 의사결정은 어떤 역할에서나 반드시 필요하며, 저 역시 본능이나 직감보다는 시장 조사를 통한 데이터나 파일럿 실험 데이터를 근거로 결정을 내릴 때 더 자신감을 느낍니다. 먼저 성공과 직결되는 핵심 지표부터 정의하고, 이를 분석 도구나 맞춤형 대시보드를 통해 체계적으로 모니터링하는 습관을 들이시길 권합니다. 데이터 흐름과 이상치를 정기적으로 확인하고, 의사결정 시 A/B 테스트를 활용해 최적의 방안을 도출해야 합니다.

또한, 기존의 가정에 대해 항상 의문을 품고, 모든 의사결정에 데이터적 근거를 제시하는 습관이 중요합니다. 예측 모델이나 시뮬레이션 결과를 읽고 해석할 수 있는 역량 말고도, 각기 다른 머신러닝 모델의 특성과 적합한 활용 시나리오를 아는 것도 성공적인 AI PM의 역량입니다. 예를 들어 회귀 분석은 사용자 행동을 예측하는 데 활용되고, 클러스터링은 사용자의 이용 패턴별로 효과적으로 그룹화할 수 있습니다. 이러한 데이터 과학 기법을 통해 복합적인 문제의 각 측면에 대해 최적의 접근법을 도출할 수 있습니다. 데이터 분석에 대한 탄탄한 기본기가 있으면 까다로운 트레이드오프 상황에서도 균형을 잘 잡을 수 있습니다.

전문성을 강화하고 싶다면 통계 분석, 예측 모델링, 머신러닝 등 데이터 과학 핵심 개념에 초점을 둔 전문 교육 과정을 수강해 보시기 바랍니다. 많은 데이터 과학 클래스와 커리큘럼이 대면과 온라인으로 제공되고 있습니다. 코세라나 O'Reilly의 AI 아카데미 같은 교육 플랫폼은 접근하기 쉽고, 많은 자격을 갖춘 업계 전문가와 학자가 최신 방법론을 직접 강의합니다.

AI PM을 목표로 한다면, 데이터 분석 및 시각화, 통계 및 확률, 머신러닝과 AI 관련 과목은 반드시 수강할 것을 추천드립니다. 이러한 강의는 풍부한 분석 도구를 익히고, 효과적인 의사결정을 내릴 수 있는 역량을 갖추는 데 도움이 됩니다.

PM은 엔지니어 및 과학자와 효과적으로 협업하고 복잡한 개념과 트레이드오프에 대해 논의하기 위해 기본적인 기술 역량이 필요합니다. 관리자가 머신러닝(ML)과 인공지능(AI) 기술에 대한 지식을 갖추면 기술의 실현 가능성과 잠재력을 정확하게 파악하는 데 도움을 줍니다.

3.3.5 공감

모든 AI 프로덕트의 핵심에는 언제나 사용자가 있습니다. 공감 능력을 기르면, 사용자의 감정과 요구, 그리고 어려움을 깊이 있게 이해한 상태에서 AI 솔루션을 설계할 수 있습니다. 이 역량을 기르려면 실제 사용자를 직접 만나고, 인터뷰를 진행하며, 다양한 피드백을 받아보고, 정기적으로 관점을 바꿔 생각해 보는 연습이 효과적입니다. 이런 과정은 다양한 사용자 집단의 요구를 이해하고, 서로 어떻게 더 나은 삶을 만들어갈 수 있을지 방향을 찾는 데 큰 도움이 됩니다. 공감을 통해 우리는 서로에 대해 배우고, 함께 성장할 수 있습니다. 이러한 비기술적 역량을 기반으로 할 때, AI PM은 새로운 기술을 효과적으로 활용하여 사용자와 공감대를 형성할 수 있는 서비스를 제공할 수 있습니다. 다음으로, AI PM이 빠르게 파악해야 할 관련 엔지니어링 및 AI 기반 지식을 소개하겠습니다.

3.4 PM을 위한 엔지니어링 기초

AI 기술은 그 복잡성이 높고 끊임없이 진화하기 때문에, AI PM은 반드시 엔지니어링의 기초 개념을 이해하고 있어야 합니다. 기본적인 엔지니어링 지식은 엔지니어 팀과 효과적으로 소통하고, 실현 가능한 로드맵을 만드는 데 필수적입니다.

이 책에서는 [그림 3-1]이 언급한 모든 엔지니어링 개념을 깊게 다루지는 않지만, 이제부터 소개할 개요만 숙지하셔도 AI 프로덕트 매니지먼트를 위한 협업과 이해에 큰 도움이 될 것입니다.

3.4.1 코딩 업무

이 절에서는 코딩에 대한 이해가 AI 프로덕트를 관리하는 데 중요한 이유를 논의해 보겠습니다. AI 기술이 프로덕트의 주요 기능을 뒷받침하는 경우가 많아지면서, AI PM은 개발 프로세스를 효과적으로 관리하고 새로운 기술의 원활한 통합을 보장하기 위해 코딩에 대한 실용적인 이해가 필요합니다. 앞으로는 AI 기반 신제품 개발에 필수적인 최선의 코딩 관행, 버전 관리, 클린 코드 작성법, 알고리즘 최적화의 기본을 순차적으로 설명드릴 예정입니다. 이러한 내용을 이해하는 것은 기술 팀과의 원활한 커뮤니케이션을 도울 뿐 아니라, PM이 기술 전략과 실행 방향에 관여해 올바른 결정을 내리는 데에도 큰 힘이 됩니다.

| 버전 관리 |

버전 관리는 모든 협업 프로젝트에서 필수 요소이자, 코드 작업이 많은 프로젝트에서는 더욱 중요합니다. 문서와 소스코드의 변경 이력을 체계적으로 관리하는 시스템이 있어야, 작업 중 오류나 예기치 못한 부정적 영향에 대비할 수 있습니다. 효과적인 버전 관리 툴을 활용하면 조직 내 다양한 팀 간 협업도 훨씬 유연해집니다. 대표적으로 깃^{Git}(https://git-scm.com)이 널리 사용되고 있으며, 이를 통해 누구나 언제든 소프트웨어의 이전 버전을 복원할 수 있습니다. 또한 버전 관리는 버그 점검, 신규 기능 개발 등 개발 이력을 체계적으로 관리할 수 있게 해 줍니다. 예를 들어 Git을 이용해서 특정 기능의 개발 진행 상황을 확인할 수 있고, 변경 사항이 히스토리에 어떤 영향을 미쳤는지도 쉽게 파악할 수 있습니다. 깃허브^{GitHub}(https://github.com), 깃랩^{GitLab}(https://gitlab.com) 등 협업 플랫폼을 통한 코드리뷰와 기여 관리, 책임 분배까지 가능해 개인 및 팀 단위 생산성 향상에 필수적입니다.

| 빌드 프로세스 |

프로덕트의 빌드 프로세스를 이해하는 것은 PM이 현실적인 일정과 기대치를 설정하고 관리하는 데 매우 중요합니다. 전체 빌드에 사용되는 주요 툴과 프로세스를 전반적으로 숙지해야 프로젝트를 제대로 관리할 수 있습니다. 최신 빌드 시스템과 워크플로 자동화 도구를 파악하는 것이 좋은 시작이 될 수 있습니다. 빌드에 사용되는 프로세스와 기술이 계속 변하기 때문에, PM은 꾸준히 새로운 기술 트렌드에 대해 학습하는 자세를 가져야 합니다. 최근에는 ML플로^{MLflow}(https://mlflow.org), 재피어^{Zapier}(https://zapier.com) 같은 솔루션이 생성형 AI 빌드 프로세스에 많이 사용됩니다.

ML플로는 AI 모델 학습 및 배포 과정에서 복잡하게 얽힌 다양한 업무를 체계적으로 관리하는 데 중요한 역할을 합니다. 이 도구는 주로 실험 추적, 코드의 재현 가능한 실행 형태 패키징, 다양한 머신러닝 라이브러리에서 생성된 모델의 배포 관리 등에 활용됩니다.

재피어는 여러 워크플로의 자동화를 지원하는 솔루션으로, 각각의 워크플로를 잽^{Zaps}이라는 실행 가능한 프로덕트 형태로 패키징합니다. 잽은 한 앱에서 발생한 특정 이벤트를 트리거로 삼아 다른 앱에서 자동으로 작업이 진행되도록 하여, 전체 프로세스를 간소화하고 효율성을 크게 높일 수 있습니다.

이러한 도구를 이해하면 AI 프로덕트 개발 과정에서 의존성 문제나 신규 코드 통합 시 발생할 잠재적인 지연과 이슈를 사전에 예측하고 대응하는 데 큰 도움이 됩니다. 그 결과, 프로젝트의 전체적인 흐름이 매끄러워지고 일정 관리도 더욱 정확해집니다.

| 테스트 |

모든 워크플로에서 테스트는 빠질 수 없는 단계입니다. 프로덕트의 품질과 견고함을 보장하기 위해서는 다양한 테스트 기법에 대한 충분한 이해가 필요합니다. 예를 들어 pytest(https://oreil.ly/wA8uM) 같은 단위 테스트 프레임워크나 텐서플로(https://oreil.ly/K_wH0)를 활용하면 AI 모델의 다양한 시나리오를 시뮬레

이션하여 실제 서비스 배포 전 애플리케이션의 신뢰성과 정확성을 확인할 수 있습니다. 단위 테스트는 소프트웨어의 개별 구성 요소가 독립적으로 성능을 제대로 내는지 검증하는 절차로, 예를 들어 AI 모델의 경우 각 조건별 예측 정확성이나 응답 속도를 테스트할 수 있습니다. 이러한 이해를 바탕으로 적절한 테스트 기간을 확보하고 프로덕트가 고객에게 전달되기 전에 품질 기준을 만족할 수 있도록 관리할 수 있습니다.

| 리소스 관리 |

AI 프로젝트의 성능과 비용은 사용하는 컴퓨팅 리소스에 의해 크게 좌우됩니다. 효과적이고 효율적인 리소스 할당을 위해 리소스 관리 시스템 구축이 매우 중요합니다. 쿠버네티스(https://kubernetes.io)와 도커(https://docker.com) 같은 툴이 서버 부하 관리 및 리소스 최적화 분야에서 널리 사용되고 있습니다. 예를 들어 쿠버네티스를 이용하면 서버 부하에 따라 애플리케이션을 자동으로 확장할 수 있어, 대규모 연산 자원이 필요한 AI 모델 배포에도 매우 적합합니다. 이러한 툴과 원리를 이해하면 리소스 할당 및 병목 현상, 운영 비용 등에 대해 더 현명하게 판단하고 효과적으로 관리할 수 있습니다.

> **노트** 엔지니어가 코드 및 모델과 어떻게 상호작용하는지 이해하면, 기술 팀과 더욱 전문적으로 소통할 수 있고 신뢰도 높은 협업 관계를 쌓을 수 있습니다.

3.4.2 주요 기술 개념

이제부터는 효과적인 AI 프로덕트 매니지먼트를 위해 반드시 알아야 할 주요 기술 개념을 다룹니다. AI가 다양한 산업에 빠르게 접목되는 가운데, 이러한 기술 개념은 AI 프로덕트 설계, 개발, 통합 과정 전반을 관리하는 데 큰 힘이 됩니다. 이 절에서는 소프트웨어 간 상호 연동을 가능하게 하는 API의 원리부터, AI의 기능 구현을 이끄는 각종 알고리즘의 구조에 이르기까지, AI 프로덕트의 기술적 기반을 폭넓게 소개합니다. 이러한 기술적 이해는 PM으로서 합리적 의사결정뿐 아니라, 개발 팀 및 다양한 이해관계자와의 효과적인 소통에도 중요한 역할을 합니다.

| API |

API는 서로 다른 소프트웨어 시스템 간 연결하는 데 있어 중요한 역할을 합니다. 따라서 AI PM이 AI 모델을 기존 시스템이나 외부 애플리케이션과 연동할 때 반드시 이해해야 할 기술입니다. API에 대한 이해가 있으면 외부 서비스나 데이터를 적극적으로 활용할 수 있고, 자체 개발한 AI 기능 또한 다른 애플리케이션이 쉽게 사용할 수 있도록 개방할 수 있습니다. 예를 들어 AI PM이 CRM 시스템에 머신러닝 모델을 통합하여 고객 예측 분석 기능을 강화하는 프로젝트를 주도한다고 가정해 보겠습니다. 이때 API의 작동방식을 이해하면, 서로 다른 소프트웨어 구성 요소 간의 원활한 데이터 교환과 기능 확장이 가능합니다. 그리고 이는 AI 솔루션을 보다 견고하고 확장성 높게 만듭니다.

| 알고리즘 |

알고리즘은 AI 시스템의 핵심 동력원이자 사용자 경험을 좌우합니다. 회귀, 신경망, 강화 학습 등 주요 머신러닝 모델에 대한 기본 이해는 AI 프로덕트를 구축할 때 꼭 필요합니다. 이러한 알고리즘이 데이터를 어떻게 처리하고, 입력값으로부터 학습하는지 이해하면, 해당 프로덕트나 서비스에 가장 적합한 기술을 선택할 수 있습니다. 예를 들어 지도학습과 비지도학습의 차이를 알면, 고객 세분화나 이상 탐지와 같은 과제를 수행할 때 적합한 접근 방식을 선택할 수 있습니다.[6] 이와 같은 기본 지식은 전략적인 의사결정을 내리는 데 큰 도움이 될 뿐 아니라, 데이터 과학자 및 엔지니어와의 소통을 더욱 원활하게 만듭니다. 추가적으로 모델 학습 과정 및 알고리즘의 세부 내용은 이후 장에서 더 자세히 다룰 예정입니다.

---

[6] **지도 학습**은 라벨이 부여된 데이터로 모델을 훈련시켜 정의된 기준에 따라 결과를 예측하게 하는 머신러닝 방식입니다. **비지도 학습**은 라벨 없는 데이터로 모델을 훈련시켜 알고리즘이 데이터에서 패턴과 구조를 스스로 식별하도록 하는 방식입니다.

| 시스템 아키텍처 |

시스템 아키텍처는 프로덕트 개발과 배포의 모든 측면에 영향을 미치는 설계의 근간입니다. 시스템 아키텍처란 전체 시스템의 다양한 소프트웨어 컴포넌트와 하드웨어 요소, 그리고 외부 시스템과의 통합 구조가 어떻게 유기적으로 결합되어 프로덕트를 이루는지를 정의하는 체계적인 설계를 말합니다. 시스템 아키텍처는 프로덕트의 기능성, 성능, 확장성 등 모든 기술적 요소의 기반을 마련하며, 각 구성 요소가 효율적으로 작동하여 사용자의 요구를 충족시킬 수 있도록 방향을 잡아줍니다.

시스템 아키텍처의 구조와 흐름을 잘 이해하고 있으면, 연산 요구가 증가해도 대응할 수 있는 확장 가능하고 탄력적인 프로덕트를 설계하는 데 도움이 됩니다. 예를 들어 AI PM은 실시간 머신러닝 모델을 전체 시스템 성능에 영향을 주지 않으면서도 통합하는 방법을 이해하고 있어야 합니다.

> **노트** API, 알고리즘, 시스템 아키텍처에 대한 자세한 설명을 통해, 이 세 가지가 AI 프로덕트 매니지먼트에서 얼마나 중요한 역할을 하는지 다시 확인할 수 있었습니다. API가 시스템 간 상호 연동을 가능하게 하고, 체계적인 시스템 아키텍처를 기반으로 준비하면 더욱 혁신적인 AI 프로덕트를 설계할 수 있습니다.

| 소프트웨어 개발 방법론 |

소프트웨어 개발 방법론에는 대표적으로 워터폴^{Waterfall}과 애자일^{Agile}이 있습니다.

워터폴 방법론(https://oreil.ly/_nwjh)은 오랫동안 사용한 순차적인 소프트웨어 개발 방식으로, 순차적이고 체계적인 단계로 진행됩니다. 이 방법론은 개발 과정을 요구사항 수집, 설계, 구현, 검증, 유지보수 등 여러 단계로 나누며, 각 단계가 끝나야 다음 단계로 넘어갈 수 있습니다. 한 번 마무리된 단계는 다시 돌아가기 어렵다는 특징이 있습니다. 워터폴 방식은 명확하게 정의된 순서에 따라 계획 수립과 실행이 간단한 점이 장점이지만, 변화에 유연하게 대응하기 어렵다는 한계가 있습니다. 따라서 목표가 명확하고, 요구사항이 처음부터 확실한 경우에는 워터폴 방법론이 효과적일 수 있습니다.

애자일 방법론(https://oreil.ly/xIkS9)은 변화에 유연하게 대응하고 빠르게 가치를 전달하는 데 중점을 둔 역동적이고 협업적인 개발 방식입니다. 워터폴과 달리, 애자일은 프로젝트를 몇 주 단위의 짧은 반복 주기(스프린트)로 쪼개어 진행합니다.

이 과정에서는 지속적으로 계획을 세우고, 테스트하며, 반복적으로 개선해 나가는 것이 중요하게 여겨집니다.

애자일은 팀원 간의 협업과 피드백을 매우 중시합니다. 반복적인 피드백 과정을 통해 개발 방향이 실제 사용자 요구에 맞게 조정되고, 필요할 때마다 실시간으로 수정할 수 있도록 돕습니다. 애자일의 반복적 특성 덕분에, 빠른 릴리즈와 신속한 변화 대응이 가능하여, 변화가 잦고 불확실성이 큰 환경에서 특히 적합한 방법론입니다.

| 예측 프레임워크 |

예측 프레임워크는 다양한 업무와 프로젝트에 소요되는 시간과 자원을 정확히 예측하는 데 도움이 됩니다. 여기서는 계획 수립을 위한 여러 프레임워크와 기술을 살펴보겠습니다.

| 탑다운 추정 |

탑다운$^{Top-down}$(하향식) 추정은 프로젝트의 전체 범위에서 시작하여, 과거 유사한 규모의 프로젝트를 기반으로 전체적인 노력이나 비용을 추정합니다. 하향식 예측은 특히 세부 업무나 산출물에 대한 상세 정보가 아직 없는 프로젝트 초기 단계에서 유용합니다. 이는 속도가 우선시되고 세부적인 내용이 아직 정의되지 않았을 때, 초기 예산, 타임라인 설정이나 프로젝트 실행 가능성을 평가하는 데 효과적인 접근법입니다. 그러나 복잡하거나 세부적인 사항이 많은 프로젝트에서는 정확도가 떨어질 수 있는데, 프로젝트 고유의 과제나 특수한 차이를 고려하지 않는 일반화된 추정치를 사용하기 때문입니다.

| 바텀업 추정 |

탑다운 방식과 함께 사용되는 바텀업$^{Bottom-up}$(상향식)[7] 추정은, 프로젝트를 더 작고 구체적인 구성 요소로 세분화한 뒤, 각 항목별로 필요한 자원과 소요 시간을 산정하고, 이를 모두 합산하여 전체 규모를 추정하는 방법입니다. 이 방식은 각 구성 요소의 특성과 복잡도를 도출할 수 있기 때문에, PM이 보다 정확하게 프로젝트의 범위와 필요 자원을 파악할 수 있습니다. 바텀업 추정을 활용하면 보다 현실적인 일정 계획과 기대치를 세울 수 있으며, 자원을 보다 효과적으로 배분하며, 프로젝트 지연과 관련된 위험을 사전에 줄일 수 있습니다.

| 매개변수 평가 |

또 다른 유용한 기법은 매개변수 평가기법(https://oreil.ly/tX6kT)으로, 이는 수학적 모델과 과거 데이터를 기반으로 보다 정밀한 예측치를 산출하는 기법입니다. 예를 들어 단위당 비용, 작업별 소요 시간, 인력 투입 시간을 주요 변수로 설정하고, 이를 전체 프로젝트 범위에 적용하여 자원 필요량을 계산합니다. 이 방식은 반복적이고 표준화된 프로젝트(예 건설, 제조, 소프트웨어 개발)처럼 강력한 과거 데이터와 명확한 지표가 있는 경우 효과적입니다. 하지만, 전례가 없거나 혁신적인 프로젝트처럼 과거 데이터가 부족한 경우에는 적합하지 않을 수 있습니다.

| 전문가 판단 평가 |

또 다른 널리 사용되는 접근법으로, 전문가 판단 추정 방식(https://oreil.ly/N4uh_)은 해당 분야에서 풍부한 경험과 지식을 가진 전문가의 통찰력과 경험을 바탕으로 추정치를 도출하는 방법입니다. 전문가들은 프로젝트의 범위, 도전 과제, 요구 사항을 평가하고, 자신이 경험한 유사 프로젝트와 비교하여 실질적인 예측을 제시합니다. 과거 데이터가 부족하거나, 프로젝트가 혁신적이거나 불확실성이 큰 상황(예 신제품 출시, 프로토타입 개발, 고위험 프로젝트)에 특히 유용합

---

[7] http://bit.ly/47xI1uf

니다. 반면, 객관적인 정량 데이터가 충분히 존재하여 더 높은 정확성과 일관성을 확보할 수 있는 상황에서는 다소 비효율적일 수 있습니다.

| 데이터 분석 소프트웨어 |

데이터 분석 소프트웨어는 AI PM이 데이터에서 깊이 있는 분석을 수행하고, 패턴을 발견하며, 실용적인 인사이트를 도출할 수 있도록 돕는 중요한 툴입니다.

파이썬은 판다스(https://oreil.ly/zwEhR), 넘파이(https://numpy.org)와 같은 라이브러리 덕분에 데이터 가공 및 분석 기능이 뛰어나 널리 사용되고 있습니다. R(https://www.r-project.org) 역시 데이터 분석과 시각화에 특화된 통계 소프트웨어로, 보다 전문적인 통계 작업에 적합합니다.

SQL은 대규모 데이터베이스를 효율적으로 조회하는 데 필수적이며, PM이 데이터 원본에서 직접 정보를 추출하고 분석할 수 있게 해 줍니다.

이 밖에도 태블로(https://www.tableau.com)와 같은 시각화 툴은 복잡한 데이터를 직관적이고 상호작용 가능한 그래픽으로 시각화해, 이해관계자들에게 더 쉽게 인사이트를 전달할 수 있도록 도와줍니다. 이러한 툴을 숙달하면 데이터 기반 의사결정 역량을 높일 수 있습니다.

> **노트** AI PM이 꼭 숙련된 엔지니어일 필요는 없지만, 기본적인 엔지니어링 원리와 실무에 관한 이해는 필수적입니다. 이러한 기초 지식은 빠르고 복잡하게 변화하는 AI 환경에서 프로덕트 개발 과정을 보다 체계적이고 효율적으로 이끌어갈 수 있는 기반이 됩니다.

3.5 AI 프로덕트 개발 라이프사이클과 운영 이해

AI 프로덕트를 효과적으로 관리하려면 머신러닝 알고리즘, 모델 학습 및 튜닝, LLM, 모델 품질 관리, 데이터 관리 등 기본 개념을 이해하는 것이 매우 중요합니다. 이러한 개념을 잘 이해하면 AI 시스템의 설계, 개발, 배포 시 더 나은 의사결정을 내릴 수 있습니다.

예를 들어 머신러닝 알고리즘을 이해하면 특정 문제를 해결하기 위한 적절한 접근 방식을 선택할 수 있고, 모델 학습 프로세스를 알면 이러한 알고리즘이 최적의 성능을 내도록 관리하는 데 도움이 됩니다. 또한, 모델 품질을 평가하는 능력은 AI 프로덕트가 요구 수준에 부합하고 신뢰할 만한 결과를 제공하는지 판단하는 데 필수적입니다. 더불어, 효율적인 데이터 관리 전략은 AI 모델 학습에 활용되는 데이터의 무결성과 효율성 확보 측면에서도 중요합니다. 이러한 역량들은 성공적인 AI 프로덕트 매니지먼트를 위한 핵심 요소이며, 프로덕트가 비즈니스 목표와 윤리적 기준에 부합하도록 만듭니다. 이제 이러한 기본 개념을 바탕으로 AI 라이프사이클에 대해 좀 더 깊이 살펴보겠습니다.

2장에서는 AI 프로덕트 개발 라이프사이클(AIPDL)과 AI MVP에 대해 먼저 간략히 소개하였습니다. 이번에는 AI 프로덕트 개발 라이프사이클을 좀 더 자세히 들여다보고자 합니다. AIPDL의 각 단계를 이해하는 것은 매우 중요합니다. 이 단계들은 초기 아이디어에서 시작하여 향후 반복 개선 단계까지, 제대로 작동하는 AI 프로덕트의 전체적인 경로를 나타내기 때문입니다. [그림 3-3]은 AI 라이프사이클의 주요 단계를 보여줍니다. 이 라이프사이클은 프로덕트가 '최소 실현

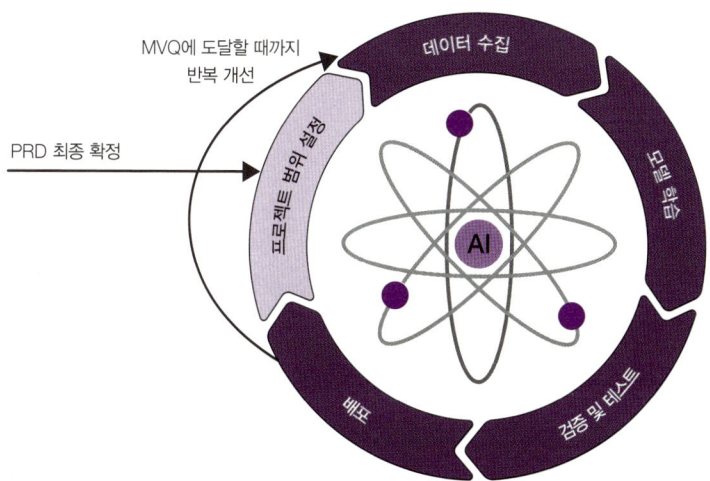

그림 3-3 AI 라이프사이클의 단계

품질Minimum Viable Quality (MVQ)'에 도달할 때까지 반복적으로 이어지며, 이는 프로덕트가 사용자 요구를 충족시킬 만한 충분한 가치를 제공하여 시장에 출시할 수 있는 기준점이 됨을 의미합니다.

3.5.1 프로젝트 범위 설정

실제 개발을 시작하기 전에 명확하고 실행 가능한 계획을 세우는 것이 매우 중요합니다. 이 단계에서 프로젝트 범위 설정이 이루어집니다. 이미 2장에서 언급한 것처럼, 이 시점까지는 AI 프로덕트의 목표, 사용자 요구, 성공 지표, 제약 사항 등이 명확히 확정된 최종 요구사항 문서인 PRD Product Requirements Document가 준비되어 있어야 합니다.

프로젝트 범위 설정이란, 엔지니어링 팀이 요구사항을 실제 기술적 한계와 기대치로 구체화하는 작업을 의미합니다. 우리가 해결하고자 하는 문제는 무엇인지, 목표로 삼는 결과는 어떤 것인지, 그리고 어떤 데이터 소스가 적용될 것인지를 명확히 해야 합니다.

예를 들어 동영상 스트리밍 플랫폼을 위한 AI 기반 개인화 콘텐츠 추천 시스템을 구축한다고 할 때, 프로젝트 범위에는 다음과 같은 내용이 포함될 수 있습니다. 주요 사용자 행동 데이터(예 시청 이력, 장르 선호도, 지속 시청 시간 등)를 수집 대상으로 정하고, 관련성 높은 콘텐츠를 추천하여 사용자 참여도를 높이는 것을 명확한 목표로 설정하는 것입니다. 이 경우 PRD에는 필요한 데이터 유형, 기존 플랫폼과의 연동 방식, 성공 측정을 위한 핵심 성과 지표(KPI) 등이 상세히 기술되어야 합니다.

이 단계에서는 엔지니어링, 데이터 과학, 법무, 디자인 등 다양한 부서 간 초기 협업 체계도 미리 조율하게 됩니다. 명확한 프로젝트 범위 설정은 범위 확장을 방지하고, 모든 팀원이 목표와 앞으로의 진행 방향을 한눈에 파악할 수 있도록 해줍니다.

또한, 범위에서 **제외**되는 항목도 명확히 언급하는 것이 좋은데, 이렇게 하면 여러 부서와의 협업 과정에서 적절한 기대치를 설정하는 데 도움이 됩니다.

3.5.2 데이터 수집

데이터 수집 단계에서, 데이터 과학자는 원하는 결과를 제공하는 모델을 학습시키는 데 필요한 데이터의 양에 대한 초기 계획을 세웁니다. 규모가 큰 기업의 경우, 주로 MLOps(머신러닝 운영)팀이 AI 모델에 입력될 데이터셋을 수집하는 역할을 담당합니다. 이 단계에서 수집하는 데이터의 품질과 다양성은 모델 성능에 직접적인 영향을 미치기 때문에 매우 중요합니다.

데이터는 다음과 같은 다양한 경로를 통해 획득할 수 있습니다.

- 내부 데이터베이스
    - 맞춤형 추천 시스템(⑩ 콘텐츠 스트리밍 플랫폼)의 경우, 이용자의 클릭 기록, 검색어, 시청 이력, 구매 패턴 등과 같은 **사용자 활동 데이터**를 수집합니다.
    - 고객 지원 챗봇은 기존 CRM 플랫폼의 **데이터**(과거 상담 내역, 지원 티켓, 채팅 기록, 고객 프로필 등)를 사용할 수 있습니다.
    - AI 기반 비즈니스 프로세스를 최적화하기 위해 매출 데이터, 재고 기록, 거래 로그, 생산 지표 등 **내부 운영 데이터**를 활용할 수 있습니다.
- 외부 API 및 플랫폼
    - 소셜 미디어 플랫폼(⑩ X, 메타, 인스타그램 등)은 공개 게시글, 사용자 프로필, 해시태그, 참여 지표 등에 접근할 수 있는 **API**를 제공합니다. 이는 감정 분석이나 소셜모니터링 도구 개발에 유용합니다.
    - 정부, 교육기관, 비영리 단체에서 공개하는 무료 데이터셋도 좋은 자료입니다. 예를 들어 미국 인구조사국(https://data.census.gov), 세계은행(https://oreil.ly/DO_iQ), UN 데이터(https://data.un.org) 등은 인구통계, 경제, 지리 데이터에 유용합니다.
    - 오픈웨더맵, 구글 지도 등 **날씨 및 위치 기반 API**는 실시간 기상 정보나 위치 데이터를 제공하여, 공급망 예측, 맞춤형 마케팅 등 여러 활용이 가능합니다.
    - **날씨 및 지리적 위치 API** 예를 들어 오픈웨더(https://oreil.ly/AWkWL)와 구글 지도 플랫폼(https://oreil.ly/Bc-QR)은 실시간 날씨 조건과 위치 기반 정보를 제공하여, 공급 체인 예측이나 맞춤형 마케팅과 같은 다양한 예측 모델에 통합할 수 있습니다.
- 사용자 생성 데이터
    - 아마존(https://www.amazon.com), 옐프(https://www.yelp.com), 앱스토어와 같은 플랫폼에는 사용자 리뷰, 평점, 댓글 등 방대한 양의 데이터를 보유하고 있어, 감정 분석이나 추천 시스템 구축에 활용할 수 있습니다.

- **설문조사, 피드백 요청, 앱 내 피드백 요청**을 통해 사용자로부터 직접 피드백을 수집하여 사용자의 선호도와 행동에 대한 인사이트를 얻을 수도 있습니다.

- 공개 저장소 및 오픈소스 데이터
    - 이미지 인식 및 컴퓨터 비전 분야에서는 이미지넷(https://oreil.ly/HBWTz), COCO Common Objects in Context(https://oreil.ly/OxXj7), 오픈이미지(https://oreil.ly/Bg8qF) 등 레이블링 된 이미지 데이터셋이 널리 활용됩니다. 동영상 데이터는 유튜브 등에서 라벨유무에 따라 활용할 수 있습니다.
    - 자연어처리(NLP) 프로젝트의 경우, 위키피디아 덤프, 커먼 크롤, 뉴스 기사, 엔론 이메일 데이터셋 같은 대규모 오픈 텍스트 자료를 사용할 수 있습니다.
    - 미국 국립보건원(NIH)(https://www.nih.gov), PubMed(https://oreil.ly/JuXg8) 같은 의료기관이나 학술 데이터 저장소에서 제공하는 과학 및 의료 데이터는 진단 도구, 환자 위험도 분석 등 AI 의료모델 훈련에 매우 중요합니다.

- 센서 및 IoT 데이터
    - 스마트 냉장고와 같은 **스마트 기기**의 사용 패턴, 센서 데이터(예 온도, 습도, 도어 센서 동작 정보), 사용자의 상호작용 데이터를 수집해 스마트 홈 시스템용 AI 모델을 학습시킬 수 있습니다.
    - 피트니스 트래커, 스마트워치 등 **웨어러블 디바이스**에서는 신체 활동량, 심박수, 수면 패턴 등 다양한 데이터를 제공하며, 이를 활용해 개인 맞춤형 건강 및 웰니스 관련 애플리케이션을 개발할 수 있습니다.

- 데이터 공급업체 및 마켓플레이스
    - 캐글(https://www.kaggle.com), AWS 데이터 익스체인지(https://oreil.ly/DQarv), Data.gov(https://data.gov) 같은 데이터 마켓플레이스는 소비자 행동, 금융 시장 등 다양한 영역의 데이터를 폭넓게 제공합니다.
    - 니엘슨(https://www.nielsen.com), 익스피리언(https://www.experian.com), 액시엄(https://www.acxiom.com) 같은 상용 데이터 제공업체는 소비자 행동, 시장 동향, 고객 인구통계 등에 관한 데이터를 판매하고 있습니다. 이는 타겟 마케팅이나 광고 모델에 유용하게 활용할 수 있습니다.

- 합성 데이터 생성
    - **실제 데이터**를 확보하기 어렵거나 민감한 경우(예 의료 데이터)에는 **합성 데이터**를 통해 다양한 시나리오를 시뮬레이션할 수 있습니다. 예를 들어 컴퓨터 비전 모델 학습을 위한 인공 이미지 생성, 추천 시스템을 위한 가상의 고객 행동 시나리오 제작, 음성 인식 모델을 위한 음성 데이터 합성 등이 있습니다. 단, 합성 데이터는 이상적인 데이터 소스가 아니기 때문에, 실제 데이터나 더 나은 자원이 부족할 때 최후의 수단으로 사용하는 것이 좋습니다.

사용자 데이터를 수집한다면, 특히 콘텐츠 추천 시스템이나 소셜미디어 도구와 같은 프로덕트는 GDPR과 같은 규제를 준수해야 합니다. 단지 법 때문이 아니라 윤리적 책임으로 사용자 프라이버시와 신뢰를 존중할 수 있도록, 데이터 처리 과정 전반에 걸쳐 사용자 정보를 보호할 수 있는 견고한 안전장치를 마련해야 합니다.

데이터 보호를 철저히 지키면 여러 측면에서 좋습니다. 먼저, 사용자의 신뢰성을 높여 사용자 유지와 브랜드 평판 관리를 할 수 있습니다. 사용자는 본인의 데이터가 안전하게, 그리고 투명하게 처리된다고 믿는 플랫폼에 더 적극적으로 참여하는 경향이 있습니다. 또한 데이터 보호 법규를 준수하면 데이터 유출이나 오용으로 발생할 수 있는 막대한 법적, 재정적 처벌을 피할 수 있습니다. 관련 규정에 따르면 데이터는 명확하고 합법적인 목적을 위해 수집되어야 하며, 안전한 방식으로 다뤄져야 합니다. 이 규정을 따르면 유출이나 오용의 위험을 최소화할 수 있습니다.

윤리적인 데이터 활용이란 단순히 규정 준수하는 수준을 넘어야 합니다. 알고리즘이 자동으로 내리는 결정에서 공정성과 차별 방지에 대한 책임도 포함됩니다. 특히 콘텐츠 추천이나 소셜 미디어 분야에서는 알고리즘이 대중의 여론을 형성하거나 개인의 행동에 영향을 미칠 수 있습니다. 기업이 윤리적인 데이터 활용 방침을 적용하면, 시스템이 무의식적으로 편견을 강화하거나 불공정한 결과를 일으키는 상황을 방지해, 더 포용적인 환경을 만들 수 있습니다.

콘텐츠 추천 시스템 구축 사례를 예로 들면, 데이터 수집 단계에서 사용자 행동 로그(클릭, 시청 기록 등), 콘텐츠 메타데이터(장르, 감독, 배우 등), 사용자가 생성한 정보(평점, 리뷰 등) 등 다양한 출처로부터 데이터를 수집합니다.

또 다른 예시로, 소셜 미디어 앱용 AI 이미지 인식 도구를 개발할 때는 오픈소스 이미지 데이터셋, 공개적으로 사용 가능한 사진, 혹은 사용자 업로드 이미지 등을 활용하게 됩니다. 이 과정에서는 수천 장의 이미지를 수집하고 다양한 카테고리로 수동 레이블링하여, 새로운 이미지에서 객체를 정확히 식별할 수 있도록 모델을 학습시키게 됩니다. 또한 이러한 과정에는 이미지 저장소에서 데이터를 가져오는 작업도 포함될 수 있습니다.

데이터 수집은 단지 시작일 뿐입니다. 데이터가 진정한 가치를 가지려면, 이를 어떻게 레이블링하고, 분류하며, 의미를 부여하는지에 달려 있습니다. 데이터 사이언스 분야에서는 데이터를 모델 학습에 적합한 형태로 정제하고, 레이블링하고, 구조화하는 과정을 **데이터 전처리**data preprocessing라고 부릅니다.

데이터 전처리는 데이터 정제로 시작합니다. 이 단계에서는 부정확하거나 불완전하거나 관련성이 낮은 데이터를 제거하거나 보완합니다. 이러한 작업은 분석 결과에 심각한 왜곡을 일으킬 수 있는 요인을 줄여줍니다. 깔끔한 데이터를 확보하였다면, 이어서 데이터에 라벨을 붙이는 과정을 거칩니다. 데이터를 분류함으로써, 모델은 주어진 입력 데이터를 올바르게 구분하고 인식하는 법을 배울 수 있습니다. 또한 데이터를 적절한 카테고리로 분류하면, 정형화된 입력이 필요한 특정 분석이나 예측 모델에 데이터를 쉽게 적용할 수 있습니다. 이러한 분류 작업은 기존에 정의된 카테고리에 따라 데이터를 나눌 수도 있고, 데이터에 숨어 있는 패턴과 관계를 더 잘 나타내기 위해 새로운 카테고리를 만드는 방식으로 이루어질 수 있습니다.

데이터 수집과 가공은 일회성 작업이 아니라, 지속적으로 발전하는 과정입니다. 사용자 상호작용이나 콘텐츠가 늘어날수록 데이터 파이프라인도 꾸준히 개선해야 합니다. 환경의 변화와 사용자 행동 양상의 변화에 맞춰 데이터셋을 정기적으로 업데이트해야, 모델 역시 양질의 최신 데이터로 학습할 수 있습니다.

3.5.3 모델 학습

모델 학습은 개발 과정에서 핵심적인 단계입니다. 이 단계에서 데이터가 알고리즘에 입력되어 실제로 예측을 하거나 인사이트를 제공할 수 있는 모델이 만들어집니다. 모델 학습 과정에서는 다양한 알고리즘을 시도해 보거나, 하이퍼파라미터를 조정하고, 초기 성능을 평가하면서 최적의 방법을 찾아가는 실험적인 태도가 필요합니다.

여기서 데이터 과학과 머신러닝 맥락에서 '알고리즘'과 '모델'의 차이점을 명확히 짚고 넘어가는 것이 중요합니다. 두 용어가 혼용되는 경우가 많지만, 실제로는 서로 다른 개념을 가리킵니다.

- **알고리즘:** 어떤 작업을 수행하거나, 의사결정을 내릴 때 따르는 일련의 규칙 또는 과정입니다. 예를 들어 의사결정트리, 회귀분석regression, 군집화clustering가 대표적인 알고리즘인데, 각각 문제를 해결하기 위한 절차를 정의하고 있습니다.
- **모델:** 알고리즘을 실제 데이터에 적용하여 특정 문제를 해결하도록 학습시킨 결과물입니다. 즉, 데이터가 알고리즘을 통해 학습될 때 만들어지는 것이 모델입니다. 모델은 알고리즘의 구조뿐만 아니라, 학습 데이터로부터 최적화된 파라미터까지 포함하여, 새 데이터에 대해 예측이나 의사결정을 내릴 수 있도록 합니다. 예를 들어 고양이와 개를 분류하는 특정한 의사결정 트리는, 학습된 후 해당 동물을 분류할 수 있는 모델이 됩니다.

같은 알고리즘으로도 학습하는 데이터셋에 따라 서로 다른 모델을 만든다는 점도 유의해야 합니다. 이러한 유연성 덕분에, 각기 다른 비즈니스 목적에 맞게 모델을 최적화할 수 있습니다. 예를 들어 고객 지원용 챗봇을 구축한다면 간단한 자연어 처리(NLP) 모델에 과거의 고객 상담 데이터를 학습하는 것으로 시작할 수 있습니다. 이때 적절한 모델(가령 GPT 등 트랜스포머 기반 모델)을 선택해 여러 유형의 고객 문의에 대한 이해와 응답이 가능하도록 학습시킬 것입니다. 정확성과 관련성을 높이기 위해 여러 차례 모델을 조정하는 과정이 필요할 수도 있습니다.

AI PM으로서 모델 학습 과정의 기본 개념과 여러 접근 방법 간의 장단점을 이해하면 데이터 과학자와 효과적으로 소통할 수 있습니다. AI PM은 직접 코딩을 할 필요는 없지만, 특히 알고리즘에 관한 AI 지식과 이해를 갖추는 것이 중요합니다. 이 장 끝부분에 있는 [그림 3-5]를 확인해 보면, 모델 학습과 알고리즘에 어떤 요소가 포함되는지 이해하는 데 도움이 될 것입니다.

3.5.4 검증 및 테스트

모델 학습이 완료된 다음 단계는 검증과 테스트입니다. 이 단계는 모델이 새로운, 즉 한 번도 학습하지 않은 데이터에 대해 얼마나 잘 일반화할 수 있는지를 판단하는 데 매우 중요합니다. 일반적으로 별도의 검증 데이터셋을 사용하여 모델의 정확도, 신뢰도, 전체적인 성능을 평가하게 됩니다.

콘텐츠 추천 시스템의 경우, 학습 단계에 사용하지 않았던 별도의 사용자 데이터를 활용해 모델을 테스트할 수 있습니다. 이를 통해 사용자의 선호도를 얼마나 잘 예측하는지, 추천 결과에 편향이나 누락된 부분은 없는지 확인할 수 있습니다. 챗봇 역시 마찬가지로, 다양한 실제 질문으로 테스트하여, 모델이 얼마나 정확하고 유용한 답변을 제공하는지 검증하는 과정을 거치게 됩니다.

테스트는 반복적인 과정입니다. 모델이 기대와 다르게 동작하거나 원치 않는 편향이 발견될 수도 있습니다. 이런 경우, 다시 모델 학습 단계로 돌아가 접근 방식을 수정하고 재학습해야 합니다. 이처럼 학습, 검증, 수정의 사이클을 반복하며, 모델이 출시 기준에 부합하는 수준(MVQ)에 도달할 때까지 개선을 거듭하게 됩니다.

MVQ 설정은 아주 중요한 의사결정이며, 반드시 정해진 정답이 있는 것은 아닙니다. PM은 사용자 기대치, 비즈니스 목표, 위험 허용 수준, AI 프로덕트의 구체적인 활용 사례 등 다양한 요소를 고려해 기준점을 정해야 합니다.

예를 들어 AI 기반 콘텐츠 추천 시스템의 MVQ는 일정 수준 이상의 사용자 만족도를 달성하는 것일 수 있으며, 이는 주로 NPS나 CSAT 같은 정성적 지표로 측정됩니다. 반면, AI 진단 도구와 같이 안전이 중요한 의료 분야에서는 특정 질환을 95% 이상 정확하게 식별해야 한다는 등 더 높은 MVQ 기준이 필요합니다.

이러한 반복적인 검증 및 개선 과정은 신뢰할 수 있고, 사용자에게 실질적인 가치를 제공하는 견고한 AI 프로덕트를 만드는 데 핵심적인 역할을 합니다.

3.5.5 배포

모델이 검증을 거쳐 MVQ에 도달하면, 실제로 배포할 차례입니다. 배포란 개발 환경에서 완성한 모델을 실제 운영 환경으로 옮기고, 최종적으로 사용자에게 제공하는 단계를 의미합니다. 이 과정에서는 학습된 모델을 인프라에 통합하고, 필요한 환경(클라우드 서비스, API 등)을 구성하며, 모델이 다른 시스템 구성요소와 원활하게 상호작용할 수 있도록 해야 합니다.

예를 들어 콘텐츠 추천 시스템의 경우 실제 스트리밍 플랫폼에 모델을 연결하여,

실시간 사용자 활동 데이터를 받아 개인화된 콘텐츠를 추천할 수 있게 합니다. 챗봇이라면 기업의 고객 지원 플랫폼에 모델을 통합해 실제 고객 문의를 직접 처리하도록 하고, 새로운 상호작용을 통해 지속 학습할 수 있도록 하는 것이 배포 단계에 해당합니다.

3.5.6 사람을 라이프사이클에 유지

AI 라이프사이클의 모든 단계를 관통하는 핵심 요소 중 하나는 바로 사람을 AI 라이프사이클에 유지하는 것입니다. AI는 강력한 기능을 제공하지만, 인간의 전문성과 판단이 더해질 때 비로소 최상의 성과를 낼 수 있습니다. 사람을 라이프사이클에 유지하면, AI 프로덕트가 단순히 데이터를 학습하는 것을 넘어서 사용자의 요구, 윤리적 기준, 비즈니스 목표와 더 잘 맞출 수 있습니다. 실제로 사람의 개입은 모든 AI 라이프사이클의 단계에서 긍정적인 영향을 미칩니다.

모델 학습 단계에서는 데이터 레이블링에 사람의 개입이 매우 중요합니다. 특히 의료 이미지나 금융 데이터와 같이 복잡한 영역일수록 사람의 중요성은 커집니다. 전문가의 참여는 데이터의 정확성과 적절성을 높여주고, 불필요한 편향과 오류 가능성도 줄여줍니다.

검증 단계에서도 사람의 평가는 결과를 해석하고 모델의 강점과 한계를 이해하는 데 필수적입니다. 특히 의료, 자율주행처럼 결과의 영향이 큰 분야에서는, 자동화된 평가 지표로는 발견하지 못하는 미세한 오류나 편향을 사람이 직접 찾아낼 수 있습니다.

배포 이후에도 사람의 지속적 개입이 필요합니다. AI 서비스의 추천이나 판단에 대해 사용자로부터 직접 피드백을 받을 수 있도록 해야 하며, 이는 다시 데이터 수집 및 모델 재학습 단계로 이어져 AI의 품질을 지속적으로 개선하는 선순환 구조를 만듭니다.

[그림 3-4]에서는 AI 라이프사이클의 각 단계에서 사람의 역할이 어디에 위치하는지 보여줍니다. 사람의 개입은 어느 한 단계에 머무르지 않고 라이프사이클 전

체를 관통하며, 이 같은 지속적인 협업은 AI 프로덕트가 변화에 효과적으로 대응하고, 윤리적이며, 사용자 중심적인 방향을 유지하도록 돕습니다.

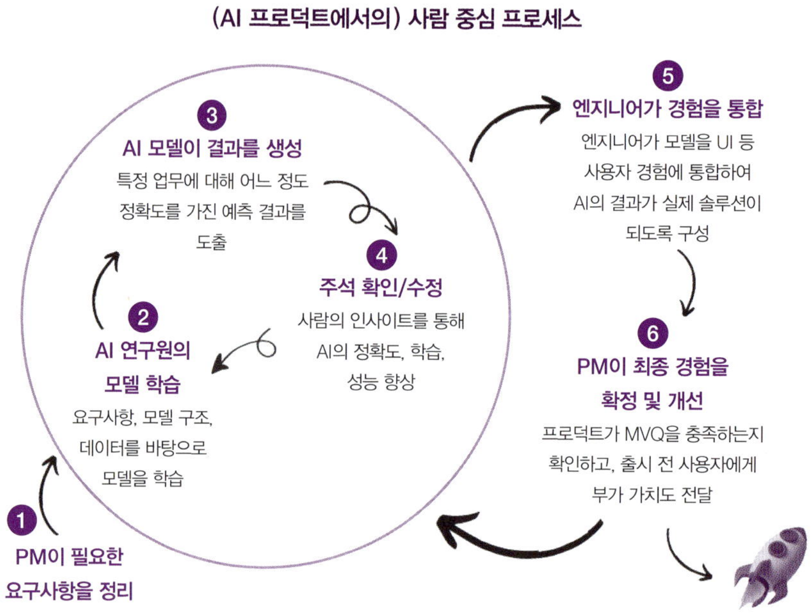

(AI 프로덕트에서의) 사람 중심 프로세스

③ AI 모델이 결과를 생성
특정 업무에 대해 어느 정도 정확도를 가진 예측 결과를 도출

④ 주석 확인/수정
사람의 인사이트를 통해 AI의 정확도, 학습, 성능 향상

② AI 연구원의 모델 학습
요구사항, 모델 구조, 데이터를 바탕으로 모델을 학습

⑤ 엔지니어가 경험을 통합
엔지니어가 모델을 UI 등 사용자 경험에 통합하여 AI의 결과가 실제 솔루션이 되도록 구성

⑥ PM이 최종 경험을 확정 및 개선
프로덕트가 MVQ을 충족하는지 확인하고, 출시 전 사용자에게 부가 가치도 전달

① PM이 필요한 요구사항을 정리

그림 3-4 각 단계에서의 사용자 개입을 포함한 AIPDL의 사람과의 상호작용

3.5.7 AI 알고리즘과 애플리케이션 연결

저는 종종 AI 자체는 프로덕트가 아니라고 말합니다. AI는 다양한 산업에서 폭넓게 활용되는 프로덕트와 솔루션을 강화하는 여러 기술과 방법론의 집합체입니다. [그림 3-5](https://oreil.ly/KDanI)는 이런 AI 기술이 어떻게 융합되어 실제로 영향력 있고 혁신적인 애플리케이션을 만들어내는지 한눈에 보여줍니다.

이 그림을 통해 AI의 핵심 개념부터 실질적인 애플리케이션까지 살펴보며 AI 구성 요소가 실제 환경에서 어떻게 통합되는지 이해할 수 있습니다.

이 그림은 AI의 어떤 초능력이 **AI 기반 사용자 경험**을 만들어내는지 파악하는 데 도움이 될 것입니다. 물론, 모든 상황에 꼭 들어맞는 정답이 있는 것은 아니며, 여

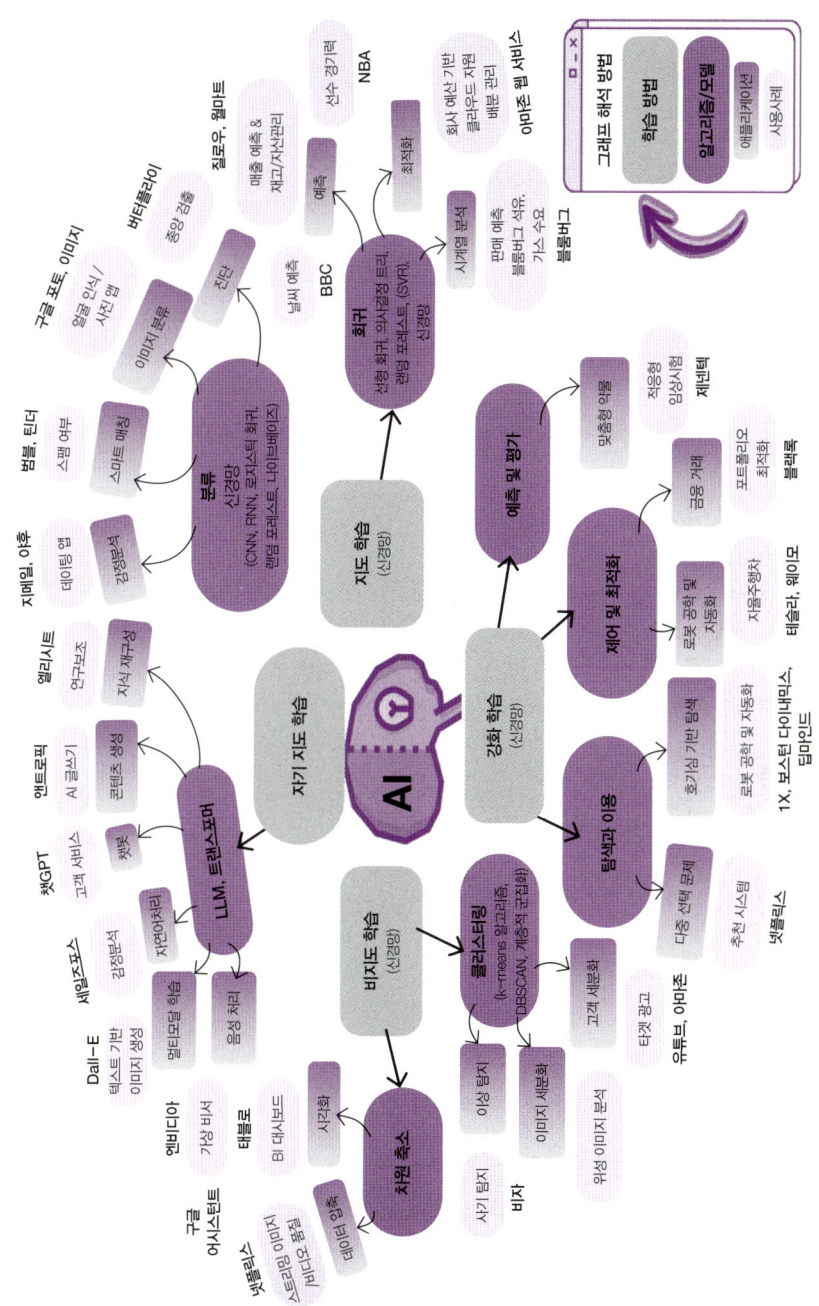

그림 3-5 AI 애플리케이션과 알고리즘 지도

러 범주들 간의 중복도 많습니다. 하지만 이 그림을 통해 다양한 학습 방식, 알고리즘, 응용 분야, 사용 사례 및 실제 예시를 한눈에 이해하실 수 있길 바랍니다. 참고로 이 그림은 엔지니어링 자료로 활용하기 위한 것은 아니며, 이를 시각화하는 방법은 많습니다. 저는 완벽한 정확성보다는 지식 공유(그리고 재미!)에 중점을 두었습니다.

각 분류를 하나씩 살펴보겠습니다.

- **학습 방법**: 머신러닝 모델을 학습시키는 데 사용되는 접근 방식이나 기법을 의미합니다. 이 방법에 따라 모델이 데이터를 통해 어떻게 예측하거나 의사결정을 내릴지 결정됩니다.
- **알고리즘 또는 모델**: AI에서 알고리즘은 특정 작업을 수행하거나 문제를 해결하기 위해 설계된 일련의 규칙이나 절차입니다. AI에서 모델은 이러한 알고리즘이 실제 데이터로 학습되어 결과를 예측하거나 패턴을 인식할 수 있게 만든 구체적 구현체입니다. 이 두 개념은 밀접하게 연결되어 있어 여기서는 함께 묶었습니다.
- **애플리케이션**: AI 모델이나 알고리즘을 실제 업무에 적용하여, 현실 세계의 특정 과제를 해결하거나 가치를 창출하는 실질적 사용을 의미합니다. 즉, AI 기반 프로덕트 그 자체라고 볼 수 있습니다.
- **사용 사례**: 특정 프로덕트 또는 기능이 사용자에게 어떤 문제를 해결하거나 요구를 충족시키는 경우를 말합니다. 즉, AI 기술이 어떤 특정 상황에서 문제를 해결하거나 프로세스를 개선할 수 있는 시나리오라고 할 수 있습니다.

이번에 소개한 그림은 순전히 이해를 돕기 위해 알고리즘과 사용 사례를 프로덕트 관점에서 큰 틀에서 연결한 지도입니다. 실제 AI 프로덕트 개발 현장에서는 다양한 알고리즘과 사용 사례가 더욱 유기적이고 복잡하게 얽혀 있다는 점도 참고해 주세요.

이제 지도상 사분면을 구성하는 기본적인 AI 학습 방법인 지도학습, 자기지도학습, 비지도학습, 강화학습에 대해 차례대로 살펴보겠습니다.

| 지도 학습 |

지도 학습supervised learning은 정답(라벨)이 지정된 데이터셋을 활용해 모델을 훈련시키는 방법입니다. 즉, 학습 데이터에 정답이나 결과가 짝지어져 있습니다. 이는 가장 범용적으로 사용되는 AI 학습 방식이며, 이미지 인식부터 소비자 행동 예측

까지 다양한 분야에 활용할 수 있습니다. 이 방식은 상당한 양의 레이블링된 데이터가 필요하며, 주로 출력값을 이미 알고 있고 입력값이 바뀔 때 그 결과를 예측하는 경우에 사용됩니다. 지도 학습은 분류 작업에 적합합니다.

- **감정 분석:** 리뷰나 소셜 미디어 텍스트 데이터를 분석해 감정(긍정, 부정, 중립 등)을 분류
- **스마트 매칭:** 데이팅 앱이나 구직 플랫폼 등에서 사용자의 선호도를 학습해 사용자 또는 상품을 효과적으로 매칭
- **이미지 분류:** 이미지 내 객체를 식별하고 미리 정의된 여러 범주로 분류
- **진단:** 의료 분야에서 이미지 데이터를 사용하여 스캔이나 검사에서 질병을 진단

회귀 작업에도 유용합니다.

- **예측:** 과거 데이터를 바탕으로 매출, 주가와 같은 미래의 수치를 예측
- **최적화:** 입력값을 조정하여 결과를 최적화, 예를 들어 물류나 자원 배분에서 활용
- **시계열 분석:** 시간순 데이터를 분석하여 미래 값을 예측하거나 경향을 파악

지도학습 모델과 관련하여 많은 애플리케이션과 사용 사례가 있습니다. 로지스틱 회귀와 의사결정 트리와 같은 지도학습 모델은 다양한 산업 분야에서 필수 도구가 되었으며, 금융 서비스 업계가 대표적인 사용 사례입니다. 이러한 모델은 특히 사기 탐지에 효과적이며, 이미 사기성 여부가 표시된 과거 거래 데이터로 학습됩니다.

이런 데이터를 분석함으로써 모델은 사기 활동을 암시하는 패턴과 이상 징후를 식별하는 법을 학습합니다. 예를 들어 카드 결제가 기존의 소비패턴과 크게 다르거나, 예상치 못한 지역에서 발생할 경우 시스템이 이상 거래로 표시해 추가 검토가 이뤄집니다. 이와 같은 예측 기능은 소비자와 금융기관 모두를 보호해 손실을 줄이고 더 안전한 금융 환경을 만드는 데 기여합니다.

유사하게, 의료 분야에서는 지도 학습이 의료 영상 진단 분야에 널리 적용되고 있습니다. 스캔이나 엑스레이 같은 각종 의료 이미지를 분석해 질병 여부를 자동으로 판별하고, 이를 통해 의료진이 더 빠르고 정확하게 진단을 내리도록 지원하고 있습니다.

| 자기 지도 학습 |

자기지도학습 self-supervised learning 은 머신러닝의 한 방식으로, 사람이 일일이 정답(라벨)을 매기지 않아도 시스템이 스스로 데이터를 이해하도록 학습하는 방법입니다. 이 방식에서는 데이터 내에서 일부 정보를 예측하거나 복원하면서 모델이 스스로 정답을 만들어 학습합니다. 대규모 언어 모델(LLM)과 트랜스포머는 인간과 유사한 텍스트를 이해하고 생성하는 자기지도 학습의 핵심 모델입니다. 이러한 모델은 방대한 양의 비정형, 비라벨 텍스트 데이터로 훈련되어 문장의 다음 부분을 예측하거나 일관된 문장을 생성할 수 있습니다. 자기지도학습은 특히 레이블링된 데이터 확보가 어렵거나 비용이 많이 드는 자연어 이해 같은 분야에서 매우 유용하게 쓰이고 있습니다.

- **음성 처리:** 라벨이 없는 데이터만으로도 음성을 문자로 변환할 수 있는 모델을 개발 가능. 예를 들어 문장이나 음성의 다음 단어나 소리를 예측하는 식으로 모델을 학습
- **멀티모달 학습:** 텍스트와 이미지 등 서로 다른 유형의 정보를 함께 처리·통합하여 자동 자막 생성과 같은 작업을 수행
- **자연어 처리:** 감정 분석이나 언어 번역과 같은 애플리케이션을 지원하는 언어 모델의 성능을 개선하는 데 광범위하게 사용

애플리케이션과 사용 사례는 다음과 같습니다.

- **챗봇:** 고도화된 자연어 처리 기술을 바탕으로, 챗봇이 더욱 자연스럽고 맥락에 맞는 답변을 생성할 수 있도록 지원
- **콘텐츠 생성:** 기사나 보고서 등 사람이 작성한 것과 유사한 자연스러운 콘텐츠를 자동으로 생성하는 데 활용

| 비지도 학습 |

비지도 학습 unsupervised learning 은 데이터에 라벨, 주석, 분류 정보가 없는 상태에서 모델을 훈련시키는 방식입니다. 따로 정답이 제공되지 않는 환경에서 모델은 스스로 입력 데이터 내에서 패턴이나 관계성을 찾아냅니다. 이 방법은 데이터 안에 숨겨진 구조나 특징을 발견하는 데 중요한 역할을 하며, 주로 결과물을 미리 알 수 없는 데이터셋에서 클러스터링(군집화), 연관성 분석, 차원 축소 등에 사용됩니다.

비지도 학습은 특히 다음과 같은 클러스터링 작업에 강점을 가집니다.

- **이상 탐지:** 데이터 내의 비정상적 패턴이나 특이치를 식별하여 사기 탐지 등에서 활용
- **이미지 세분화:** 이미지 내 픽셀의 유사성을 기반으로 여러 세그먼트로 이미지를 분할
- **고객 세분화:** 고객을 구매 행동이나 선호도에 따라 그룹화하여 마케팅 전략을 최적화

또한, 다음과 같은 차원 축소^{dimensionality reduction} 작업에도 효과적입니다.

- **데이터 압축:** 데이터의 본질적인 특징을 유지하면서 전체 크기를 줄여 저장 및 분석에 효율적으로 활용
- **시각화:** 고차원 데이터를 사람이 이해하고 분석하기 쉬운 시각적 형태로 변환

비지도 학습의 대표적인 애플리케이션과 사용 사례는 다음과 같습니다.

- 이상 탐지를 통한 신용카드 사기 거래 식별
- 고객 세분화를 활용한 맞춤형 추천 시스템과 타겟 광고 개선

| 강화 학습 |

강화 학습reinforcement learning은 어떤 목표를 달성하기 위해 의사결정을 내리는 **에이전트**가 환경과 상호작용하며, 선택한 행동에 따라 보상이나 페널티를 받으면서 학습해 나가는 방식입니다. 최근에는 신경망과 딥러닝이 강화 학습과 결합되어 복잡한 데이터 입력을 처리하고, 보다 정교한 전략 학습을 가능하게 하고 있습니다. 특히 자율주행과 같은 복잡한 시나리오에서 신경망과 딥러닝은 강화학습의 핵심 구성 요소입니다. **신경망**은 인간의 두뇌처럼 상호 연결된 레이어 구조로 정보를 처리하며, 여러 레이어를 활용하는 **딥러닝**은 복잡한 의사결정을 가능하게 합니다.

강화학습은 개인별 맞춤 의료와 같은 예측 및 평가 작업에 적합합니다. 개인별 맞춤 의료는 다양한 치료 계획에서 예측된 결과를 기반으로 개별 환자에게 맞는 의료 치료법을 제공합니다. 또한 다음과 같은 제어 및 최적화 작업에도 강점을 가집니다.

- **금융 거래:** 실시간 거래 환경에서 AI가 매수 또는 매도 의사결정을 자동으로 내림
- **로봇 공학 및 자동화:** 제조업이나 서비스 환경에서 로봇이 독립적으로 작업을 수행하도록 프로그래밍

강화 학습이 지원하는 탐색 및 활용 분야는 다음과 같습니다.

- **다중 선택 문제:** 알고리즘이 불확실한 수익을 가진 여러 옵션 중에서 최대 보상을 얻기 위해 선택해야 하는 문제 설정
- **호기심 기반 탐색:** AI 시스템이 아직 익숙하지 않은 환경이나 데이터셋을 적극 탐색하게 하여 학습 효율을 높임

강화학습의 애플리케이션 및 사용 사례는 다음과 같습니다.

- **넷플릭스:** 개인화된 시청 추천을 위해 다중 선택 알고리즘(https://oreil.ly/qwFQf)을 사용
- **자율주행차:** 신경망과 딥러닝을 통해 카메라, 센서 데이터를 실시간 분석하여 보행자, 차량, 신호를 인식하고 안전하게 주행
- **RL 알고리즘:** 로봇이 강화 학습을 바탕으로 자율적으로 제조 및 서비스업 환경을 탐색하고 작업을 수행

3.5.8 책임 있는 AI 실천 방안

책임 있는 AI 실천 방안은 AI 기술이 인간의 복지, 공정성, 투명성을 우선시하는 방식으로 개발되고 활용될 수 있도록 하는 데 필수적입니다. AI PM의 입장에서는 프로덕트와 AI 라이프사이클의 모든 단계에 윤리적 고려를 반영하는 것이 중요합니다. 예를 들어 '이 프로덕트는 누구에게 영향을 미칠 것인가?', '어떠한 잠재적 위험이 발생할 수 있는가?'와 같은 중요한 질문을 팀과 함께 꾸준히 검토해 보는 자세가 필요합니다.

잠재적인 위험이 확인되면, FATE(https://oreil.ly/2_Yz) (공정성, 책임성, 투명성, 윤리)나 AI 윤리 캔버스(https://oreil.ly/v5YYH)와 같은 윤리적 프레임워크를 활용하여 알고리즘 선택, 데이터 수집 방법, 모델 구조를 결정하는 데 참고할 수 있습니다. 여기서 그치지 않고, 실제 성능과 사회적 영향 지표를 지속적으로 모니터링하여 현장에서 편향, 오류, 혹은 오용 사례가 발생하는지 점검·보완해야 합니다. 또한, 프로덕트의 라이프사이클 전반에 걸쳐 윤리적 가이드라인과 사용자 피드백을 바탕으로 정기적인 점검과 업데이트를 진행하는 것이 책임 있는 AI 실천을 유지하는 데 중요합니다.

AI 시스템에서 발생 가능한 위험을 사전에 파악하는 것은 의도치 않은 사회적 피해를 예방하는 데 매우 중요합니다. 이러한 피해는 알고리즘 편향, 개인정보 침해, 고정관념 강화 등 다양한 형태로 나타날 수 있습니다. 데이터셋의 공정성 평가, 모델 출력물의 잠재적 편향 테스트, 시나리오 분석 등 다양한 방법으로 리스크를 진단할 수 있습니다. 예를 들어 AI 기반 채용 도구가 왜곡된 학습 데이터로 인해 특정 집단에 유리하게 작동한다면 차별적인 채용이 이루어질 수 있습니다. 또한, 예측 기반 치안 시스템이 과거에 편향된 데이터를 학습하여 소수 집단을 과도하게 겨냥한다면 사회적 반발과 신뢰 하락, 규제 처벌로 이어질 수 있습니다.

이러한 위험을 줄이기 위해서는 다양한 데이터를 반영한 학습 데이터셋 구축이 매우 중요합니다. AI 모델의 성능은 결국 학습 데이터의 질에 좌우되므로, 인구통계적, 지리적, 상황적으로 폭넓은 다양성을 포함해야 편향을 최소화할 수 있습니다. 예를 들어 얼굴 인식 시스템이 밝은 피부색 위주로 학습된다면, 상대적으로 어두운 피부색을 가진 사람의 인식률이 떨어질 수 있습니다. 따라서 AI PM은 다양한 특이 케이스를 포함해 프로덕트를 충분히 스트레스 테스트해야 합니다.

| 윤리와 컴플라이언스 |

컴플라이언스는 단순히 규정을 체크하는 수준에 그치지 않습니다. 신뢰할 수 있고 윤리적이며, 사용자 보호를 위한 법적 기준을 준수하는 AI 프로덕트를 만드는 것이 그 핵심입니다. 즉, 데이터 수집, 저장, 사용 방식을 항상 최우선으로 고려해야 하며, 특히 민감한 정보를 다룰 때에는 주의를 기울여야 합니다. 가장 좋은 방법은 반드시 필요한 데이터만 최소한으로 수집하고, 데이터는 익명화 및 암호화를 통해 보호하는 것입니다. AI 분야에도 윤리적 실천을 위한 다양한 가이드라인과 정책이 존재합니다. GDPR, AI Act 등과 같은 규제를 사전에 충분히 고려하여 프로덕트 설계 단계에서부터 투명성과 견고함을 확보하는 것이 중요합니다.

| 설명 가능한 AI |

설명 가능한 AI$^{\text{explainable AI}}$(XAI)는 AI 시스템의 사용자가 결과를 쉽게 이해할 수 있도록 설계하는 것을 의미합니다. 핵심적으로, AI의 결정과정이 '블랙박스'처럼

불투명하게 느껴지지 않도록, 즉, 왜 그리고 어떻게 그런 결과가 나왔는지 사용자가 알 수 있게 만드는 것이 목표입니다. 설명 가능한 AI는 환자 진단에 활용되는 의료 AI, 리스크를 평가하는 금융 서비스, 고객과 직접 소통하는 상담 시스템 등 높은 책임과 위험이 따르는 분야에서 특히 중요합니다. AI 기술을 신뢰하려면 단순히 결과뿐만 아니라 그 과정까지 이해할 수 있어야 합니다.

AI의 설명 가능성을 확보하려면, 알고리즘과 의사결정 과정을 사람이 이해할 수 있는 형태로 풀어줄 수 있는 다양한 방법이 필요합니다. 예를 들어 특성 중요도 점수는 AI가 예측을 내리는 데 어떤 요소가 가장 중요했는지 나타냅니다. 가령 환자의 나이와 병력이 진단을 제안하는 데 중요한 역할을 했다고 확인할 수 있습니다.

또한, 의사 결정 트리나 히트맵 등 시각화 도구를 활용하면 복잡한 모델의 내부 구조와 작동 방식을 이해하는 데 도움이 됩니다. 반사실적 설명도 유용한 전략입니다. 예를 들어 '소득이 500만 원 더 높았다면 대출 신청이 승인될 확률이 더 높았을 것입니다'처럼, 결과가 달라지려면 무엇이 변해야 하는지 설명해 주는 방식입니다. 이런 방법들은 AI의 결정을 투명하게 만들어 사용자와 이해관계자가 시스템 내부에서 무슨 일이 일어나는지 파악할 수 있도록 도와줍니다.

설명 가능성은 단지 사용자만을 위한 요소가 아니라, 기술 개발 팀에게도 핵심적인 역할을 합니다. 엔지니어와 데이터 과학자는 XAI 기법을 활용해 모델을 디버깅하거나 정교화합니다. 예를 들어 AI가 편향된 예측을 하는 것과 같은 문제가 발생하면, 설명 가능성 도구를 통해 원인을 빠르게 파악할 수 있습니다. 따라서 XAI는 개발 리스크를 줄여줄 뿐만 아니라, AI 시스템이 윤리적 가이드라인 및 규제 요건을 준수하도록 하는 데 중요한 역할을 합니다.

3.6 결론

이번 장에서는 AI 프로덕트를 관리하는 데 필요한 핵심 역량에 대해 다루었습니다. 일반적인 프로젝트 관리 원칙부터 AI에 특화된 기술적 지식에 이르기까지 폭넓게 살펴보았습니다. 머신러닝 알고리즘, 모델 학습, 모델 품질, 데이터 관리 등 AI 시스템의 개발, 배포, 유지보수에서 필수적인 다양한 AI 개념도 함께 다뤘습니다. 이러한 기술적 요소에 대한 이해, 윤리적 기준 준수의 필요성, 그리고 사용자 신뢰를 구축하는 데 있어 투명성의 가치를 강조했습니다.

솔루션 트레이드 스페이스의 개념은 여러 요인이 상호 연결되어 있는 가운데 정보에 기반해 전략적으로 의사결정을 내려야 함을 강조합니다. 각자의 고유한 트레이드 스페이스를 정의함으로써, AI 프로덕트 개발의 복잡성을 효과적으로 극복하고 최종 프로덕트가 혁신적이면서도 장기적인 목표에 부합하도록 만들 수 있습니다.

AI PM이 갖춰야 할 다양한 역량을 정리해 보니, 이 역할에는 깊은 기술적 이해력과 폭넓은 관리 역량이 모두 요구된다는 점이 명확해집니다. AI PM은 AI의 기술적 가능성과 사용자의 실제 요구 사이를 잇는 핵심적인 연결고리입니다. 즉, AI 솔루션의 실질적인 효과와 지속 가능성을 동시에 확보하는 역할을 합니다. 4장에서는 AI PM의 일상에 대해 더욱 구체적으로 살펴볼 예정입니다. 실제 현장에서 이러한 역량이 어떻게 적용되는지, 그리고 매일 맞닥뜨리는 도전과 기회를 어떻게 해결해 가는지 실무적인 관점에서 소개할 예정입니다.

CHAPTER 4
AI PM의 업무

지금까지 AI PM의 핵심 역할이 AI 혁신을 주도하고, 사용자 경험에 자연스럽게 녹여내는 것임을 이해했으리라 생각합니다. 이제 이 역할이 조직 전체의 맥락에서 어떤 의미를 갖는지 살펴보겠습니다. AI PM으로서 여러분은 조직 내 어디에 위치하며, 경력이 쌓일수록 담당 역할과 책임은 어떻게 달라질까요?

4.1 AI PM의 커리어패스

성공적인 AI 프로덕트 전략은 AI 프로덕트 비전과 로드맵을 회사의 전체 비즈니스 목표와 긴밀하게 연계하는 데에서 출발합니다. AI PM의 업무 범위는 조직 내 위치에 따라 크게 달라질 수 있습니다. 이와 관련해 [그림 4-1]은 대기업 조직을 참고하여 다양한 직급별 AI 프로덕트 매니지먼트 업무를 한눈에 볼 수 있도록 큰 틀에서 정리한 지도입니다. 이를 참고해 현재 자신의 위치가 어디에 해당하는지 파악해 보면, 본인과 팀에게 적합한 성공적인 전략의 방향을 가늠하는 데 도움이 될 것입니다.

다만, 여기에서 제시하는 직급별 구분은 이해를 돕기 위한 예시일 뿐입니다. 각 회사마다 역할과 책임은 크게 다를 수 있으며, 여러 레벨의 역할이 혼합되어 있을 수도 있습니다.

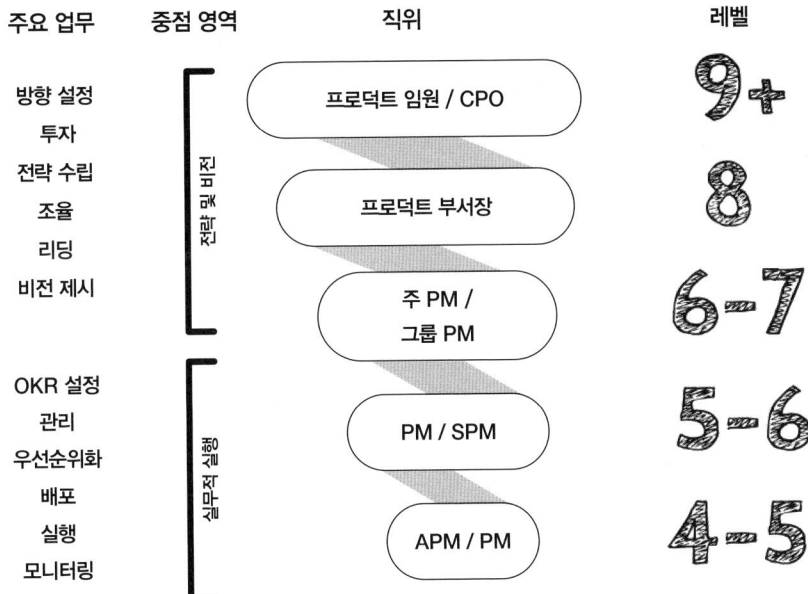

그림 4-1 AI PM의 직급과 업무 지도

[그림 4-1]에 나타난 내용을 좀 더 구체적으로 살펴보겠습니다. 왼쪽 열에는 AI 프로덕트 매니지먼트 직무의 다양한 업무가 정리되어 있습니다. 4~5레벨에서의 실무 중심의 업무부터, 9레벨 이상의 기업 전체의 전략 수립까지, 각 레벨별 주요 업무와 전략적 중점사항이 제시되어 있습니다.

[그림 4-2]는 첫 번째 그림을 보완하여, 각 직급 레벨별 역할의 범위와 주요 중점 사항을 상세히 설명합니다. 예를 들어 4~5레벨에서는 AI 모델의 성능을 모니터링하고 데이터 품질을 확보하는 데 초점을 맞춥니다. 이는 실무 레벨 역할의 현장 중심적 역할을 반영합니다. 상위 직급으로 올라갈수록 전략 수립, 사용 사례 우선순위 결정, AI 도입 파이프라인 관리와 같은 업무로 초점이 이동합니다. 이는 곧 AI가 어떻게 비즈니스 목표를 이끌어 나갈지 전략을 설계하는 역할로 전환되는 과정을 보여줍니다.

레벨	AI 역할 범위	예시
9+	전사적으로 AI 혁신과 투자, 그리고 책임 있는 AI 활용 문화를 대규모로 이끔	아마존의 10년 장기 비전을 수립하여, 소매·물류·클라우드·디바이스 등 전사 각 조직에 AI를 적용. 수십억 달러 규모의 투자를 유치하고, 전사적으로 책임 있는 AI 거버넌스 체계를 구축
8	AI 프로덕트가 전체 비즈니스 전략과 연계될 수 있도록 조율하고, AI 프로덕트 포트폴리오를 관리, AI 관련 거버넌스, 윤리, 규정 준수까지 책임	구글의 주요 프로덕트 군(어시스턴트, 검색, 지도, 번역 등)에 걸쳐 AI를 총괄. AI 전략 방향, 책임 있는 데이터 활용, 그리고 규제 준수를 관리
6-7	수년에 걸친 AI 프로덕트의 비전을 세우고, 이를 뒷받침할 데이터 및 머신러닝 인프라 전략을 수립	화이자에서 AI 기반 신약 개발 플랫폼의 개발을 주도하며, R&D 및 상업 부서와 협력해 신약 시장 출시 속도 향상
5-6	AI 프로덕트 전략을 개발하고, 적용 사례의 우선순위를 정해 배포 파이프라인을 관리	넷플릭스 홈페이지에 AI 기반 개인화 콘텐츠 추천 기능을 구현하여, 이용자 참여도 확대
4-5	AI 모델의 성능을 지속적으로 모니터링하고, 데이터 품질과 윤리 기준 준수를 관리	Zappos 고객센터에 AI 챗봇을 도입해, 자주 묻는 질문에 대한 답변을 자동화

그림 4-2 AI 프로덕트 매니지먼트의 단계, 업무, 중점 사항

4.1.1 실무 단계의 AI 프로덕트 매니지먼트(레벨 4-6)

가장 먼저, 실무 단계에 해당하는 AI 프로덕트 매니지먼트에 대해 살펴보겠습니다. 이 구간에는 주로 어소시에이트 PM(APM)부터 그룹 PM까지가 포함됩니다. 만약 여러분이 이 단계에 속해 있다면, AI 프로덕트와 기능의 일상적인 개발 및 배포에 초점을 맞추게 될 것입니다. AI/ML 엔지니어, 데이터 과학자와 긴밀히 협업하며, 진행 상황을 점검하고 장애물을 제거하며, 새로운 AI 기능을 실질적으로 출시하는 역할을 맡게 됩니다. 이 시기에는 목표 및 핵심 결과^{objectives and key results}(OKR)를 설정하고, 프로덕트–시장 적합성을 파악하고, 프로덕트 개발 사이클 전반을 이끌어가는 데 집중하게 됩니다.

[그림 4-2]의 레벨 4~6에서 확인할 수 있는 주요 업무는 AI 모델 성능 모니터링, 데이터 품질 유지 등입니다. 이러한 영역이 바로 실무 단계 AI PM이 가장 많은 시간을 투자하는 핵심적인 부분입니다. 예를 들어 3장에서 간단히 언급한 것처럼, 넷플릭스와 같은 플랫폼을 위한 개인화 콘텐츠 추천 시스템을 개발한다고 가정해 보겠습니다. 이 경우 엔지니어와 긴밀히 협력하여 추천 알고리즘을 개발·테스트·개선하는 전 과정을 주도하게 될 것입니다.

4.1.2 AI/ML 프로덕트 매니지먼트(레벨 5-7)

조금 더 상위 단계로 올라가면, AI/ML PM은 요구사항 정의, 로드맵 우선순위 결정, 실행 조율에서 핵심적인 역할을 하게 됩니다. 이 레벨에서는 개별 AI 프로덕트의 기획부터 실제 배포까지 전체 개발 과정을 주도하는 역할을 합니다. 단순히 프로덕트만 만드는 것을 넘어, 비즈니스 목표를 정확히 이해하고 이를 구체적인 AI 전략으로 전환하는 능력이 요구됩니다.

[그림 4-2]에 따르면, 레벨 6 및 7에 오르면 다년간의 AI 프로덕트 비전 수립과 이를 뒷받침할 데이터 및 인프라 전략 수립이 업무의 주요 축이 됩니다. 예를 들어 화이자에서 AI 기반 신약 개발 플랫폼을 이끄는 사례(https://oreil.ly/NHoxe)를 생각해 보겠습니다. 이런 역할과 상황에서는 AI 프로덕트 전략을 연구 팀과 사업 팀 모두가 긴밀하게 조율토록 하고, AI 기반 플랫폼이 시장 출시 시간을 단축할 수 있도록 지원하는 것이 핵심입니다. 즉, 기술적 역량과 장기적 비즈니스 목표 간의 균형을 잡아가며, 전략적으로 접근하는 역량이 필수입니다.

4.1.3 전략적 리더십(레벨 8 이상)

경력이 쌓이고 직급이 올라갈수록, 개발 실무에서 벗어나 프로덕트 전략을 수립하고 조직을 이끄는 역할로 전환됩니다. 제가 메타와 구글에서 근무하며 관찰한 바로는, 대형 기술 기업들은 역할을 통합하는 방향으로 점차 변화하고 있습니다. 소수의 리더가 프로덕트 방향성과 비전을 결정하고(상위 계층), 실무 실행을 담당하는 중간 관리자 (하위 계층) 구조로 커리어 패스가 단순화되고 있습니다.

레벨 8 이상에 도달하면, AI 프로덕트를 전체 비즈니스 전략과 연계시키고, AI 프로덕트 포트폴리오 전체를 관리하는 것이 주요 역할이 됩니다. 이 단계에서는 다양한 부서와의 협업이 필수적이며, AI 활동이 회사의 목표, 거버넌스 정책, 윤리, 규정 준수와 전략적으로 일치하도록 조정하는 데 중점을 둡니다. 예를 들어 구글의 경우 어시스턴트, 검색, 지도, 번역 등 다양한 프로덕트군에서 AI 이니셔티브를 일관되게 관리하고, 데이터 활용 방식이 규제 기준에 부합하도록 철저히 감독합니다.

최상위 계층(레벨 9 이상)에 오르면, AI 프로덕트 총괄이나 최고 AI 책임자$^{chief\ AI\ officer}$와 같은 역할을 맡게 됩니다. 이러한 직책에서는 단순히 개별 프로덕트가 아닌, 회사 전체의 AI 비전을 이끌게 됩니다. 이 수준의 경영진에서는 전사적으로 AI를 도입하고, 수십억 달러 규모의 투자를 확보하며, 회사 전체에 걸쳐 책임 있는 AI 거버넌스 체계를 구축하는 일 등이 주요 책임입니다. 윤리적 관점에서 영향력을 행사하고, 데이터 관행의 준수 여부를 점검하며, AI 모델의 신뢰성과 무결성을 지속적으로 확보해야 합니다. 이러한 레벨 간 차이는 단순히 범위의 차이만이 아니라, 요구되는 전략적 사고방식의 차이도 있습니다.

각 레벨의 차이를 이해하면 자신의 위치와 앞으로 나아갈 방향을 보다 명확히 그릴 수 있습니다. 어쩌면 여러분은 현재 실무 단계에서 엔지니어와 긴밀히 협업하며 AI 기반 기능을 개발하고 있을 수도 있고, 혹은 조직의 비전에 부합하는 AI 프로덕트 전략을 구체화하는 데 초점을 맞추고 계실 수도 있습니다. AI PM의 역할은 특정 기능 개발에서 회사 전체의 AI 이니셔티브 설정까지 범위가 확장됩니다. 다만, 여기서 설명드린 레벨과 각 책임은 설명을 위한 분류일 뿐으로, 실제 커리어패스는 조직 구조와 목표에 따라 다르게 전개될 수 있습니다.

4.2 AI PM의 역할

이 절에서는 AI 프로덕트 매니저가 맡는 역할을 설명하겠습니다. 부록B의 인터뷰를 바탕으로 AI PM이 조직에서 어떤 역할을 맡는지 살펴보도록 하겠습니다.

AI 프로덕트 매니저의 역할은 지금까지의 PM 역할과 AI 특화 역량이 결합된 독특한 영역입니다. 기본적으로 고객의 요구를 이해하고, 우선순위를 설정하며, 자원을 배분하는 PM의 핵심 역량은 여전히 중요합니다. 그러나 AI PM은 여기에 더해 확률적으로 작동하는 시스템을 관리해야 하는 특수성을 가집니다.

4.2.1 데이터 중심 의사결정

AI 프로덕트 개발에서 데이터는 모든 의사결정의 중심에 있습니다. AI PM은 새로운 프로젝트를 시작할 때 어떤 데이터를 활용할지 먼저 고민합니다. 사용 가능한 데이터의 품질과 양을 평가하고, 필요한 경우 추가 데이터 수집 전략을 수립합니다.

실험 설계는 AI PM의 일상적인 업무입니다. 최신 LLM을 활용한 시스템을 구축할 때는 다양한 프롬프트와 파라미터를 실험하며, 각 조합이 비즈니스 목표와 사용자 경험에 미치는 영향을 평가합니다. 이러한 실험 결과를 엔지니어링 팀과 공유하고, 엔지니어들이 확장 가능한 아키텍처를 구축할 수 있도록 지원합니다.

MVP 범위를 정의하는 것은 AI 프로덕트에서 특히 어려운 과제입니다. 기존 소프트웨어와 달리, AI 시스템의 성능은 배포 전까지 정확히 예측하기 어렵습니다. 실제 운영 환경의 데이터는 학습 데이터와 다를 수 있고, 사용자들의 행동 패턴도 예상과 다를 수 있습니다. 따라서 AI PM은 MVP를 정의할 때 매우 신중해야 하며, 반복적인 개선을 위한 여유를 항상 고려해야 합니다.

데이터를 이해하고 해석하는 능력도 중요합니다. AI PM은 사용자와 함께 데이터를 어떻게 이해하고 해석할지 고민해야 합니다. 모델의 예측 결과를 사용자가 이해할 수 있는 형태로 제시하고, 필요한 경우 설명 가능한 AI 기법을 적용하여 투명성을 확보해야 합니다(관련 내용은 야나 웰린더의 인터뷰에서 확인하세요).

4.2.2 빠른 반복과 지속적 개선

AI 분야의 발전 속도는 놀라울 정도로 빠릅니다. 예전 같으면 몇 달 혹은 몇 년이 걸렸을 구축, 개선, 최적화 과정이 이제는 몇 주 만에 이뤄지고 있습니다. AI PM은 이러한 빠른 변화 속도에 적응하고, 팀이 민첩하게 대응할 수 있도록 프로세스를 설계해야 합니다.

프롬프트 엔지니어링은 생성형 AI 시대의 새로운 핵심 역량이 되었습니다. AI PM은 직접 프롬프트 체인을 개발하고 실험하며, 이를 엔지니어링 팀이 확장 가능한 시스템으로 구현할 수 있도록 지원합니다. 주말이나 업무 외 시간을 활용해 최신 모델을 실험하고, 그 결과를 팀과 공유하는 것이 일상이 되었습니다.

고객 피드백 루프도 훨씬 빨라졌습니다. AI 프로덕트는 기존에 없던 새로운 카테고리를 만들어가는 경우가 많아, 고객들도 실제로 프로덕트를 사용하면서 요구사항을 계속 다듬어갑니다. AI PM은 이러한 실시간 피드백을 수집하고 분석하여, 빠르게 프로덕트를 개선해 나가야 합니다.

버전 관리와 모델 업데이트 전략도 중요한 고려 사항입니다. 새로운 모델이 출시될 때마다 기존 시스템을 어떻게 업그레이드할지, 사용자 경험의 일관성을 어떻게 유지할지 결정해야 합니다. 때로는 성능 향상을 위해 전체 시스템을 재구축해야 할 수도 있으며, 이러한 결정을 비즈니스 영향을 고려하여 내려야 합니다.

AI PM에게 지속적인 학습은 선택이 아닌 필수입니다. 매주 최소 2편에서 5편의 AI 논문을 읽는 것은 기본이며, 팟캐스트, 기술 블로그, 컨퍼런스 등을 통해 최신 트렌드를 파악해야 합니다. 이는 단순히 지식을 쌓는 것이 아니라, 팀과 조직이 올바른 방향으로 나아가도록 안내하기 위한 필수적인 활동입니다.

논문을 읽을 때는 효율성이 중요합니다. 모든 논문을 처음부터 끝까지 정독할 필요는 없으며, 초록과 결론을 먼저 읽고 프로덕트에 적용 가능성이 있는 부분을 중점적으로 파악합니다. 새로운 기법이나 모델이 등장했을 때, 이것이 현재 프로덕트에 어떤 영향을 미칠지, 경쟁 우위를 만들 수 있는지 빠르게 평가할 수 있어야 합니다.

실전 감각을 기르는 것도 중요합니다. 다양한 AI 툴을 직접 사용해 보고, 개인 프로젝트를 통해 새로운 기술을 실험합니다. 예를 들어, AI를 활용한 단편 영화 제작이나 개인 앱 개발 등을 통해 기술의 한계와 가능성을 직접 체험합니다. 이러한 경험은 실제 프로덕트 개발에서 현실적인 기대치를 설정하는 데 큰 도움이 됩니다.

최신 기술 행사에 정기적으로 참여하는 것도 필요합니다. 최소 한 달에 한 번은 기술 컨퍼런스나 밋업에 참여하여 다양한 시각을 접하고, 업계 동향을 파악합니다. 이러한 네트워킹을 통해 다른 조직의 성공 사례와 실패 경험을 배울 수 있습니다(관련 내용은 재클린 콘젤만의 인터뷰에서 확인하세요).

4.2.3 조직 내 AI 교육

AI PM은 조직 내에서 AI의 현재 역량과 잠재적 영향력을 알리는 전도사 역할을 수행합니다. 많은 시간을 조직 내외부 이해관계자들에게 AI가 무엇을 할 수 있고, 무엇을 할 수 없는지 설명하는 데 할애합니다. 이는 현실적인 기대치를 설정하고, AI 도입에 대한 저항을 줄이는 데 중요합니다.

경영진에게는 AI 투자의 ROI를 명확히 제시해야 합니다. 단순히 'AI를 도입했다'는 것이 아니라, 구체적으로 어떤 비즈니스 가치를 창출할 수 있는지, 경쟁 우위를 어떻게 확보할 수 있는지 설명해야 합니다. 동시에 AI 도입에 따른 리스크와 한계도 투명하게 공유해야 합니다.

개발 팀에게는 AI 툴을 활용한 생산성 향상 방법을 교육합니다. 챗GPT를 활용한 사용자 스토리 작성, 회의록 요약 자동화, 코드 리뷰 지원 등 일상 업무에 AI를 접목하는 방법을 공유합니다. AI를 잘 활용하는 팀원이 그렇지 않은 팀원보다 더 좋은 성과를 낼 수 있도록 지원합니다.

책임감 있는 AI 프레임워크를 조직에 도입하고 적용하는 것도 중요한 역할입니다. 편향성, 공정성, 투명성, 프라이버시 등 AI 윤리와 관련된 이슈를 사전에 고려하고, 이를 프로덕트 개발 프로세스에 통합합니다. 규제 환경의 변화를 모니터링하고, 조직이 컴플라이언스를 유지할 수 있도록 지원합니다(관련 내용은 에단 콜의 인터뷰에서 확인하세요).

4.2.4 우선순위와 자원 관리

AI PM의 일주일은 3~5개의 최우선 과제를 실제로 진전시키는 동시에, 10개 이상의 영역에서 다른 사람들을 지원하는 것으로 구성됩니다. 이는 매우 도전적인 균형 잡기 작업입니다. 깊이 있는 작업과 독서를 위한 시간을 확보하면서도, 다양한 이해관계자들의 요구를 충족시켜야 합니다.

우선순위 설정에서 중요한 것은 다양한 이해관계자(고객, 비즈니스, 경영진)의 요구가 겹치는 지점을 찾는 것입니다. 이러한 교집합 영역에 집중함으로써 한정된 자원으로 최대의 영향력을 만들어낼 수 있습니다. 모든 요청을 다 들어줄 수 없을 때는 정중하게 미루거나 거절하는 것도 중요한 스킬입니다.

자원 배분에서 AI 프로덕트 특유의 고려 사항이 있습니다. 컴퓨팅 자원, 데이터 라벨링 비용, 모델 학습 시간 등 기존의 소프트웨어 개발과는 다른 종류의 자원이 필요합니다. AI PM은 이러한 자원의 비용 대비 효과를 평가하고, 최적의 배분을 결정해야 합니다.

팀 구성과 역량 개발도 중요한 책임입니다. AI 프로덕트 개발에는 다양한 전문성이 필요하므로, 데이터 과학자, ML 엔지니어, 도메인 전문가 등 적절한 인재를 확보하고 육성해야 합니다. 각 팀원이 자신의 강점을 발휘할 수 있는 환경을 조성하고, 필요한 교육과 성장 기회를 제공합니다(관련 내용은 니노 타스카의 인터뷰에서 확인하세요).

4.2.5 부서 간 협업

AI PM의 중요한 역할 하나는 다양한 이해관계자의 협업을 이끄는 일입니다. 혁신적인 기술의 성공은 팀 간의 상호 이해와 원활한 협력에서 비롯됩니다. 이번 절에서는 프로덕트 라이프사이클 전반에 걸쳐 함께 일할 주요 이해관계자의 역할에 대해 알아보겠습니다. 각 역할은 기업마다 다를 수 있습니다.

독자 여러분이 아마존의 AI PM이라고 가정하고, 스마트 어시스턴트인 알렉사Alexa의 중요한 프로덕트 업데이트를 담당한다고 합시다. 목표는 사용자가 집에서 일상적인 작업을 더 효율적으로 관리할 수 있도록 알렉사의 기능을 강화하는 것입니다. 이 비전을 실현하기 위해 누구와 협력해야 할까요? 참고로, 규모가 작은 회사의 경우 협력할 부서가 더 적을 수 있습니다.

| AI와 머신러닝 팀 |

가장 먼저 협업해야 할 대상은 AI 팀입니다. 알렉사의 핵심 가치는 음성 인식, 작업 관리, 자연어 이해와 같은 지능형 기능에 있는데, 이 기능들은 AI 팀이 개발하고 개선합니다. AI 팀의 머신러닝 과학자, 레드/블루 팀, MLOps 인력은 여기서 중요한 동료이며, 이들은 프로덕트를 구동할 모델을 개발하고 운영합니다.

- **머신러닝 과학자:** 알렉사가 명령을 이해하고 응답할 수 있도록 하는 모델 개발에 집중합니다. 대규모 데이터셋을 내부적으로 또는 외부 제공업체로부터 확보해 모델을 학습시키며, 성능과 효율성의 균형을 맞출 때까지 다양한 모델을 반복적으로 테스트합니다.
- **레드/블루 팀:** 보안 측면에서 활동하는데, 레드 팀이 모의 공격을 수행해 취약점을 찾으면, 블루 팀은 이 공격을 방어하는 역할을 합니다. 이 과정을 통해 실제 보안 위협에 대응할 수 있는 프로덕트의 견고함을 확보합니다. 이 팀들은 AI가 단순히 동작하는 수준을 넘어 보안까지 충족하도록 중요한 역할을 합니다.
- **MLOps 팀:** 머신러닝 과학자가 만든 모델을 실제 운영 환경에 배포하는 일을 담당합니다. 이들은 모델의 지속적인 통합, 모니터링, 인프라 유지 관리에 집중하며, 알렉사처럼 수백만 명의 사용자에게 서비스를 제공할 때 그 중요성이 더욱 커집니다.

AI 및 머신러닝 팀은 기술적 혁신을 실현하는 주역이며, AI PM은 비전과 사용자의 요구를 모두 충족시키는 모델을 개발하기 위해 긴밀하게 협력해야 합니다.

| 운영 팀 |

운영 팀은 데이터 파이프라인, 인프라, 프로덕트 라이프사이클 전반의 프로젝트 관리가 잘 이루어지도록 지원하는 여러 팀과 함께 일하게 됩니다.

- **프로그램 관리자:** 여러 팀 간의 업무를 조율하여 일정, 리소스 할당, 전체 프로젝트 범위가 비즈니스와 기술적 목표에 부합하도록 관리합니다. 이들은 프로젝트를 전체적으로 관리하며, 리스크, 의존성, 병목 현상을 파악하고 조율하여 프로젝트가 원활하게 진행될 수 있도록 돕습니다.
- **데이터 운영(DataOps) 팀:** AI 모델을 학습시키고 배포하는 데 필요한 데이터를 수집, 정제, 통합하는 역할을 담당합니다. 이들은 데이터의 신뢰성과 품질을 확보하는 동시에, GDPR 등과 같은 규제 준수도 철저히 관리합니다. 이 팀과의 협업이 중요한 이유는, 프로덕트의 성공이 결국 AI 모델에 투입되는 데이터의 무결성과 적합성에 달려 있기 때문입니다.

이 팀들은 효율적이고 규정을 준수하는 데이터 처리의 토대를 마련하며, 운영 역량을 프로덕트의 AI 기반 목표에 맞추고 있습니다.

| 엔지니어링 팀 |

엔지니어링 팀은 AI 모델과 실제 프로덕트 사이의 가교 역할을 하며, 머신러닝의 혁신을 실제 사용자에게 제공되는 프로덕트로 구현합니다. 엔지니어링과의 원활한 협업은 AI 기능이 사용자 경험에 자연스럽게 녹아들 수 있도록 하는 데 매우 중요합니다. AI 혁신과 프로덕트의 실제 기능 간의 기술적 통합을 위해 긴밀한 협력이 반드시 필요합니다.

- **개발자:** AI 모델을 프로덕트 아키텍처에 통합하는 역할을 맡습니다. AI PM으로부터 명확한 커뮤니케이션을 통해 AI 모델의 요구사항을 효과적으로 구현하고, 애플리케이션 내에서 사용자 상호작용이 원활하게 이루어지도록 합니다. 주기적인 체크인, 코드 리뷰, 기술 논의를 통해 진척 상황을 점검하고 조율합니다.
- **테스터:** 실제 환경에서 AI 모델이 의도대로 작동하는지 철저하게 검증합니다. 이들의 피드백은 AI PM이 예외 상황, 잠재적 버그, 개선점을 파악하는 데 많은 도움이 됩니다.
- **데이터 엔지니어:** AI 프로덕트를 지원하는 데이터 인프라를 유지·관리합니다. 현재뿐 아니라 미래의 데이터 처리 수요까지 감안해 효율적인 데이터 파이프라인을 구축합니다.
- **기술 프로그램 관리자:** 엔지니어링 전반의 일정관리, 자원 배분 등 업무를 총괄하며, 모든 팀이 투명하게 협업하고 실행 방향을 일치시킬 수 있도록 조율합니다.

| UX 팀 |

AI 프로덕트를 대중에 선보일 때 UX는 무엇보다 중요합니다. UX 팀은 프로덕트를 직관적이고, 접근성 높고, 매력적이게 만듭니다.

- **사용자 연구원:** 사용자가 프로덕트를 어떻게 활용하는지 조사해, 불편한 점이나 개선 기회를 파악합니다. 이들의 인사이트를 바탕으로, 프로덕트의 로드맵과 우선순위를 더 현실적으로 결정할 수 있습니다.
- **UX 개발자와 디자이너:** AI 기반의 기능을 사용자가 쉽게 받아들일 수 있는 직관적이고 시각적인 인터페이스로 구현합니다. 초기 아이디어 단계에서는 와이어프레임[8]이나 프로토타입 작업에서 시작하고, 최종적으로는 AI 모델 기능에 맞는 세련된 디자인으로 발전시킵니다.
- **콘텐츠 전문가:** 프로덕트 내에서 사용되는 모든 언어나 안내 메시지가 명확하고 브랜드 이미지에 부합하도록 관리합니다. 이를 통해 복잡한 AI 기능도 사용자가 쉽게 이해할 수 있도록 돕습니다.

---

8 옮긴이_ 화면의 구조와 레이아웃, 주요 기능 배치 등을 선과 도형 등으로 간단하게 표현한 설계도

| 비즈니스 팀 |

프로덕트 개발에서 비즈니스 팀은 프로덕트 마케팅 매니저(PMM), 영업 팀, 파트너십 매니저와 긴밀히 협업하게 됩니다.

- **PMM:** 프로덕트의 가치 제안을 정의하고, 시장에서의 포지셔닝을 담당합니다. 이들과 협력하여 시장 출시 전략을 수립하고, 프로덕트의 기술적 역량과 사용자 혜택이 모두 반영된 메시지를 만들어 나갑니다(시장 출시 전략은 AI 프로덕트 성공에 매우 중요하지만, 이 책에서는 다루지 않습니다).
- **영업 팀:** 고객과의 직접적인 소통을 통해 얻은 피드백을 제공하며, 고객의 주요 불편 사항과 구매 포인트에 대한 인사이트를 제공합니다. 이 데이터는 실질적인 고객 반응을 기반으로 프로덕트를 개선하는 데 도움이 되며, 목표 고객에게 어필할 수 있는 설득력 있는 제안을 만들어 내는 데 활용됩니다.
- **파트너십 관리자:** 외부 이해관계자와의 전략적 제휴를 통해 프로덕트의 시장 확장성 또는 기능 향상에 기여합니다. 외부 파트너와의 협업에는 외부 기술 통합이나 공동 기능 개발 등이 포함될 수 있습니다.

| 외부 이해관계자 |

외부 벤더(공급업체), 원장비제조사(OEM), 컨설턴트 등은 AI 프로덕트에 특화된 기술이나 전문성을 제공할 수 있습니다.

- **벤더와 OEM:** 특화된 부품이나 서비스를 공급하여 프로덕트의 기술적 역량에 기여합니다. 여기서 AI PM의 역할은 이들과의 관계를 관리하며, 품질과 납기 준수, 비용 최적화를 조율하는 것입니다.
- **컨설턴트와 연구 기관:** 복잡한 AI 과제를 해결하거나 최신 기술을 탐색할 때 고급 지식과 혁신적 아이디어를 제공합니다.

| 거버넌스, 리스크, 컴플라이언스 전문가 |

AI 프로덕트는 관련 법률, 개인정보 보호, 컴플라이언스 요건을 반드시 준수해야 합니다. 이를 위해 법무 팀, 개인정보 보호 전문가, 컴플라이언스 전문가와의 협업은 프로덕트가 책임감 있고 규제 프레임워크 내에서 개발되도록 하는 데 필수적입니다.

- **법무 팀**: 지적 재산권, 계약, 기타 법적 사안에 대한 자문을 제공합니다.
- **개인정보 보호 전문가**: GDPR 및 캘리포니아 소비자 개인정보 보호법(https://oreil.ly/ccpa)과 같은 데이터 보호 규정 준수를 확인합니다.
- **컴플라이언스 전문가**: 산업 표준 및 내부 거버넌스 정책에 프로덕트가 부합하는지 감독합니다.

협업을 통해 프로덕트는 혁신적일 뿐만 아니라 책임감 있고 안전하게 개발됩니다.

| 리더십 팀 |

마지막으로 C레벨 임원 및 투자자 등 고위 경영진과의 소통 역시 프로덕트 성공에 중요한 역할을 합니다. 리더십 팀은 전략적 방향 설정, 자금 지원, 감독 등 역할을 통해 프로덕트가 회사의 큰 목표와 비전에 부합하도록 지도합니다.

- **C레벨 임원:** AI 프로덕트의 전략적 목표와 방향을 정의하여, 회사 전체의 사업 우선순위와 일치시키는 역할을 합니다.
- **투자자:** 필요한 재정적 지원을 제공하고, 종종 프로덕트의 시장 성장 가능성 및 투자수익률에 대해 비판적으로 고민할 것을 요구합니다.

경영진과의 정기적인 검토 회의를 통해 프로덕트가 계획대로 진행되고 회사의 전체 미션과 일치하는지 확인할 수 있습니다(이에 대한 자세한 내용은 5장의 리뷰 절을 참조하세요).

4.3 결론

AI PM은 모든 과정의 중심에 있습니다. 다양한 팀과 이해관계자를 연결하는 접착제와 같은 역할을 하며, 각 그룹의 노력을 효과적으로 조율함으로써 최종 프로덕트가 기술적으로 뛰어날 뿐만 아니라 시장에 적합하고 필요한 규정도 모두 준수할 수 있도록 만듭니다. 이 역할은 넓은 시야와 세밀한 관찰력을 동시에 요구하기 때문에, 오늘날 기술 산업에서 가장 도전적이면서도 매력적인 직무 중 하나라고 할 수 있습니다.

성공적인 AI 프로덕트를 만들려면 모든 이해관계자 간의 원활한 협업이 필수적입니다. AI PM은 프로젝트의 중심에서 소통의 역할을 하며, 모두가 공통된 목표를 향해 나아갈 수 있도록 프로젝트를 이끕니다.

5장에서는 AI 프로덕트의 성공을 좌우하는 핵심 지표에 대해 살펴볼 예정입니다. 개발 과정에서 집중해야 할 주요 영역과 AI PM으로서 탁월한 성과를 내기 위한 전략들도 함께 소개하겠습니다. 이 내용을 로드맵으로 삼아 AI 프로덕트를 만들고 평가할 때 중요한 부분이 무엇인지 이해할 수 있을 것입니다. KPI, 사용자 참여 지표, 지속적인 개선 방법 등 다양한 내용을 다루며 장이 끝날 무렵에는 AI 프로젝트의 성과를 점검하고, 측정하고, 개선하는 방법을 확실하게 익히실 수 있도록 안내하겠습니다. 그 결과 독자 여러분의 업무를 더욱 의미 있고, 영향력 있으며, 보람 있게 만들 것입니다.

이제 여러분이 어떤 직급이 자신에게 맞는지, 그리고 경력의 각 단계에서 맡게 될 책임의 범위에 대해 더 명확한 그림을 갖게 되었으니, 다음 단계는 어떻게 이러한 AI 프로덕트를 현실화시킬지 살펴볼 차례입니다. 이를 위해 AI 개발 라이프사이클을 이해하고, 전략적인 로드맵을 수립하며, 프로덕트에 대한 의사결정이 사용자 경험과 비즈니스 목표 모두에 부합하는지 확인해야 합니다. 앞으로의 장에서는 AI 프로덕트를 컨셉 측면에서 실제 시장 출시까지 이끌어가는 실질적인 과정과 도중에 발생하는 어려움을 극복해 성공적인 사용자 경험을 창출하는 방안을 더 깊이 있게 다룰 예정입니다.

CHAPTER 5
AI에서의 전략적 사고

제가 강의나 세미나를 진행할 때 자주 받는 질문이 있습니다. '제 프로덕트 전략에 AI를 어떻게 도입해야 할까요?', 'AI가 사용자에게 어떤 가치를 더해줄 수 있으며, 우리 회사와 조직을 성장시키는 데 어떤 도움이 될까요?', '직접 개발할지, 아니면 외부 솔루션을 구매할지 결정하려면 어떻게 해야 할까요?'와 같은 질문들입니다.

이번 장에서는 AI 프로덕트 리더로서 전략적으로 사고하는 방법과, 여러분이 고민하게 될 중요한 의사결정들에 대해 다루고자 합니다.

5.1 비즈니스 전략: AI를 솔루션으로 평가하기

과거에는 주로 그룹 PM, VP, 디렉터 등 프로덕트 리더십 역할이 있는 사람만 프로덕트 영역의 전략적 방향에 관한 논의에 참여했습니다. 하지만 최근 AI 분야에서는, 가장 낮은 직급의 PM도 전략적 의사결정에 관여하는 추세를 보이고 있습니다. 따라서 AI 도입과 같이 변화가 큰 움직임을 추진할 때에는 모든 레벨의 PM이 경영진과 정기적으로 소통하며 피드백을 얻는 것이 매우 중요합니다. 특히 AI 역량을 사내에서 직접 개발할지, 외부 벤더에 맡길지 결정할 때에는 전사적인 논의가 더욱 필요하다고 할 수 있습니다. 이 장 후반에서 직접 개발과 외부 구매 중 무엇이 더 적합한가 논의하겠지만, 우선 회사 전체 문화에 스며드는 일관된 AI 전략의 중요성을 짚고 넘어가겠습니다.

예를 들어 여러분이 아직 AI 도입 경험이 많지 않은 기존 프로덕트를 보유한 회사에서 근무하고 있고, 조직에 AI가 필요하다고 확신한다고 가정해 보겠습니다. 이럴 때는 다음과 같은 질문을 스스로 조사하고 답해 보는 것이 첫 번째 단계입니다.

- **AI의 역량이 회사의 미션에 부합하는가?**
  AI가 회사의 목표 달성에 기여할 수 있는지, 현재의 문제를 어떻게 해결할 수 있는지, 그리고 사용자 경험 개선이나 운영 효율화에 어떠한 도움이 될 것인지 검토합니다.

- **기존 프로덕트에서 AI로 해결할 주요 문제점은 무엇인가?**
  현재 프로덕트의 특정 사용자 군에서 AI가 실질적으로 변화를 만들어낼 수 있는 영역을 찾습니다. 예시로는 개인화 개선, 반복 업무의 자동화, 의사결정을 돕는 예측 분석 등이 있을 수 있습니다.

- **사용자에게 미치는 영향은 어떠한가?**
  AI 도입을 통해 사용자 경험이 향상되는지, 프로덕트 접근성이 높아지는지, 회사가 중요하게 여기는 핵심 KPI 개선에 도움이 되는지 판단합니다.

- **AI 도입의 장단점은 무엇인가?**
  AI 도입이 특정 문제를 해결할 수 있지만, 한편으로 새로운 복잡성을 초래할 수도 있습니다. 예를 들어 개발 비용 증가, 출시 지연 등의 단점이 있을 수 있습니다. 각 장점과 단점을 얼마나 중요하게 생각하는지, 상호 비교 시 어떤 결론이 나오는지도 따져야 합니다.

- **AI의 장기적 지속 가능성은 충분한가?**
  AI 기반 기능은 지속적인 최적화와 유지보수가 필수적입니다. 회사가 앞으로도 지속적으로 AI 프로덕트를 지원·관리할 수 있는 인력, 전문성, 인프라를 갖추고 있는지, 유지관리를 감당할 수 있을지 판단해야 합니다.

- **경쟁사는 AI를 어떻게 활용하고 있는가?**
  AI 도입이 경쟁우위를 가져올 수 있는지, 시장 상황이 AI 도입의 시급성과 전략 방향에 어떤 영향을 미치는지도 검토해야 합니다.

이 과정에서 참고할 수 있는 워크시트는 부록에서 확인하실 수 있습니다.

5.1.1 AI가 항상 정답은 아니다

AI 관련 의사결정은 결코 단순하지 않습니다. AI 도입에는 회사의 단기적인 비즈니스 요구와 장기적인 전략적 목표 간의 균형이 필요합니다. 예를 들어 더 많은 시간과 리소스가 소요되지만 더 높은 통제권과 맞춤화가 가능한 사내 AI 역량을 개발해야 할지, 아니면 더 신속하게 시장에 진출할 수 있지만 유연성은 떨어지는 외부 솔루션을 활용할지 고민하게 됩니다.

모든 비즈니스 전략 수립에는 내부 인재, 인프라, 전문성 같은 내부 요소와, 시장 트렌드, 경쟁 상황과 같은 외부 요소를 모두 고려해야 합니다. 또한 AI 이니셔티브가 회사의 더 큰 전략적 목표에 부합하도록 단기 및 장기 AI 전략을 명확히 설정해야 합니다.

'AI 도입 그 자체'가 목적이 되어 적용하는 것은 흔한 실수입니다. AI 솔루션이 어떤 문제를 해결해야 할지 명확히 파악하고 나면, 반드시 모든 문제에 AI가 최적의 답이 아니라는 점을 깨달을 것입니다. 충분히 깊이 있는 전략적 고민 없이 AI를 프로덕트에 도입하면 오히려 실패하고 맙니다. 비즈니스 프로세스나 프로덕트에 AI를 도입할 때는 AI가 꼭 필요한지, AI만이 해결할 수 있는 문제인지 반드시 선행 검토가 필요합니다.

AI는 다양한 문제를 해결할 수 있는 잠재력을 가지고 있지만, 항상 적합한 도구는 아님을 인지할 필요가 있습니다. 경우에 따라 AI 사용이 불필요한 복잡성이나 비용, 리스크를 초래할 수 있기 때문입니다. 다음와 같은 상황에서는 AI가 최적의 해결책이 아닐 수 있습니다.

- **문제를 해결할 다른 방법이 있다면 AI를 사용하지 마세요.**
  기존 방식으로 문제를 해결하는 것이 더 빠르고 저렴하며 리스크도 낮은 경우가 많습니다. AI를 도입하기 전에, 더 단순한 절차로 똑같은 결과를 낼 수는 없는지 고려해 보세요. 예를 들어 단순 자동화 스크립트나 규칙 기반 시스템으로 해결 가능하다면 굳이 복잡한 AI까지 도입할 필요는 없습니다. AI가 가장 효과적인 방법인지 확인하기 위해 항상 문제를 철저히 평가하시기 바랍니다.

- **좋은 데이터를 확보할 수 없다면 AI를 사용하지 마세요.**
  데이터는 AI의 핵심입니다. 효과적인 AI 모델을 훈련시키려면 충분한 고품질 데이터가 필수적입니다. 처음부터 품질 좋은 데이터를 얻는 것이 어렵고 결국 불가능하다면, AI는 최선의 방법이 아닐 수 있습니다. 모든 사용 사례가 AI가 안정적으로 작동하는 데 필요한 양, 다양성, 품질의 데이터를 제공할 수 있는 것은 아닙니다. 이러한 상황에서는 결정론적 로직이나 더 간단한 통계적 방법과 같이 데이터에 크게 의존하지 않는 대안을 고려하세요. (자세한 내용은 5.3절을 참조하세요.)

- **운영 단계의 도전을 감내할 준비가 되어 있지 않다면 AI를 사용하지 마세요.**
AI의 프로토타입을 만드는 것은 비교적 쉬울 수 있지만, 실제 운영 환경에 적용하고 장기간 유지하는 것은 전혀 다릅니다. 많은 조직이 AI 시스템을 실제 환경에 배포, 유지보수하는 데 수반되는 복잡성과 어려움을 과소평가합니다. 만약 조직 내에서 AI 적용 경험이 충분하지 않다면, 정말로 AI를 도입해야 하는 명확한 이유가 있어야 합니다. 견고한 상용 환경을 구축하려면 확장성, 보안, 지연시간, 모니터링 등을 지원하기 위한 상당한 인프라 투자가 필요한데, 이러한 요소들은 AI 이니셔티브에 상당한 부담을 줍니다. 또한 기술 스택의 호환성 역시 중요한 이슈입니다. 어떤 회사들은 기술력이 뛰어난 스타트업을 인수했다가, 코드의 비호환성 때문에 전체 코드를 새로 짜야만 했던 사례도 있습니다. 이러한 문제들은 초기에 반드시 세심하게 점검해야 합니다.

- **비용 부담이 걱정된다면 AI를 사용하지 마세요.**
AI 솔루션을 구축, 도입, 그리고 유지하는 데는 상당한 비용이 들 수 있습니다. 데이터 과학자 채용에서부터 컴퓨팅 자원 확보까지, 다양한 비용은 금세 늘어납니다. 본격적으로 추진하기 전에, 이러한 투자가 조직의 예산에 부담이 되지는 않을지 반드시 검토해 보셔야 합니다. 또한 이러한 비용과 기대 효과를 비교해 AI 도입이 투자 대비 효용을 제공할 수 있는지 꼭 따져 보기 바랍니다. 때로는 더 간단하고 비용이 저렴한 해결책으로도 문제를 충분히 해결할 수 있습니다.

- **AI 솔루션을 장기간 지속적으로 관리하고 개선할 준비가 되어 있지 않다면, AI를 사용하지 마세요.**
AI 솔루션을 개발하고 유지하는 데 필요한 데이터, 인프라, 모델이 준비되어 있는지 확인해야 합니다. 모델을 학습시키고 한 번 서비스에 적용했다고 해서 일이 끝나는 것이 아닙니다. 지속적인 유지보수는 필수적이므로 이에 대한 계획도 미리 세워야 합니다.

요약하자면, AI는 강력한 도구이지만 항상 정답은 아닙니다. 명확한 정답이 없는 상황에서, 위의 질문을 스스로 점검하면 보다 나은 방향을 선택하는 데 도움이 될 것입니다. 이 과정 이후에는 해당 문제가 시간과 자원을 투자할 만큼 중요한지 판단하는 것이 핵심입니다.

이와 마찬가지로 중요한 것은 관련 비용과 트레이드오프를 평가하는 일입니다. 3장에서 다뤘듯이, 트레이드오프는 단순히 A와 B 중 하나를 고르는 것이 아니라,

서로 영향을 주고받는 여러 요인을 슬라이더처럼 조절하는 과정이라고 볼 수 있습니다. 여러 요소 간 상호작용을 면밀히 살펴 균형을 맞추면 최적의 결과를 얻을 수 있습니다.

5.1.2 파괴적 혁신인가? 유지적 혁신인가?

AI를 프로덕트에 어떤 식으로 통합해 문제를 해결하거나 새로운 가치를 창출할 수 있을지 방향을 잡았다면, 이제 그 AI 솔루션이 파괴적^{disruptive} 혁신인지, 아니면 기존을 강화하는 유지적^{sustaining} 혁신인지 고민해야 할 때입니다. 이 전략적 질문의 답은 여러분의 AI 프로덕트와 회사 전체의 방향성에 큰 영향을 줄 수 있습니다. 모든 혁신적인 기업이 마주하는 이 어려움은 하버드 비즈니스 스쿨의 클레이튼 크리스텐슨$^{Clayton\ Christensen}$ 교수가 『혁신기업의 딜레마』(세종서적, 2020)에서 소개한 개념이기도 합니다. 크리스텐슨 교수는 기존의 방식을 충실히 따르던 성공적인 기업조차도, 새로운 '파괴적 기술'이 등장해 기존 질서를 위협할 때 실패할 수 있음을 강조합니다. 기업의 우위를 이끈 기존의 성공 전략이 새로운 기술과 혁신이 등장하는 환경에서는 더 이상 효과적이지 않을 수 있다는 이야기입니다.

이 딜레마에는 두 가지 혁신 유형이 있습니다. **유지적** 혁신은 기존 고객의 요구를 더 잘 충족시키기 위해 프로덕트를 개선하는 것입니다. 주로 성능 개선, 결함 감소, 사용자 경험 향상 등 점진적인 변화가 이뤄지며, 기존 회사 전략과 일치합니다. 예를 들어 기존 프로덕트에 AI 기반의 예측 분석 기능을 추가해 더 나은 개인화를 제공한다면, 이는 유지적 혁신에 해당할 수 있습니다. 유지적 혁신은 **현재** 고객의 요구에 부합하는 것이 핵심입니다.

반면, **파괴적** 혁신은 새로운 프로덕트나 솔루션이 기존 시장보다는 틈새시장이나 아직 충족되지 않은 요구를 겨냥해 등장하는 것입니다. 처음에는 기존 프로덕트보다 성능이나 완성도가 떨어지고, 기존 시장의 주력 소비자에게는 매력적이지 않게 느껴질 수 있습니다. 하지만 이러한 혁신은 특정 요구를 너무나 효과적으로 해결하여, 결국에는 시장 질서를 바꿔버릴 수 있습니다. 파괴적 혁신은 **미래** 고객의 요구를 충족시키며, 신규 시장을 창출하거나 산업 자체를 재편성하게 만듭니다.

예를 들어 카메라 시장을 생각해 볼 수 있습니다. 스마트폰이 대중화되기 전에는, 고화질 디지털 사진을 찍고자 하는 대부분의 사람이 콤팩트 카메라를 선택했습니다. 그러나 스마트폰의 등장으로 시장의 판도가 완전히 뒤바뀌었습니다. 초기 스마트폰 카메라의 화질은 콤팩트 카메라에 미치지 못했지만, 대부분의 사용자들에게는 **충분히 괜찮은 수준**이었고, 항상 손안에 있다는 편의성까지 더해졌습니다. 처음에는 틈새 프로덕트였던 휴대폰 카메라가 곧 시장을 장악하게 되었고, 결국 콤팩트 카메라 시장 전체가 위축되는 결과로 이어졌습니다. 화질 면에서는 처음에 '열등'하게 보였던 스마트폰이지만, 휴대성과 편의성이라는 사용자의 변화하는 요구를 만족시킴으로써 결국 기존 시장을 대체하게 된 것입니다.

그렇다면 카메라 시장에서 유지적 혁신이란 무엇이었을까요? 예를 들어 콤팩트 카메라의 화소 수를 높이거나, 자동 초점 속도를 개선하는 등 현재 프로덕트를 보다 발전시키는 노력이 이에 해당할 수 있습니다. 즉, 기존 고객을 위한 기능 향상에 집중하지만, 프로덕트나 시장의 본질 자체를 바꾸지는 않는 개선이라고 볼 수 있습니다. 이러한 관점을 AI 프로덕트 개발에 적용할 수 있습니다. 유지적 AI 혁신을 추구할지, 아니면 파괴적 AI 혁신에 도전할지는 매우 중요한 전략적 의사결정입니다. 유지적 혁신은 기존 AI 기술을 활용해 현재 프로덕트를 개선하는 것입니다. 예를 들어 반복적인 업무를 자동화하거나, 고객 서비스 챗봇의 성능을 높이는 등의 개선이 있습니다. 이런 변화들은 기존 프로덕트의 가치를 높이고 현 시장에서의 경쟁력을 유지하는 데 도움이 됩니다.

반면, 파괴적 AI 혁신은 기존의 문제 해결 방식을 근본적으로 뒤흔들 수 있습니다. 예를 들어 기존 프로덕트 카테고리로 설명되지 않는 전혀 새로운 AI 기반 프로덕트를 선보여, 비록 처음에는 기능이나 매력이 부족해 보일지라도 충족되지 않은 요구를 겨냥할 수 있습니다. 그만큼 위험도 크지만, 틈새시장에서 새로운 기회를 창출한다면 그 보상 역시 매우 클 수 있습니다. 파괴적 혁신은 보통 고객이 중요하게 생각하는 부분에서는 낮은 성능으로 시작하는 경우가 많습니다. 성숙한 프로덕트가 가진 완성도, 신뢰성, 다양한 기능 등이 부족해 보일 수 있으므로, 특히 까다로운 고객을 상대해야 하는 대기업에서는 이러한 신기술 투자가 쉽게 설득되지 않습니다. 실제로, 기존에 이미 검증된 프로덕트 대비 새로운 AI 기반 솔루션이 당장 뛰어난 기능을 제공하지 못한다면, 투자를 망설이는 것이 당연할 수 있습니다.

그럼에도 불구하고 파괴적 혁신이 성공하는 이유는 **다른 성과 지표를 우선시**하기 때문입니다. 현재 고객이 아닌 새로운 영역이나 기존에 충분히 이용하지 못한 사용자층의 문제 해결을 목표로 삼습니다. 시간이 지나면서 이러한 혁신은 점차 발전하고, 결국 시장을 새롭게 정의하며 기존 프로덕트를 뛰어넘게 되기도 합니다.

5.2 AI 전략: 자체 개발할 것인가, 아니면 구매할 것인가?

AI 도입을 고려할 때 가장 자주 등장하는 질문 중 하나는 바로 자체적으로 AI 솔루션을 구축할지, 아니면 외부 벤더로부터 구매할지를 결정하는 일입니다. 두 접근 방식 모두 뚜렷한 장점과 도전 과제를 가지고 있으며, 각각의 주요 이점을 이해하고 상황에 맞는 결정을 내리는 것이 중요합니다.

먼저, 사내에서 직접 AI 모델을 개발할 때의 장점을 살펴보겠습니다.

- **맞춤화**
  내부에서 AI를 개발하면 프로덕트의 요구에 딱 맞는 솔루션으로 만들어갈 수 있습니다. 회사의 성장 방향이나 비즈니스 변화에 따라 솔루션이 유연하게 진화할 수 있다는 점이 큰 강점입니다. 특정 업무에 최적화된 맞춤형 모델은 사전 학습 모델이 충분한 성능을 내기 어려운 특수 영역에 특히 적합합니다. 다만, 이런 모델은 더 많은 데이터, 컴퓨팅 자원, 전문성이 필요합니다.

- **소유권**
  기술에 대한 완전한 소유권을 가질 수 있으므로, 데이터와 AI 모델 모두를 통제할 수 있습니다. 특히 독자적인 데이터와 차별화 전략이 경쟁력의 핵심인 산업에서는 매우 큰 장점이 될 수 있습니다.

- **데이터 보안**
  데이터를 사내에 유지하면 유출 위험을 줄이고 GDPR, HIPAA와 같은 데이터 개인정보 보호 규정 준수 측면에서도 유리합니다.

- **장기적 비용 절감**
  초기 개발 비용은 높지만, 장기적으로 보면 라이선스 또는 구독료 등 반복적인 비용이 없기 때문에 결과적으로 비용 효율성이 높아질 수 있습니다.

반면, 사전 학습된 AI 솔루션을 구매하면 다음과 같은 장점이 있습니다.

- **프로덕트 출시 시간 단축**
  사전 학습된 모델이나 외부 솔루션을 활용하면, AI를 프로덕트에 빠르게 적용할 수 있습니다. 변화가 빠른 시장에서 신속하게 경쟁력을 확보할 수 있다는 점이 큰 강점입니다. 사전 학습된 모델은 특정 애플리케이션에 맞게 조정할 수 있는 일반적인 기능을 제공합니다.

- **전문성 활용**
  이미 다양한 분야와 사례에서 검증된 AI 기술과 지식을 바로 활용할 수 있습니다. 특히 자연어 처리(NLP), 이미지 인식 등 범용 기능이 필요한 경우에는 사전 학습 모델을 도입하는 것이 효과적입니다.

- **확장성**
  대부분의 외부 솔루션은 확장성을 염두에 두고 개발되어 있어, 서비스 성장이나 데이터 증가에도 별도의 구조 변경 없이 대응할 수 있습니다.

- **지속적인 업데이트 및 지원**
  AI는 빠르게 발전하며, 외부 솔루션을 사용하면 최신 기술에 대한 업데이트와 지원을 받을 수 있습니다. 이를 통해 최소한의 노력으로 시스템이 최신 상태를 유지할 수 있습니다.

각각의 이점을 파악하셨다면 조직의 AI 전략과 비즈니스 상황을 종합적으로 고려해, 자체 AI 솔루션을 개발할지 사전 학습된 외부 AI 모델을 구매할지 결정해야 합니다. 이 중요한 결정을 내릴 때 고려해야 할 핵심 요소들은 다음과 같습니다.

- **핵심 역량**
  만약 AI가 프로덕트의 핵심 가치와 직결된다면, 내부에서 직접 구축하여 맞춤화된 통제와 경쟁력을 확보하는 것이 효과적일 수 있습니다. 이는 전체적인 사용자 경험과 확장성을 키울 수 있습니다. 그러나, AI가 단지 보조적 기능에 그친다면, 외부 솔루션을 구매하여 필요한 기능을 빠르고 저렴하게 도입하는 것이 더 현명할 수 있습니다.

- **리소스와 전문성**
  AI를 사내에서 개발하려면 데이터 과학자, 머신러닝 엔지니어와 같은 인재 확보는 물론 데이터 스토리지와 컴퓨팅 파워 등 인프라에 상당한 투자가 필요합니다. 조직이 이러한 리소스를 보유하고 있고 장기적인 투자에 대한 의지가 있다면, 맞춤형 솔루션을 직접 개발하는 것이 좋은 선택일 수 있습니다. 반면, 회사에 전문 인력이나 인프라가 부족하다면 외부 업체의 솔루션을 구매하는 것도 현실적인 대안입니다. 외부 벤더는 AI 개발에 필요한 전문지식과 인프라를 이미 갖추고 있습니다.

- **출시 일정**
  자체 맞춤형 AI 솔루션 개발에는 시간이 오래 걸릴 수 있어, 프로덕트 출시가 지연될 수 있습니다. 속도가 중요한 경우에는 사전 학습된 AI 모델을 구매함으로써 빠르게 도입할 수 있고, 변화가 빠른 시장에서 경쟁력을 유지할 수 있습니다. 특히 시장 선점이 중요한 업계에서는 이러한 속도가 매우 중요합니다.

- **장기 전략**
  AI가 회사의 중장기 전략에서 중요한 역할을 한다면, 사내에서 개발하는 것이 향후 더 큰 유연성과 통제력을 제공할 수 있습니다. 자체 개발한 AI 솔루션은 필요에 따라 방향 전환이나 발전을 용이하게 해 줍니다. 반면, 단기적인 솔루션이 필요하거나 AI가 장기적인 초점이 아닌 경우, 사전 학습 모델 구매만으로도 당장의 요구를 충족시키면서 자체 개발에 필요한 자원을 최소화할 수 있습니다.

- **비용**
  사내 개발은 인프라, 인력, 시간 등의 초기 투자 비용이 크지만, 라이선스 비용 없이 장기적으로 비용을 절감할 수 있습니다. 반면, 사전 학습된 AI 모델을 구매하는 것은 초기 비용과 출시 시간을 줄일 수 있지만, 반복적인 라이선스 또는 사용료가 누적되면서 총 소유 비용(TCO)에 영향을 줄 수 있습니다.

불확실성 역시 이러한 의사결정에 큰 영향을 미치는 요소입니다. 1장에서 다뤘던 것처럼, AI는 확률적 특성을 갖고 있어 본질적으로 다양한 위험 요인을 내포하고 있습니다. 알고리즘 오류, 확장성 문제, 책임 있는 AI 구현 등 여러 영역에서 리스크가 발생할 수 있습니다. 예를 들어 테슬라의 오토파일럿 AI는 실제 도로 환경에서의 사고로 인해 논란이 된 바 있습니다. 이처럼 중요한 영역에서 AI를 도입할 때는 위험성이 상당할 수 있습니다. 외부에서 구매하는 AI 솔루션은 이미 검증된 모델을 제공해 일부 위험을 줄여주기도 하지만, 동시에 업데이트, 수정, 지속적 지원 등에 있어서 벤더에 의존하게 된다는 단점도 있습니다.

마지막으로, 경쟁사들의 동향을 파악하는것도 항상 좋은 방법입니다. 예를 들어 세일즈포스는 2019년에 선도적인 데이터 시각화 기업인 태블로^{Tableau}를 인수해 분석 역량을 빠르게 강화하고, SAP, 오라클과 같은 주요 경쟁사에 대응했습니다. 만약 세일즈포스가 비슷한 수준의 솔루션을 내부적으로 개발하려 했다면, 훨씬 더 많은 시간이 걸렸을 것이며 경쟁사에 비해 뒤처질 가능성이 있었을 것입니다.

5.2.1 자체 개발 vs 구매 의사결정표

지금까지 언급한 요소를 중심으로 결정을 내리는 데 도움이 되는 표(표 5-1)를 만들었습니다.

표 5-1 자체 개발 vs 구매 의사결정표

요소	자체 개발	외부 구매
핵심 역량	AI가 프로덕트의 핵심 가치인 경우에 이상적. 맞춤화와 통제력 확보 가능	AI가 부가적인 기능일 때 적합. 더 저렴한 비용으로 빠르게 구현 가능
자원 및 전문성	데이터 과학자, 머신러닝 엔지니어, 인프라 등에 투자 필요	회사 내 AI 전문성과 인프라가 부족한 경우 이상적
출시 속도	개발 기간이 길어 프로덕트 출시가 지연될 수 있음	가장 빠른 배포 옵션으로 시장에 신속하게 진입 가능
장기 전략	미래 필요에 대한 더 큰 유연성과 통제력 제공	단기 솔루션 또는 임시 AI 요구에 적합
비용 평가	초기 비용은 높으나, 라이선스 비용 없이 장기적으로 절약 가능	초기 비용은 낮으나, 반복적인 비용이 시간이 지남에 따라 누적될 수 있음
위험과 불확실성	특히 중요 애플리케이션에서 위험이 더 높음. 내부적으로 위험 관리 필요	검증된 모델을 사용하여 일부 위험을 완화하나, 업데이트나 유지보수를 외부 벤더에 의존
데이터 프라이버시와 윤리	민감한 데이터에 대한 엄격한 통제 가능으로 개인정보 보호 위험 감소	데이터를 외부 벤더와 공유할 경우 개인정보 보호 문제가 발생할 수 있음
경쟁 구도	속도는 느리지만, 경쟁 차별화 요소에 대한 더 많은 통제력 확보	경쟁에 신속하게 대응할 수 있으나, 시간이 지남에 따라 차별화가 줄어들 수 있음

이러한 결정을 내릴 때는 회사의 핵심 역량, 가용 자원, 전략적 목표에 부합해야 합니다. 경우에 따라서는, 일부 기능에는 외부 AI 솔루션을 활용하고, 중요한 영

역에는 자체적으로 AI를 개발하는 하이브리드 방식이 가장 효율적인 전략이 될 수 있습니다. 이제 이 방식에 살펴보겠습니다.

5.2.2 하이브리드 접근법: 균형 잡힌 전략

하이브리드 접근 방식에서는 중요한 AI 요소는 자체적으로 개발하고, 필수적이지 않거나 보조적인 기능에는 외부 솔루션을 활용할 수 있습니다. 예를 들어 추천 엔진과 같은 핵심 기능은 자체 개발하고, 자연어 처리와 같은 영역에는 GPT와 같은 사전 학습된 언어 모델을 활용하는 방식입니다. 또 다른 예로 음악 스트리밍 서비스의 경우, 초반에는 사전 학습된 LLM을 활용해 가사 분석이나 메타데이터 생성에 활용할 수 있습니다. 반면에 특정 음악 장르를 정교하게 분류하고 분석하는 고유 모델을 개발하고 싶다면, 맞춤형 모델을 자체적으로 구축하는 것이 더 효과적일 수 있습니다.

실제로 오픈AI의 GPT처럼 API로 제공되는 사전 학습된 모델을 활용하면, 기업은 오랜 개발 기간 없이도 고급 자연어 이해 기능을 빠르게 자사 프로덕트에 통합할 수 있습니다. 이처럼 사전 학습된 모델을 활용하면 시장 진입 속도를 크게 높일 수 있음을 보여줍니다. 반면, 테슬라의 오토파일럿 자율주행 기능은 AI를 자체 개발할 때의 장점과 위험을 모두 보여주는 사례입니다. 이를 통해 테슬라는 빠른 속도로 혁신을 이뤘지만, 자율주행 같은 중요한 분야에서는 위험 관리가 필요한 사례가 많이 발생했습니다.

만약 자체 AI 개발을 추진하기로 결정했다면, 우선 데이터와 모델에 대한 전략을 잘 수립하는 것이 중요합니다. 이제 이에 대해 살펴보겠습니다.

5.3 데이터 전략: 모델 구축과 적응

2장에서 배운 것처럼, 데이터는 AI의 핵심입니다. 하지만 실제 프로덕트와 사용 사례에 따라, 고품질의 레이블링된 실제 데이터를 확보하는 것이 쉽지 않은 경우가 많습니다. 이런 경우에는, 실제 시나리오를 시뮬레이션하여 인공적으로 생성된 **합성 데이터**를 사용하는 것이 현실적인 대안이 됩니다. 또한, 어떤 알고리즘과 학습 방법을 선택할지뿐만 아니라, 이 모델을 어떻게 프로덕트의 특성에 맞도록 적응시킬지도 매우 중요한 결정 요소입니다. 이 부분에서는 이러한 데이터 관련 결정을 함께 다루고자 합니다.

5.3.1 합성 데이터와 실제 데이터

합성 데이터는 상황에 따라 매우 강력한 도구지만 만능 해결책은 아닙니다. 조종사가 실제 비행 전에 다양한 상황을 미리 연습하는 비행 시뮬레이터를 떠올려 보시기 바랍니다. 실제 비행기에 오르기 전, 조종사들은 실제 세계에서 마주칠 수 있는 상황을 재현한 시뮬레이터에서 수많은 시간을 보냅니다. 같은 원리가 AI에도 적용됩니다.

실제로 저는 합성 데이터가 의료 분야에서 큰 효과를 내는 것을 여러 번 보았습니다. 저는 박사 과정에서 인플루엔자 감염이 언제 진정될지 예측하기 위해 합성 데이터를 처음 만들어본 경험이 있습니다(`https://oreil.ly/09HiZ`). 최근에는 신테그라Syntegra(`https://oreil.ly/oazJT`) 같은 기업이 매우 사실적인, 하지만 실제 환자 정보와는 무관한 의료 기록과 이미지를 생성해, AI가 개인정보 침해 없이 학습할 수 있도록 돕고 있습니다. 자율주행차 분야에서도 합성 데이터가 활발히 활용되고 있는데, 예를 들어 웨이모Waymo의 시뮬레이션시티(`https://oreil.ly/i6t33`)는 수백만 가지의 가상 상황을 만들어 차량을 테스트할 수 있게 해 줍니다. 현실에서 모든 도로 상황을 직접 경험하는 것보다 훨씬 안전하고 효율적입니다.

하지만 합성 데이터에는 한계도 있습니다. 예를 들어 이커머스 사이트의 추천 시스템을 만들 때는 실제 이용자 행동 데이터만큼 효과적인 것은 없습니다. 합성 데이터로 쇼핑 패턴을 아무리 많이 만들어도, 실제 사용자가 어떤 방식으로 탐색하고 비교하며 구매 결정을 내리는지와 같은 미묘한 차이를 반영하기는 어렵습니다. 자연어 처리영역도 마찬가지입니다. 합성 대화는 실제 사람이 서로 소통할 때 보이는 복잡하고 풍부한 뉘앙스를 담아내기는 힘든 것이 현실입니다.

어떤 유형의 데이터를 언제 활용해야 할지 아는 것이 핵심입니다. 다양한 AI 프로덕트를 다루면서 얻은 경험을 바탕으로 정리하면 다음과 같습니다.

- **합성 데이터를 사용하면 좋은 경우**
    - 민감한 정보(ⓔ 의료, 금융 서비스 분야)를 다룰 때
    - 드물지만 중요한 시나리오(ⓔ 자율주행 자동차 사고)를 테스트해야 할 때
    - 초기 개발 단계에서 빠르게 진행할 때
    - 실제 데이터 수집은 비용이 높을 때
- **실제 데이터를 사용하면 좋은 경우**
    - 사용자 행동과 선호도가 프로덕트의 핵심인 때
    - 문화적 또는 맥락적 뉘앙스까지 반영할 때
    - 사용자에게 직접적인 영향을 미치는 중요한 결정을 내릴 때

상황에 따라서는 하이브리드 방식을 선택하는 것이 가장 좋기도 합니다. 예를 들어 처음에는 합성 데이터로 모델을 작동시킨 뒤, 실제 데이터가 충분히 확보되면 점진적으로 실제 데이터를 추가하는 방식이 있습니다. 테슬라가 대표적인 사례(https://oreil.ly/9jDIb)로, 합성 시나리오와 실제 도로 주행 데이터를 모두 활용해 자율주행 시스템을 학습시키고 있습니다.

합성 데이터를 잘 만드는 것도 일종의 기술입니다. 합성 데이터는 실제 데이터와 비슷한 통계적 특성을 유지해야 하며, 동시에 모델에 편향을 줄 수 있는 우연한 패턴이 생성되지 않도록 신경 써야 합니다. 합성 데이터가 실제 샘플과 잘 맞는지 최대한 검증해야 하며, 실제 환경에서 모델 성능이 일관되게 유지되는지 지속적으로 확인해야 합니다.

5.3.2 파인튜닝, RAG, 그라운딩

파인튜닝 fine-tuning, 검색 증강 생성 retrieval-augmented generation (RAG), 그라운딩 grounding은 다양한 학습 기술과 밀접하게 연관되어 있습니다. 어떤 방식을 선택하느냐에 따라 AI 모델의 기능, 기존 데이터와의 연계, 그리고 사용자 경험의 향상 방식이 달라집니다. 지연 시간, 데이터 가용성, 정확도 요구사항, 확장성 등 다양한 요소

를 고려해야 합니다. 이제부터 각각의 방식에 대해 실제 프로덕트 사례와 함께 설명하겠습니다.

| 파인튜닝 |

파인튜닝이란 이미 사전 학습된 모델을 가져와 특정 데이터셋으로 추가 학습시키는 방법입니다. 새로운 데이터에 맞춰 모델이 특정 작업이나 도메인에 더 특화될 필요가 있을 때 가장 유용합니다. 즉, 모델의 정확성이 매우 중요하고, 해결해야 하는 문제가 명확하게 정의된 경우에 적합합니다. 다만, 파인튜닝은 상당한 양의 레이블링된 데이터와 많은 컴퓨팅 파워가 필요해 자원이 많이 소모됩니다.

예를 들어 페이스북과 같은 소셜미디어 서비스에서 사용하는 콘텐츠 조정 도구는 혐오 발언이나 부적절한 콘텐츠를 감지하기 위해 파인튜닝된 모델을 사용합니다. 이처럼 높은 정확성과 오류 최소화가 중요한 상황에서는 파인튜닝에 투입하는 투자가 충분히 정당화될 수 있습니다. 또 다른 예로, 오디오 스트리밍 서비스의 경우 사용자별 청취 데이터를 활용해 맞춤형 추천 시스템을 고도화하는 데 파인튜닝을 적용할 수 있습니다. 이렇게 하면 각 사용자가 좋아할 곡을 더욱 정확하게 예측할 수 있습니다.

| RAG |

RAG는 생성형 모델에 검색 메커니즘을 결합해, 방대한 정보 원천에서 필요한 데이터를 동적으로 찾아와 활용하는 방법입니다. 모델 전체를 다시 학습시키지 않고도, 항상 최신의 정보를 실시간으로 제공할 수 있다는 점이 장점입니다. 이 방식은 모델이 자체 파라미터로 내장하지 않은 특정 정보를 동적으로 찾아야 하는 정보 중심 업무, 즉 변화가 잦고 정보가 풍부한 환경에서 특히 유용합니다.

RAG는 예를 들어 뉴스나 시장 동향처럼 정보가 자주 바뀌는 경우에 효과적입니다. 앞서 살펴본 음악 스트리밍 서비스의 예시를 들면, RAG를 활용해 최신 소셜미디어 트렌드나 아티스트 관련 뉴스를 분석하고, 이에 맞는 음악이나 팟캐스트를 추천할 수 있습니다. 예를 들어 특정 곡이 틱톡에서 갑자기 인기를 끌었을 때, RAG는 주기적인 업데이트로 이런 정보를 빠르게 반영할 수 있습니다.

| 그라운딩 |

그라운딩은 주로 프롬프트 엔지니어링과 같이 기존의 맥락을 활용해, 기본 모델의 행동을 유도하는 방식입니다. 모델의 응답이나 예측에 영향을 주기 위한 추가 지시사항이나 맥락을 부여하는, 비교적 가벼운 접근 방식입니다. 실제로 모델의 구조를 다시 학습하지 않아도 되기 때문에, 빠른 반복이 필요하거나 모델을 조금만 수정해도 원하는 목적을 이룰 수 있을 때 활용도가 높습니다.

이 방식은 파인튜닝보다 훨씬 적은 리소스로도 가능하며, 대규모 데이터셋이 필요하지 않습니다. 예를 들어 전자상거래 플랫폼에서 사용하는 고객 지원 챗봇의 경우, 프롬프트를 통해 모델에게 특정한 어조를 유지하게 하거나, 필요한 정보에 집중하도록 하거나, 미리 정의된 대화 흐름을 따르도록 유도할 수 있습니다. 이런 방식은 신제품 실험 단계에서 전체 모델을 재학습하지 않고도 빠르게 변경해야 하는 경우에 매우 효과적입니다.

| 파인튜닝, RAG, 그라운딩에 대한 의사결정 프레임워크 |

어떤 방법이 적합할지 결정할 때는, 지연 시간, 데이터 요구사항, 정확도 필요성, 확장성 등 다양한 요소를 고려해야 합니다. 이에 대한 비교와 판단을 돕기 위해 [표 5-2]를 참고하시면 도움이 됩니다.

표 5-2 파인튜닝, RAG, 그라운딩에 대한 고려 사항

요소	파인튜닝	RAG	그라운딩
지연 시간	심층 분석이 필요하여 초기 지연 시간이 높음	빠른 검색 기능으로 최적화 가능	기존 맥락을 활용하여 지연 시간 낮음
데이터 요구사항	대규모 레이블링된 데이터셋 필요	검색을 위한 대규모 정보 텍스트 필요	새로운 데이터 요구 최소화, 맥락에 의존
정확성	높음. 정밀도가 중요한 작업에 이상적	가변적. 검색된 데이터 품질에 따라 달라짐	보통 수준. 맥락적 관련성 향상
확장성	리소스 사용량 많음	데이터 텍스트 크기에 따라 확장	사전 학습된 모델과 함께 쉽게 확장 가능

5.4 프로덕트 리뷰: 리더십의 지지 얻기

프로덕트 리뷰는 프로덕트 팀이 리더십의 동의를 얻고, 방향성 일치를 확인하며, 진행 상황을 평가하고, 전략적인 의사결정을 내릴 수 있도록 돕는 중요한 체크포인트입니다. 이 과정에서 이해관계자와 소통하고, 다양한 대안과 트레이드오프를 공유하며, 실질적인 피드백을 받을 수 있습니다.

AI 프로덕트를 개발하는 과정에서도 AI PM은 프로덕트 리뷰를 주도적으로 진행해야 하는 경우가 많습니다. 이때에는 현재까지의 진척 상황을 공유하고, 필요한 의견을 수렴하며, 중요한 의사결정을 내리는 역할을 하게 됩니다. 이러한 리뷰는 일반적으로 프로덕트 및 엔지니어링 리더십으로 구성된 운영 위원회 steering committee 에서 진행합니다. 필수 사항은 아니지만, 발표자 또는 PM은 특정 기능의 출시로 영향을 받을 수 있는 모든 협업 파트너를 프로덕트 리뷰에 초대하는 것이 좋습니다.

프로덕트 리뷰에는 여러 종류가 있으며, 각 유형의 주요 내용을 [표 5-3]에 정리해 두었습니다.

표 5-3 주요 프로덕트 리뷰 형식과 목적

리뷰 유형	주요 목표	핵심 요소	기대 결과
의사 결정 리뷰	진행 여부 결정, 전략적 방향성 설정	명확한 옵션과 각각의 장단점, 트레이드오프, 근거 제시	구체적인 의사결정 및 후속 조치/다음 단계 도출
토의형 리뷰	아이디어 브레인스토밍, 초기 단계에서의 피드백 수렴	다양한 의견을 장려, 연구 결과나 초기 인사이트에 초점	피드백 수집 및 프로덕트 방향성 구체화
조율 리뷰	비전, 목표, 일정에 대한 부서 간 조율	비전과 주요 마일스톤 공유, 혹시 모를 이견이나 불일치 사항 도출	조직 전체의 조율 및 명확한 후속 단계 공유
상태 업데이트	진행 상황 발표, 마일스톤 공유, 문제점 및 도전 과제 공개	주요 지표(KPI) 발표, 장애물 및 리스크 요인 투명하게 전달	이해관계자가 현황을 명확히 인지하고, 진행 상황에 맞춰 조율

다음은 효과적인 프로덕트 리뷰를 위한 체크리스트입니다.

- **리뷰 전 준비사항**
  - ☑ KPI, 마일스톤, 사용자 리서치, 시장 분석 등 모든 관련 정보와 주요 데이터를 취합하셨나요? 프로덕트의 현재 상태를 일목요연하게 보여줄 수 있도록 준비해야 합니다.
  - ☑ 적절한 유관부서 협업 파트너를 모두 초대하셨나요?
  - ☑ 참석자가 사전에 내용을 검토하고 준비된 상태로 참석할 수 있도록, 프로덕트 요구사항 문서나 발표 자료를 미리 공유하셨나요?

- **리뷰 회의**
  - ☑ 이번 리뷰에서 달성하고자 하는 목표가 명확한가요? 프로젝트 진행 여부 결정인지, 자원 할당에 관한 것인지, 전략에 대한 합의인지 등 구체적인 목표가 있어야 합니다. 모든 참석자가 이번 리뷰의 목적을 정확히 이해하고 있나요?
  - ☑ 주요 이해관계자들의 의견을 골고루 수렴하는 협력적인 토론을 유도하면서도, 대화가 리뷰의 핵심 목표에서 벗어나지 않도록 진행하고 있나요?
  - ☑ 다양한 의사결정에 대한 리스크, 비용, 이점, 잠재적 영향 등을 포함한 트레이드오프를 명확하게 제시하셨나요?

- **리뷰 회의 후**
  - ☑ 모든 참석자에게 주요 결정사항, 다음 단계, 그리고 액션 아이템의 명확한 담당자가 포함된 요약본을 전달하셨나요?
  - ☑ 합의된 조치사항의 진행 상황을 모니터링할 계획이 있나요? (예 후속 리뷰 일정 수립, PRD에 특정 절 추가, 추가 데이터 수집 등)

5.5 결론

이번 장에서는 AI 프로덕트 전략 수립에 있어 중요한 요소를 다루었습니다. AI를 프로덕트 전략에 도입하는 것은 단순히 트렌드를 따르는 것이 아니라, 회사의 목표와 사용자 요구에 부합하는 구체적인 문제를 해결하는 과정입니다. AI 전략을 수립할 때에는 자체 모델 개발과 외부 솔루션 도입 중 어떤 방식을 선택할지, 혁신가의 딜레마를 어떻게 극복할지, 다양한 트레이드오프를 어떻게 이해하고 조율할지 등 여러 가지를 신중하게 고려해야 합니다.

CHAPTER 6
목표 설정과 성공 측정

AI 프로덕트의 성공을 정의하고 측정하는 일은 예상보다 훨씬 복잡할 수 있습니다. 단일 지표만으로는 AI 프로덕트의 전반적인 영향력을 온전히 평가할 수 없습니다. 다양한 지표가 서로 보완적으로 작동해 프로덕트의 건전성을 입체적으로 보여줄 때, 비로소 성공에 대한 온전한 이해가 가능해집니다.

프로덕트나 새로운 기능의 출시 여부를 결정할 때는, 이러한 여러 지표를 전략적으로 고려하는 것이 매우 중요합니다. 모든 상황에 딱 맞는 정답은 없다는 점을 명심해야 합니다. 어떤 지표가 적합한지는 프로덕트의 특성, 주요 사용자, 그리고 해결하고자 하는 문제의 성격에 따라 달라질 수 있습니다.

AI 기능의 성능을 제대로 파악하고자 할 때, 단 하나의 지표에만 의존해서는 안 됩니다. 여러 가지 지표를 동시에 살펴봐야 진정한 인사이트를 얻을 수 있습니다. 저는 **AI 프로덕트 지표의 블렌딩**이라고 부릅니다(그림 6-1). 각 지표는 프로덕트의 측면을 나타내며, 여러 지표를 조합해 종합적으로 분석하면 AI 기능의 실제 성능과 전반적인 영향력을 보다 정확하게 파악할 수 있습니다.

성공적인 AI 프로덕트는 세 가지 핵심 요소로 구성됩니다. 바로 프로덕트 상태 지표, 시스템 상태 지표, 그리고 AI 프록시^{proxy} 지표입니다. 이번 장에서는 AI 프로덕트의 성공을 평가하는 탄탄한 기반을 쌓기 위해 각 요소를 자세히 살펴본 후, 적절한 OKR을 수립하는 데 도움이 될 프레임워크를 제시합니다.

그림 6-1 프로덕트 지표 블렌딩

6.1 프로덕트 상태 지표

프로덕트 상태 지표란 사용자의 참여도, 유지율, 만족도 같이 AI PM이 직접적으로 관리해야 하는 주요 지표입니다. 이러한 지표는 프로덕트를 모니터링하고 최적화하는 데 핵심적인 역할을 합니다.

좀 더 실무적인 맥락에서 이해를 돕기 위해, 예시를 들어보겠습니다. 예를 들어 여러분이 (가상의) AI 기반 피트니스 앱 'FitAI'의 PM이라고 가정해 보겠습니다. 이 앱은 피트니스에 관심이 많은 사용자의 필수 솔루션이 되겠다는 목표가 있습니다. 여러분은 다양한 프로덕트 상태 지표를 체계적으로 모니터링하고 최적화하는 임무를 갖고 있습니다.

> **노트** 프로덕트 상태 지표와 시스템 상태 지표, AI 프록시 지표는 실제 PM이 자주 접할 수 있는 주요 지표들입니다. 다만, 이 지표가 모두를 아우르는 지표는 아닙니다.

- **참여도**

  참여도는 사용자가 AI 프로덕트와 얼마나 적극적으로 상호작용하는지를 보여주는 지표입니다. 사용 빈도, 세션 지속 시간, 세션당 상호작용 횟수 등이 대표적인 예입니다. 특히 AI 프로덕트에서는 추천이나 인사이트 등 AI 기반 기능을 사용자가 얼마나 자주 활용하는지가 중요한 관점이 됩니다.

  예를 들어 사용자가 매일 아침 FitAI 앱을 열어 개인화된 AI 운동 계획을 확인하고, 운동 기록을 남기며, 성취를 친구와 공유하고 있다고 생각해 보겠습니다. 이렇게 꾸준히 앱을 사용하는 모습은 FitAI가 사용자에게 명확한 가치를 제공하고 있다는 의미입니다. 사용 빈도, 방문의 꾸준함, 앱에서 보낸 시간 등을 측정함으로써 이러한 참여도를 점검할 수 있습니다. 가령, 일일 운동 성과에 따라 운동 강도를 조절할 수 있는 새로운 기능을 도입했을 때, 참여도가 올라간다면 해당 기능이 사용자에게 긍정적으로 받아들여졌다는 신호로 볼 수 있고, 오히려 하락한다면 개선이 필요하다는 의미가 될 수 있습니다.

- **사용자 만족도**

  참여도 못지않게 중요한 것이 바로 사용자 만족도입니다. 이는 사용자가 AI 프로덕트에 대해 얼마나 만족하고 있는지를 보여주는 정성적 지표입니다. 만족도가 높을수록 사용자는 더 오래 서비스를 이용하거나 주변에 추천하는 경향이 강해집니다. 설문조사, 피드백 폼, 순고객추천지수 (NPS)^{net promoter score}(https://oreil.ly/E7dFZ) 등 다양한 방법으로 측정이 가능합니다. 특히 AI 프로덕트에서는 사용자가 AI가 제공하는 결과에 얼마나 신뢰와 만족을 느끼는지도 중요한 척도가 됩니다. 기대에 부합하는 결과를 제시하고, 사용자 경험을 실질적으로 개선하는지도 큰 영향을 미칩니다.

  FitAI의 상황을 예로 들면, 설문조사를 통해 사용자가 개인화된 운동 계획과 진행 상황을 점검하는 기능에는 매우 만족하고 있지만, 앱의 인터페이스가 다소 불편하다는 피드백을 받을 수 있습니다. 이러한 피드백을 통해 어떤 부분의 개선이 사용자 만족도를 더욱 높일 수 있는지에 대한 명확한 방향성을 세울 수 있습니다.

- **채택률**

  채택률은 새로운 사용자가 AI 프로덕트를 사용하는 비율을 나타내는 지표입니다. 높은 채택률은 시장에서 프로덕트의 인기가 높아지고 있다는 신호입니다. 회원가입 추이나 사용자 유입 경로를 분석하면 어떤 마케팅 활동이나 구전 효과가 채택에 긍정적인 영향을 주는지 파악할 수 있습니다.

  예를 들어 FitAI가 보스턴 셀틱스와 같은 유명 스포츠 팀과의 협업 이후 신규 사용자가 급격히 증가한다면, 이는 해당 협업이 프로덕트 성장에 크게 기여했다는 것을 의미합니다. 이런 성공 사례를 바탕으로 향후에도 다양한 협업을 추진하여 성장을 이어갈 수 있습니다.

- **전환율**

  전환율은 궁극적 목표 달성도를 측정하는 지표입니다. 예를 들어 영업 챗봇과 에이전트는 실제 거래 성사, 기부 요청 챗봇은 상호작용 이후 얼마나 많은 기부가 이루어졌는지를 기준으로 평가할 수 있습니다.

- **유지율**

  유지율은 시간이 지난 후에도 사용자가 AI 프로덕트를 계속해서 사용하는 비율을 의미합니다. 이 지표는 프로덕트의 지속적인 가치를 검증하는 데 중요합니다. FitAI의 경우, 사용자가 앱을 다운로드할 뿐만 아니라 실제로 자신의 피트니스 목표 달성을 위해 꾸준히 앱을 사용할 때 유지율로 집계할 수 있습니다.

  가령, AI가 추천한 첫 운동을 완료한 사용자는 그렇지 않은 사용자보다 50% 더 장기간 앱을 계속 사용하는 경향이 있다고 가정해 보겠습니다. 이런 인사이트는 신규 사용자가 첫 경험을 원활하게 할 수 있도록 초기 사용 흐름에 더 집중하거나, 게임화된 보상 등의 기능을 도입해 유지율을 높일 전략 수립에 도움이 됩니다.

  한편, 이탈률 측정 역시 중요합니다. 이탈률은 유지율과 반대 개념으로, 사용자가 서비스 이용을 중단하는 비율입니다. 이탈 원인을 분석하면 프로덕트 개선 방향에 대한 실질적인 정보를 얻을 수 있습니다. 예를 들어 한 달 후 AI 운동 플랜이 지나치게 반복적이라는 이유로 대거 이탈하는 사례가 발견된다면, 맞춤형 운동 옵션 도입 등 변화가 필요함을 시사합니다. 사용자가 떠나는 이유까지 꼼꼼히 파악하는 것이 사용자 유지 못지않게 중요합니다.

- **재무 지표**

  수익, ROI와 같은 재무적 지표는 프로덕트가 가져다주는 경제적 영향을 측정하는 데 사용됩니다. FitAI의 경우, 구독 및 앱 내 결제 수익과 운영 비용을 비교 분석함으로써 향후 투자 결정에 참고할 수 있습니다.

AI PM은 이러한 프로덕트 상태 지표를 지속적으로 모니터링하고 분석해야 하며, 최적화 전략을 마련하는 것이 업무의 핵심입니다. 이는 개발 팀과 협력하여 기술적 문제를 해결하거나, 마케팅 전략을 조정해 채택률과 유지율을 높이는 등의 다양한 활동을 포함합니다. 이제 프로덕트가 내부적으로 어떻게 작동하는지 이해하기 위해 시스템 상태 지표에 대해 살펴보겠습니다.

6.2 시스템 상태 지표

AI PM의 주요 관심사는 프로덕트 상태 지표일 수 있지만, 시스템 상태 지표를 파악하는 것도 필요합니다. 시스템 상태 지표는 프로덕트가 기술적 수준에서 어떻게 작동하는지 보여주며, 확장성, 신뢰성, 전반적 성능 측면에서의 인사이트를 제공합니다. 대표적으로 다음과 같은 항목이 포함됩니다.

- **가동 시간 및 지연 시간**
  가동 시간은 시스템이 사용자에게 얼마나 지속적으로 서비스를 제공하는지, 지연 시간은 시스템의 응답 시간을 의미합니다. 가동 시간이 높고 지연 시간이 짧을수록 사용자의 신뢰를 높일 수 있습니다. FitAI의 경우, 앱을 통해 맞춤형 운동 정보를 전달할 때, 가동 시간을 최대화하고 지연 시간을 최소화함으로써, 원활하게 서비스를 제공합니다.

- **확장성**
  사용자 수가 증가할수록 시스템의 확장성이 중요해집니다. 트래픽이 몰리는 시기에 부하 테스트와 자원 사용량을 면밀히 모니터링함으로써, 많은 사용자가 동시에 서비스를 이용할 때에도 AI 시스템이 정상적으로 작동할 수 있도록 대비해야 합니다.

- **오류율**
  오류율은 시스템에서 발생하는 오류 빈도를 측정하는 지표입니다. 오류율이 높아지면 사용자의 불만과 이탈로 이어질 수 있습니다. 예를 들어 FitAI에서 새로운 기능 출시 이후 오류가 갑자기 증가한다면, 신속히 원인을 파악하고 버그를 수정하는 것이 매우 중요합니다.

시스템의 안정적인 상태를 유지하려면 정기적인 모니터링과 점검이 필수적입니다. 주요 지표에 대한 자동 알림 시스템을 구축하고, 주기적으로 스트레스 테스트를 실시하는 것이 좋습니다. 또한, 문제가 발생했을 때 신속하게 대응할 수 있도록 사고 대응 계획을 마련해 두는 것도 필요합니다.

이처럼 시스템의 상태를 잘 관리했다면, 이제는 AI 모델 성능에 직접 영향을 미치는 프록시proxy 지표에 집중할 차례입니다.

6.3 AI 프록시 지표

시스템 상태 지표와 마찬가지로, AI PM은 AI 프록시 지표를 직접 관리하지 않을 수도 있습니다. 그럼에도 불구하고, 이러한 지표에 변화가 생기면 사용자의 실제 이용 패턴에도 영향을 미친다는 점을 인지해야 합니다. AI 프록시 지표는 전략적인 의사결정이나 프로덕트 내 모델의 효과성을 평가할 때 중요한 기준이 됩니다. 프록시 지표는 프로덕트에 사용되는 기본 모델의 무결성에 초점을 맞춥니다.

특히 머신러닝 분야에서는 프록시 지표를 통해 모델의 정확도를 확인할 수 있습니다. **프록시**라는 이름은 모델의 성능을 측정하지만, 프로덕트나 기능의 궁극적인 목표와는 다르다는 것을 나타냅니다. 몇 가지 예를 들어보겠습니다.

6.3.1 모델 품질 지표

모델 품질은 학습된 모델이 새로운 데이터에 대해 얼마나 정확하게 예측하거나 판단을 내릴 수 있는지를 의미합니다. 일반적으로 다양한 성능 지표를 활용하여 모델의 예측 결과가 실제 결과와 얼마나 일치하는지를 평가합니다.

AI PM에게 모델 품질에 대한 이해는 매우 중요합니다. 이는 AI 프로덕트의 신뢰성, 효율성, 영향력에 큰 영향을 미치기 때문입니다. 예를 들어 의료 분야의 AI 진단 시스템에서 정밀도가 높다면 모델이 실제로 질병이 있는 사례를 정확하게 잡아내고 있다는 의미이고, 재현율이 높다면 놓치는 케이스 없이 가능한 많이 잡아내고 있다는 뜻입니다. 반대로, 모델 품질이 낮을 경우 잘못된 진단으로 이어져 이는 환자에게 해를 끼치고 의료 제공자의 신뢰도에 타격이 될 수 있습니다.

따라서 AI PM은 AI 프로덕트를 효과적으로 관리하기 위해 이러한 지표를 사용하여 모델 성능을 비판적으로 평가해야 합니다. 이는 각 지표가 구체적으로 무엇을 의미하는지 이해하고, 다양한 최적화 전략을 통해 각 지표를 개선해야 합니다.

이 책에서 전반적으로 다뤄온 AIPDL 프로세스는 원래 반복적인 구조입니다. 실제 운영 환경에 모델을 배포한 후에는 새로운 사용자 데이터가 쌓임에 따라 모델 학습과 검증 단계를 여러 번 반복하게 됩니다. 그리고 현재 운영 중인 모델과 새롭게 개발하는 모델의 성능을 비교하면서 실질적으로 개선된 결과가 나올 때에만 업데이트하는 것이 일반적입니다.

이제, 가장 많이 사용하는 모델 품질 지표 몇 가지를 이메일 스팸 분류 시스템을 예로 들어 설명하겠습니다.

- **정확도**

    이메일 분류 기능의 정확도 accuracy는, 전체 분류 결과 중에서 실제로 올바르게 스팸 또는 일반 메일로 판단한 비율을 뜻합니다. 이를 테스트처럼 생각해 보면, 분류된 모든 이메일 중에서 알고리즘이 스팸 또는 비스팸으로 정확하게 식별한 것은 몇 개인가요?

- **정밀도**

    정밀도 precision는 모델이 스팸으로 예측한 것 중 실제로 스팸이었던 비율입니다. 즉, 모델이 '스팸'이라고 판단한 이메일 중 실제로도 스팸이 어느 정도 포함되어 있는지를 의미합니다. 정밀도가 높을수록 잘못된 경고 false positive가 적다는 뜻입니다. 즉, 제1종 오류가 적다는 의미입니다.

- **민감도**

    민감도 sensitivity는 모델이 모든 양성 사례를 얼마나 잘 찾아내는지를 측정하는 지표입니다. 스팸 이메일 분류 예시로 설명해 보면, 민감도는 받은 편지함에 있는 모든 스팸 이메일을 알고리즘이 얼마나 잘 검출하는지를 보여줍니다. 민감도가 높다는 것은 놓치는 경우(실제로는 스팸인데 스팸이 아니라고 분류), 즉 2종 오류가 적다는 의미입니다.

- **재현율**

    재현율 recall[9]은 모델이 관련된 모든 양성 사례를 올바르게 찾아내는 능력을 나타냅니다. 다시 스팸 예시로 설명하면, 실제 스팸 메일 중에서 알고리즘이 스팸으로 정확하게 분류한 비율이 재현율입니다. 재현율이 높다는 것은 모델이 대부분의 스팸을 놓치지 않고 제대로 잡아낸다는 의미입니다.

    예를 들어 받은 편지함에 진짜 스팸 메일이 100개 있는데, 그중 80개를 올바르게 스팸으로 분류했다면, 나머지 20개는 스팸이지만 일반 메일로 오분류한 경우가 됩니다. 이때, 총 스팸 중 80%를 정확하게 찾아냈으므로, 재현율은 80%가 됩니다.

- **ROC 곡선**

    ROC 곡선 receiver operating characteristic curve은 모델의 진짜 양성 비율 true positive rate과 거짓 양성 비율 false positive rate 사이의 균형을 여러 임계값별로 시각화한 그래프입니다. 스팸 필터링 예시로 설명하자면, 이 곡선을 통해 서로 다른 임계값에서 모델이 스팸과 일반 메일을 얼마나 잘 구분하는지 확인할 수 있습니다. ROC 곡선이 왼쪽 위 모서리에 가까울수록 분류 성능이 우수하다는 의미입니다.

---

9 옮긴이_ 원서에서는 민감도(Sensitivity)와 재현율(Recall)을 구분 지어서 표기하였으나, 개념과 계산방식은 동일하며 정보 검색 분야에서는 민감도를 재현율이라고 부릅니다(https://en.wikipedia.org/wiki/Sensitivity_and_specificity#Terminology_in_information_retrieval).

6.3.2 목적 함수

목적 함수는 머신러닝 모델 학습 과정에서 모델의 성능을 평가하기 위해 사용하는 프록시 지표입니다. 이는 모델의 예측 결과가 실제 값과 얼마나 일치하는지를 측정하여 학습 방향을 잡아줍니다.

가장 많이 사용되는 목적 함수는 손실 함수로, 이는 예측값과 실제값의 차이를 수치로 계산합니다. 손실 값을 줄이는 것이 곧 모델의 정확도를 높이는 것과 같습니다. 대표적인 **손실 함수**로 **평균 제곱 오차**mean square error **(MSE)** 가 있는데, 이는 **회귀 작업**regression task 에서 자주 사용됩니다. 예를 들어 특정 상품의 수요를 예측하는 상황에서, 가격이나 혜택 등 여러 요소를 바탕으로 수요를 예측할 때 회귀 모델과 손실 함수를 사용합니다.

MSE는 예측값과 실제값 사이의 차이를 제곱한 값들의 평균을 낸 값입니다. 예를 들어 인기 있는 소매점에서 새로운 AI 프로덕트의 주간 판매량을 예측하는 임무를 맡았다고 상상해 보겠습니다. 정확한 판매 예측은 재고를 효과적으로 관리하여 과잉 재고와 품절로 인한 손실을 줄이는 데 도움이 됩니다. 1주차 판매량을 100개로 예측했지만 실제 판매는 50개였다면, 이 경우 오차는 50개입니다. 각 주는 '손실'을 나타냅니다. 오차가 클수록 손실도 커집니다.

이것이 여러 주에 걸쳐 발생한다고 상상해 보겠습니다. 매주 오차가 다르며, 더 큰 오차가 있는 주에 더 큰 페널티를 주기 위해 오차를 제곱한 뒤 평균값을 구합니다. 이렇게 손실 함수는 모델 예측이 실제에 얼마나 가까운지 수치로 보여줍니다. 모델의 손실 함수를 최소화할 수 있도록 알고리즘을 개선해 나가는 것이 시스템 성능 향상의 핵심입니다.

기능이나 프로덕트를 출시할 때에는 사용자의 구체적인 불편함이나 문제를 해결하는 것이 궁극적인 목표입니다. 단순히 머신러닝 모델만 준비하는 것으로는 충분하지 않습니다. PM으로서 여러분은 머신러닝 모델이 프로덕트 경험에 자연스럽게 녹아 들어, 실제로 사용자가 기술의 혜택을 체감할 수 있도록 해야 합니다. 예를 들어 스포티파이의 추천 위젯은 새로운 곡을 추천해 플레이리스트를 풍성하게 하고, 틴더의 스마트 매칭은 공통된 취미를 기준으로 사용자를 연결해 줍니다.

이처럼 모델을 실제 사용자 경험과 유기적으로 결합할 때, AI 기술의 진정한 잠재력을 실현할 수 있습니다. 그리고 앞서 설명한 다양한 지표를 모두 종합적으로 고려하여, AI 기능의 성공 여부를 제대로 판단할 수 있습니다.

6.3.3 혼동 행렬

혼동 행렬confusion matrix은 모델의 성능을 평가하는 데 매우 유용한 도구입니다. 실제 값과 예측 값을 기반으로 표 형태로 정리하여, 분류 알고리즘의 예측 결과를 한눈에 보여줍니다. 주로 이진 분류(두 가지 결과 값이 있는 문제)에 많이 사용됩니다. [표 6-1]은 혼동 행렬에서 실제 값과 모델에 의해 예측된 값을 비교하는 4가지 유형을 설명한 것입니다.

표 6-1 이메일 분류 예시에 대한 혼동 행렬의 4 가지 요소 설명

유형	정의
진짜 양성	실제로도 스팸인 메일을 스팸으로 올바르게 예측한 경우
진짜 음성	실제로도 일반 메일인 것을 정상 메일로 올바르게 예측한 경우
가짜 양성	일반 메일을 잘못 스팸으로 예측한 경우
가짜 음성	스팸 메일을 잘못 일반 메일로 예측한 경우

이는 [그림 6-2]와 같이 받은 편지함에서 스팸과 일반 메일을 구분하는 기능에 적용될 수 있습니다.

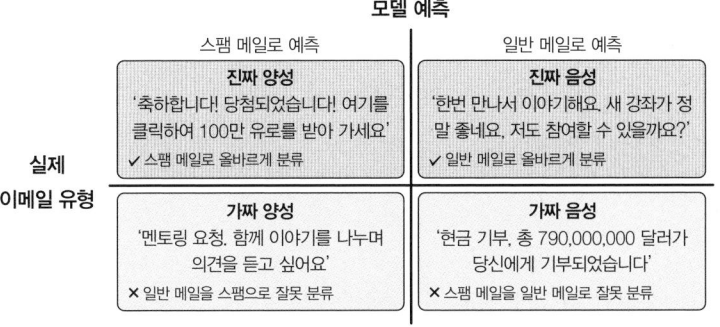

그림 6-2 AI가 이메일을 스팸 또는 일반 메일로 분류할 때 발생할 수 있는 네 가지 결과의 시각적 표현

[그림 6-3]은 실제 값과 모델이 예측한 값이 어떻게 사용자 경험으로 이어지는지 시각적으로 보여줍니다.

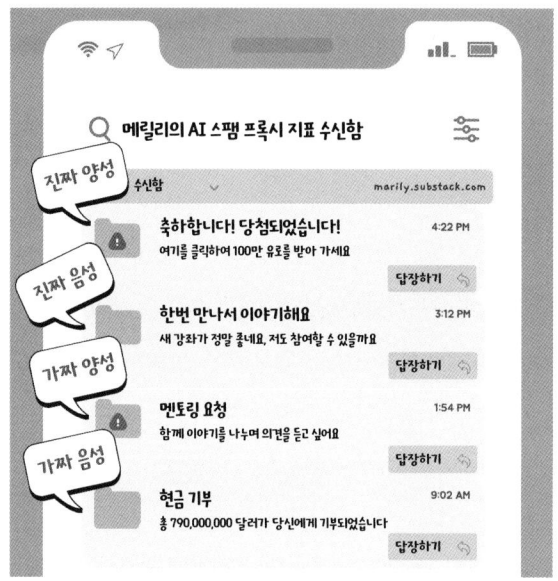

그림 6-3 AI 프록시 메트릭스 받은 편지함

6.4 AI 프로덕트를 위한 OKR

지금까지 다양한 지표에 대해 살펴보았으니, 이제 이러한 지표가 어떻게 구체적인 OKR로 이어질 수 있는지 논의할 시점입니다. 핵심은 프로덕트 상태 지표, 시스템 상태 지표, AI 프록시 지표라는 세 가지 카테고리를 균형 있게 다루는 것입니다. 잘 구성된 OKR 프레임워크는 프로덕트가 전달하는 본질적 가치를 나타내는 북극성 지표(핵심 지표)를 중심에 두고, 다양한 측면의 성능을 파악할 수 있는 보조 지표를 함께 설정해야 합니다.

이 장의 남은 부분에서는 AI 프로덕트의 성공을 이끌어내는 데 효과적인 OKR을 수립하는 방법을 구체적으로 다룰 예정입니다. 또한 목표 설정이 실제로 사용자 중심적이고 도전적인 방향으로 제시될 수 있도록 하고, 진행 상황을 측정할 수 있는 핵심 결과를 어떻게 정의할 수 있는지도 살펴보겠습니다.

6.4.1 지표와 목표의 연결

명확하게 정의된 목표들은 모든 AI 프로덕트의 성공에 필수적인 요건입니다. 앞서 설명한 AI 프로덕트 지표 블렌드를 잘 이해하고 활용하면, 이를 사용자 요구, 기술적 우수성, 비즈니스 목표를 통합적으로 고려하는 프로덕트 성능에 대한 전체적인 관점으로 확장할 수 있습니다. 이러한 종합적인 접근법을 통해 성공을 정확히 측정하고, 실제로 의미 있는 프로덕트 개발을 이끌어갈 수 있습니다. 이제, 팀이 AI 중심의 역동적인 환경 속에서 방향성을 잃지 않도록, 실질적이고 실행 가능한 OKR을 어떻게 설계할 수 있을지 논의하겠습니다.

OKR은 여러분이 달성하고자 하는 가장 중요한 목표를 나타냅니다. 이 목표는 야심차고 영감을 주며, AI 프로덕트의 전략적 비전과도 일치해야 합니다. 여러 측면에서 OKR을 설정할 수 있으며, 각 OKR은 프로덕트 개발 및 성과와 직접적으로 연계될 수 있습니다. 각 OKR은 여러 개의 KPI 또는 정량 가능한 지표로 구성되며, 이 지표들은 해당 OKR 달성 수준을 다각도로 반영해야 합니다. KPI는 구체적^{specific}이고, 측정 가능^{measurable}하며, 달성 가능^{achievable}하고, 관련성^{relevant} 있으며, 기한이 명확$^{time-bound}$해야 한다는 SMART 원칙을 따라야 합니다. 이런 지표들은 진행 상황을 체계적으로 점검하고, 목표 달성 여부를 객관적으로 평가하는 데 도움을 줍니다. 또한 각 목표는 전체 조직의 방향성과도 일치해야 합니다.

다음 절에서는 AI 프로덕트 OKR을 수립할 때 제가 활용하는 프레임워크를 소개하겠습니다. 해당 프레임워크는 목표 설정과 측정에 구조적 접근법을 제공하며, 명확성, 집중도, 프로덕트의 핵심 가치와의 일관성에 중점을 둡니다.

북극성 지표(핵심 지표)는 AI 프로덕트가 만들어내는 전반적인 가치를 대표하며 중요한 KPI입니다. 각 OKR은 목표의 범위와 복잡성에 따라 여러 개의 지표를 가질 수 있습니다. 북극성 지표가 가장 중요한 목표를 나타내며, 그 외의 보조 KPI는 특정 영역에서의 성과를 측정하는 데 도움을 줄 수 있습니다. 이 중 북극성 지표는 프로덕트의 궁극적 성공과 직결되는 가장 중요한 지표로, OKR의 성공 여부를 단순 명확하게 판단할 수 있게 해 줍니다. 여러 KPI를 동시에 설정하더라도, OKR별로 반드시 하나의 북극성 지표를 중심으로 삼는 것이 효과적입니다.

6.4.2 AI 프로덕트 OKR 수립을 위한 프레임워크

이 프레임워크는 앞에서 살펴본 다양한 지표를 종합적으로 활용하여 진행 상황과 성과에 대해 균형 있게 관리할 수 있도록 돕습니다. AI 프로덕트의 OKR을 설계할 때, 프로덕트 상태 지표, 시스템 상태 지표, AI 프록시 지표에서 최소 하나 이상씩 측정 지표를 포함하는 것이 바람직합니다. 이런 프레임워크는 목표 설정과 성과 측정에서 체계적이고 전략적인 접근을 가능하게 해 줍니다. 궁극적으로 우리는 항상 실제적인 효과와 측정 가능한 가치를 제공하는 데 우선순위를 둬야 한다는 점을 잊지 않아야 하겠습니다.

믿을 수 있는 OKR 프레임워크는 AI 프로덕트 개발의 기반이 될 수 있습니다. 각 AI 프로덕트나 기능별로, 해당 프로덕트 특성과 조직의 전략적 우선순위에 맞게 구체적으로 프레임워크를 채워 넣어야 합니다. 여기 제시된 예시는 참고용일 뿐이므로, 실제 상황에 맞게 유연하게 조정하시기 바랍니다. 다양한 지표를 통합함으로써, 사용자 요구, 기술적 완성도, 비즈니스 목표와 조화를 이루는 균형 잡힌 OKR을 설계할 수 있습니다.

- **OKR**: 여기에는 다음 분기 내 달성하고자 하는 주요 목표를 명확히 기술합니다. 반드시 '누가, 무엇을 위해'라는 사용자 중심의 관점을 포함해야 하며, 달성하고자 하는 결과(⑩ '더욱 맞춤화된 음악 추천을 통해 사용자 경험 강화')를 구체적으로 서술해야 합니다.
- **구체적 기능**: 목표 달성을 위해 도입할 기능이나 변경 사항을 구체적으로 명시합니다.
- **북극성 지표(KPI)**: 프로덕트의 성공을 판단하는 가장 중요한 단일 지표가 무엇인지 선정합니다. 단, 필요에 따라 추가적인 보조 지표도 활용해 의미를 보완할 수 있습니다.
- **프로덕트 상태 지표(KPI)**: 사용자의 만족도나 프로덕트의 전반적인 상태를 평가할 수 있는 다양한 지표를 적용합니다. 유지율, 고객 만족도 조사, 기능 도입률 등이 예시가 될 수 있습니다.
- **가드레일 지표(KPI)**: 부정적인 부작용이나 리스크를 최소화하기 위해 모니터링할 지표를 선택합니다. 오류율, 응답 시간, 사용자 불만 건수 등 여러 지표를 복합적으로 관리하는 것이 효과적입니다.

- **시스템 상태 지표(KPI)**: 기능이나 도구가 안정적으로 동작하는지 검증하고, 시스템 가동률, 응답 지연 시간, 자원 활용도 등 다양한 측면을 측정합니다.
- **AI 프록시 지표(KPI)**: 알고리즘 자체 성능을 점검할 수 있는 AI 특화 지표입니다. 예를 들어 모델 정확도, 정밀도, 재현율, AI 기반 기능 사용률 등이 있습니다.

[표 6-2]는 음악 스트리밍 서비스의 추천 시스템을 예시로, 이러한 프레임워크를 실제 OKR로 구체화한 사례입니다.

표 6-2 음악 스트리밍 서비스 추천 시스템의 OKR 예시

구성 항목	예시 내용
OKR	더욱 맞춤화된 음악 추천을 통해 사용자 경험을 강화
구체적 기능	사용자 행동, 기분, 음악 트렌드를 반영한 3개의 신규 맞춤형 알고리즘을 도입
북극성 지표 (KPI)	추천 플레이리스트를 통해 사용자 참여도를 25% 향상
프로덕트 상태 지표 (KPI)	AI가 생성한 플레이리스트에서 노래를 건너뛰는 사용자 수를 20% 절감
가드레일 지표 (KPI)	전체 음악 감상 시간이 5% 이상 감소하지 않도록 유지
시스템 상태 지표 (KPI)	시스템 가동률 99%를 유지하고, 플레이리스트 로딩 시간을 1초 미만으로 단축
AI 프록시 지표 (KPI)	추천 알고리즘의 정밀도를 15% 향상

6.5 결론

명확하게 정의된 목표를 설정하는 것은 모든 AI 프로덕트의 성공에 필수적입니다. 이번 장에서 소개한 다양한 프레임워크가 여러분과 팀이 목표를 체계적으로 설정하고 달성하는 데 도움이 되었기를 바랍니다. 물론, 상황에 따라 적용해야 할 세부 지표는 달라질 수 있으므로, 실제로 현장에 맞는 최적의 지표를 찾기까지 시간이 다소 걸릴 수도 있습니다. 그렇지만, 실행 가능한 목표를 수립하고 성공을 정의하는 기본적인 프레임워크는 세부 프로젝트와 관계없이 공통적으로 비슷할 것입니다.

AI 프로덕트 지표 블렌드에 적용할 적합한 지표를 찾고 나면, 팀이 프로덕트의 성공을 다각도로 바라볼 수 있습니다. 명확한 목표와 OKR을 정의하면, AI 팀이 진정으로 중요한 부분에 집중하고, 각 단계별로 정확하게 진행 상황을 파악할 수 있습니다. 올바른 지표를 인식하고, 중요한 목표와 관련된 업무들에 집중하면 팀은 목표의식을 유지하며 가장 중요한 성과로 나아갈 수 있습니다. 잘 정의된 목표와 체계적인 프레임워크를 통해 AI 프로덕트 개발을 조직의 주요 비즈니스 목표와 연계시킬 수 있습니다. 이러한 프레임워크를 활용하면 팀이 AI 프로덕트 성과의 다양한 측면을 이해하고, 실질적인 문제 해결로 이어질 수 있을 것입니다.

7장에서는 AI PM으로서 경험한 가장 인기 있는 프로덕트 매니지먼트 툴에 대해 소개하겠습니다.

CHAPTER 7
PM을 위한 AI 툴

한 번은 'AI가 PM을 대체할 것인가?'라는 질문을 받은 적이 있습니다. 저는 하버드 경영대학원의 카림 라카니Karim Lakhani 교수님의 말을 인용해 답을 드렸습니다 (https://oreil.ly/y1MZZ). "AI가 인간을 대체하지는 않을 것이지만, AI를 잘 활용하는 사람이 AI를 사용하지 않는 사람을 대체하게 될 것이다." 즉, PM이 AI로 대체되는 것이 아니라, AI를 적극적으로 활용하는 PM이 그렇지 않은 PM을 자연스럽게 대체하게 될 것입니다.

이번 장에서는 PM으로서 역량을 키우도록 돕는 AI 툴에 대해 다루고자 합니다. 먼저 최근 대화에서 종종 혼동되는 부분이 있어 한 가지 명확히 하고 싶습니다. 많은 분이 **AI 프로덕트 매니지먼트**와 **프로덕트 매니저를 위한 AI**라는 용어를 혼용하는 경우가 많은데, 이 두 개념은 엄연히 다릅니다. 이 차이를 정확히 이해해야 AI가 프로덕트 개발 과정에서 어떤 역할을 하는지 넓은 관점으로 바라볼 수 있습니다.

AI 프로덕트 매니지먼트는 AI 기술로 구동되는 프로덕트를 기획하고 개발하는 일련의 과정을 의미합니다. 이 역할은 데이터 과학자, 머신러닝 엔지니어, 디자이너 등 다양한 이해관계자와 긴밀히 협력하여, 사용자 경험에 AI를 효과적으로 녹여내는 데 중점을 둡니다.

반면 **프로덕트 매니저를 위한 AI**는, 여러분이 AI 기반 프로덕트가 아닌 일반 프로덕트를 관리하더라도, AI 툴을 활용해서 프로덕트 매니지먼트의 전 과정을 더욱 효율적으로 수행하는 것을 의미합니다. 예를 들어 방대한 시장 데이터를 분석해 트렌드를 파악하거나, 사용자 피드백을 분석해 주요 불편사항을 자동으로 식별하는 등 AIPDL의 다양한 측면을 간소화하는 데 AI를 사용하는 작업이 여기에 해당

합니다. 즉, 프로덕트에 AI를 내장하는 것이 아니라, 더 나은 프로덕트를 만들어 내기 위해 AI를 **활용하는** 개념입니다.

7.1 AIPDL 강화를 위한 툴

본격적으로 내용을 시작하기에 앞서, 다양한 AI 툴을 AIPDL 단계별로 정리하긴 했지만, [표 7-1]의 분류는 어디까지나 참고용임을 말씀드립니다. 실제로 많은 툴들은 여러 단계에 걸쳐 적용할 수 있고, 어떤 경우에는 프로덕트 개발 전 과정에 걸쳐 유용하게 쓰일 수 있습니다. 이 프레임워크는 초기 가이드로 활용하시면 되고, 실제로 어떤 도구를 어떻게 접목할지는 각자의 업무 흐름과 변화하는 요구에 따라 달라질 수 있습니다.

또한 PM마다 AI를 어떻게 업무에 통합하느냐에 따라 업무 방식이 완전히 달라질 수 있습니다. 새로운 도구의 등장이나 AI 기술의 발전에 따라 워크플로 또한 계속 진화합니다. 다양한 AI 툴을 직접 사용해 보면서, 각자에게 가장 적합한 시스템을 만들어 보시기 바랍니다. 그리고 시간이 지남에 따라 도구와 시스템 모두 함께 진화한다는 점도 염두에 두시면 좋겠습니다. 여기서 추천하는 도구들은 대표적인 예시일 뿐, 이외에도 AIPDL 전반에 걸쳐 유용하게 사용되는 여러 도구가 있습니다. 예를 들어 구글 제미나이는 다양한 용도로 활용할 수 있는 통합형 서비스로, 노트북LM은 방대한 정보를 처리하고 이를 실제 업무에 활용하기 쉽게 만들어줍니다. 예를 들어 두 시간 분량의 유튜브 영상을 내 업무에 실제로 필요한 핵심 포인트로 거의 즉각적으로 요약해 줄 수 있습니다.

한 가지 주의할 점은, 외부의 AI 도구를 사용할 때는 반드시 회사의 기밀 정보나 민감한 데이터의 보안과 프라이버시를 최우선으로 고려하셔야 합니다. 일부 도구는 민감한 정보를 다룰 수 있기 때문에, 사용 전 반드시 회사의 법무 팀이나 개인정보보호 팀과 상의하여 어떤 도구를 사용할 수 있는지 명확히 하는 것이 좋습니다. 참고로, AI 툴 시장은 매우 빠른 속도로 변화하고 있으므로 최신 정보를 주기적으로 확인하는 것도 필요합니다. 저 또한 뉴스레터 (https://marily.substack.com)등을 통해 최신 툴과 리소스를 꾸준히 소개하고 있습니다.

표 7-1 AIPDL 각 단계에 적합한 AI 툴

AIPDL 단계	이름	설명
아이디어 구상	챗PRD (https://www.chatprd.ai)	AI 기반의 브레인스토밍 도구로, 프로덕트 아이디어를 창출하고 초기 컨셉을 탐색할 때 활용
	감마 (https://gamma.app)	팀의 브레인스토밍을 지원하고 새로운 프로덕트 아이디어를 시각적으로 탐색할 수 있는 인터랙티브 스토리텔링 도구
	노션AI (https://oreil.ly/04HHN)	초기 아이디어 구상 단계에서 아이디어 정리, 생성, 다듬기에 도움이 되는 AI 노트 정리 도구
	구글 제미나이 딥리서치 (https://oreil.ly/4zwN9)	복잡한 연구 작업을 위한 제미나이의 특수 버전(제미나이 고급버전)
기회 탐색	브라우즈AI (https://www.browse.ai)	경쟁사, 고객 트렌드 등 다양한 시장 데이터를 웹 크롤링해 수집할 수 있는 도구
	코모 (https://www.komo.ai)	온라인 커뮤니티 내 고객 인사이트를 분석하여 새로운 시장 기회를 발굴하는 AI 기반 검색 엔진
	퍼플렉시티 (https://www.perplexity.ai)	경쟁 분석 및 프로덕트-시장 적합성 검증에 활용할 수 있는 AI 툴
컨셉/ 프로토타입	딜리버AI (https://www.delibr.com)	프로덕트 개발 과정에서 반복적인 워크플로를 관리하고, 컨셉·프로토타입 단계의 반복 과정을 확인하는 도구
	듀러블 AI 서비스 빌더 (https://durable.co)	코딩 없이도 빠르게 디지털 프로덕트 및 프로토타입을 제작할 수 있는 AI 웹·앱 빌더
	크래프트풀 (https://www.kraftful.com)	사용자 피드백을 분석하여 기능 우선순위 선정 및 프로덕트 개발을 지원하는 AI 툴
	몬터레이AI (https://www.monterey.ai)	프로덕트 요구사항을 구체적인 워크플로로 전환하여, 초기 아이디어를 실질적인 프로토타입으로 발전시키는 데 도움

AIPDL 단계	이름	설명
컨셉/ 프로토타입	슈퍼휴먼AI (https://superhuman.com)	메일 관리의 효율성을 높여 팀 협업과 생산성을 증대시키는 AI 기반 이메일 관리 서비스
	제다.io (https://www.zeda.io)	고객 피드백을 바탕으로 실행 가능한 기능을 도출하여 프로덕트 로드맵을 만드는 AI 솔루션
테스트/분석	딥그램 (https://www.deepgram.com)	오디오·비디오에서 음성을 텍스트로 전환하며, 음성 기반 프로덕트의 테스트 및 받아쓰기에 도움
	풀스토리 (https://www.fullstory.com)	사용자 행동을 세밀하게 분석하여 테스트 단계에서 프로덕트의 사용성 및 문제점을 파악할 수 있음
	그래머리고 (https://oreil.ly/grammarly)	프로덕트 검증 과정의 콘텐츠 테스트와 분석을 지원하는 AI 글쓰기 도우미
	옵티마이즐리 (https://www.optimizely.com)	검증 및 분석단계에서 유용한 A/B 테스트와 실험 플랫폼
출시	듀러블 AI 서비스 빌더 (https://durable.co)	프로덕트를 사용자에게 배포하고 서비스 런칭을 지원하는 AI 기반 웹·앱 빌더
	파이어플라이스 AI (https://fireflies.ai)	회의 내용을 요약하여 출시 과정에서 고객 피드백과 인사이트 관리에 도움을 주는 AI 비서
	라이트필드 (https://lightfield.app)	프로덕트 출시 전략을 시각적으로 구성하거나 발표 자료를 만드는 데 유용한 AI 프레젠테이션 도구

7.2 협업 및 점검을 위한 툴

4장에서 언급했듯이, 여러 부서 및 이해관계자와 긴밀하게 협업을 유지하는 것은 목표를 달성하는 데 매우 중요합니다. 리스크를 최소화하고 성공적인 결과를 얻기 위해서는 파트너와 효과적으로 협업할 방법을 찾는 것이 필요합니다. 다음은 제가 실제로 AIPDL의 모든 단계에서 커뮤니케이션, 업무 점검, 마일스톤(주요 일정) 관리 효율성을 높이는 데 사용한 툴입니다.

- **아하!**
  아하!(https://www.aha.io)는 프로덕트 및 전략 기획을 위한 로드맵 소프트웨어입니다. PM은 이 도구를 통해 비전, 전략, 일정 등을 명확하게 계획할 수 있으며, 이를 통해 모든 이해관계자가 주요 목표에 대해 공감대를 형성할 수 있도록 도와줍니다. 또한 시나리오 분석 기능이 있어, 앞으로 발생할 수 있는 다양한 상황을 미리 예측하고 대안을 마련할 수 있게 해줍니다. 이는 AI 프로덕트 개발에서 자주 마주하는 불확실성과 복잡성을 관리하는 데 매우 유용합니다.

- **트렐로**
  트렐로(https://trello.com)는 단순한 UI와 사용하기 편리한 시각적 대시보드로 잘 알려진 협업 도구입니다. 맞춤 설정이 가능한 보드, 목록, 카드를 통해 작업과 각자에게 할당된 업무를 확인할 수 있도록 도와주며, AI 프로젝트의 변화하는 요구 사항에 쉽게 적응할 수 있습니다. 트렐로의 유연함은 여러 워크플로와 다양한 이해관계자를 동시에 관리해야 하는 AI PM에게 특히 유리합니다. 각 개발 단계마다 업무의 진행 상황과 팀원별 책임 분담을 한눈에 파악할 수 있다는 점이 큰 강점입니다.

- **지라**
  지라(https://oreil.ly/jira)는 소프트웨어 개발에서 가장 널리 쓰이는 프로젝트 관리 도구 중 하나로, 특히 대규모 복잡한 프로젝트를 관리하는 데 강점을 보입니다. 버그, 이슈, 신규 기능 개발 등을 체계적으로 관리할 수 있어, 엔지니어링 팀과 긴밀히 협업해야 하는 AI PM에게 적합합니다. 또한 강력한 리포팅 기능을 통해 프로젝트의 건강 상태, 진행 상황, 병목 지점 등을 상세하게 파악할 수 있어, 복잡한 AI 프로덕트 개발 워크플로를 효율적으로 관리할 수 있습니다.

- **프로덕트보드**
  프로덕트보드(https://oreil.ly/prdbrd)는 단순한 프로젝트 관리 기능을 넘어, 사용자 인사이트, 경쟁사 조사, 여러 채널에서의 피드백 등을 한 곳에서 통합 관리하는 플랫폼입니다. 프로덕트 매니저가 비즈니스 영향도와 고객 요구에 따라 기능을 평가하고 우선순위를 정할 수 있습니다. 영향도 점수와 타임라인 시각화 기능을 제공하여, 데이터 기반 의사결정을 돕고 우선순위 조정도 실시간으로 할 수 있습니다. 이를 통해 AI 프로덕트 개발이 사용자 요구와 비즈니스 목표 모두에 부합하도록 추진할 수 있습니다.

각 도구는 저마다의 강점이 있으므로, 어떤 도구를 선택할지는 여러분의 프로덕트, 조직, 팀의 특성에 따라 결정하시면 됩니다.

7.3 결론

이번 장에서는 아이디어 발상부터 출시 단계까지 AIPDL 전 과정에서 프로덕트 매니저가 활용할 수 있는 다양한 AI 툴에 대해 살펴보았습니다. 이러한 도구들은 단순히 업무 과정을 효율화할 뿐 아니라, AI가 아니었다면 불가능했을 의사결정과 전략적 인사이트 도출에도 큰 도움을 줍니다. 중요한 점은, 프로덕트에 AI를 직접적으로 적용하는 것에만 초점이 있는 것이 아니라, 프로덕트 매니저로서 본인의 역량을 AI를 통해 극대화하는 데 있다는 점입니다. AI 툴이 빠르게 진화함에 따라 프로덕트 개발에서의 여러분의 역할도 더욱 확대될 것입니다. 그리고 이러한 도구를 효과적으로 활용하는 사람이 치열해지는 시장 경쟁에서 한 발 앞서 나가게 될 것입니다.

한 가지 더 말씀드리자면, 여러분의 업무 방식은 각자의 것이라는 사실을 잊지 마시기 바랍니다. 이번 장에서 소개한 툴은 어디까지나 시작점일 뿐입니다. 각자의 고유한 업무 스타일, 회사의 구조, 그리고 끊임없이 진화하는 AI 기술의 특성에 따라 도구 활용 방식은 달라질 수밖에 없습니다. 그리고 항상 강조하지만, 외부의 AI 서비스를 사용할 때에는 반드시 회사의 개인정보 보호 및 보안 관련 부서와 충분히 상의하여 적절하게 사용하는 것이 중요합니다.

8장에서는 AI 에이전트의 등장과 함께 AI 프로덕트 매니지먼트 영역에 열린 완전히 새로운 영역을 살펴보겠습니다. AI 에이전트는 여러분의 프로덕트를 혁신하는 수준을 넘어, 업무 자체의 방식을 근본적으로 바꾸고, 반복 업무를 자동화하며, 맞춤형 경험을 제공하고, 새로운 혁신 기회의 창출까지 가능하게 하는 잠재력을 지니고 있습니다.

CHAPTER 8
AI 에이전트 구축

AI 에이전트는 반복 업무 자동화, 사용자 경험 향상, 그리고 한때 챗봇이 완전히 실현하지 못했던 가능성을 실현하며 다양한 산업을 근본적으로 변화시키고 있습니다. 데이빗 풀$^{David\ Poole}$과 앨런 맥워스$^{Alan\ Macworth}$는 **지능형 에이전트, 즉 AI 에이전트**의 핵심적인 특징을 소개하며, 이에 대한 기본적인 프레임워크를 [그림 8-1]과 같이 제시하였습니다.[10]

이 프레임워크에 따르면, 에이전트란 특정 환경에서 행동하는 존재입니다. 에이전트가 지능적으로 행동한다고 판단하려면 다음과 같은 조건을 충족해야 합니다.

- 자신의 목표와 상황에 맞는 적절한 행동을 할 수 있어야 합니다.
- 변화하는 환경과 목표에 유연하게 대응할 수 있어야 합니다.
- 경험을 통해 학습할 수 있어야 합니다.
- 인식적 및 계산적 한계 내에서 적절한 선택을 할 수 있어야 합니다.

이 모델은 AI 에이전트에게 반드시 요구되는 적응력과 학습 능력의 중요성을 강조합니다. [그림 8-1]에서 볼 수 있듯이, 에이전트는 환경 속에서 자신의 능력, 목표, 기존의 지식을 바탕으로 행동합니다. 에이전트는 외부 자극을 감지하고, 축적된 경험을 참고하며, 주어진 연산 능력을 활용해 최적의 결정을 내리게 됩니다.

---

[10] 『Artificial Intelligence: Foundations of Computational Agents, 2nd Edition』(Cambridge University Press, 2017).

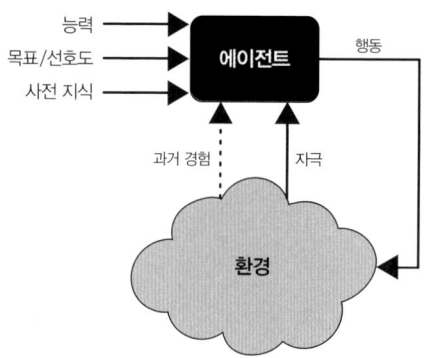

그림 8-1 환경과 상호작용하는 에이전트

이처럼 지능형 시스템은 단순한 대화형 봇의 수준을 넘어섰습니다. 이제는 사용자의 요구 사항을 이해하는 것에 그치지 않고, 이를 **예측**하고, 복잡한 작업을 수행하며, 상호작용을 거듭할수록 스스로 학습해 나가는 자율적 존재로 발전하고 있습니다. 이러한 변화는 단순한 기술적 진보에 머무르지 않으며, 모든 미래지향적 프로덕트 리더가 반드시 받아들여야 하는 전략적 강점으로 작용하고 있습니다.

8.1 AI 에이전트란 무엇인가?

AI 에이전트는 자율적으로 동작하며, 사용자와의 상호작용을 통해 스스로 적응하고 발전할 수 있다는 점이 가장 큰 특징입니다. 과거의 AI 에이전트는 규칙 기반 시스템에 불과했습니다. 대표적인 초기 사례로 IBM의 딥블루(https://oreil.ly/1yuAV) 등이 있습니다. 이들은 아주 한정적인 문제만 해결할 수 있었고, 유연성도 부족했습니다.

하지만 최근의 AI 에이전트는 훨씬 높은 수준의 자율성과 학습 능력을 갖추고 있습니다. 예를 들어 오픈AI의 챗GPT(https://chatgpt.com), 구글의 프로젝트 아스트라(https://oreil.ly/JbIZR), 오픈AI의 오퍼레이터(https://oreil.ly/3Uqx1), 마이크로소프트의 코파일럿(https://oreil.ly/11zHZ) 등이 대표적입니다. 이러한 도구들은 단순히 사용자 요청에 반응하는 수준을 넘어서, 필요를 미리 예측하고 사용자를 대신해 다양한 작업을 수행할 수 있게 설계되어 있습니다.

또한, 오픈AI는 **GPTs**라는 맞춤형 에이전트 개발 옵션도 제공합니다. GPTs는 특정 사용자의 요구나 업무에 맞춰 진화된 GPT 모델을 기반으로 만들어집니다. 기본 모델을 복잡하게 파인튜닝하거나 구조적으로 수정할 필요 없이, 기존 GPT의 강력한 기능에 동적 프롬프트, 외부 도구 연동, 구조화된 워크플로 등을 조합해 행동과 결과물을 맞춤화하는 방식이 특징입니다.

저는 가끔 '챗GPT도 AI 에이전트인가요?'라는 질문을 받곤 합니다. 이에 대한 답은 '완전히 그렇지는 않다'입니다. 챗GPT 역시 매우 뛰어난 AI 언어모델이긴 하지만, AI 에이전트로 분류되지는 않습니다. 챗GPT는 기본적으로 대화에 최적화된 모델로, 사전 학습한 데이터에 기반해 사용자의 질문에 답변을 제공하는 역할을 합니다. 즉, 자율적으로 어떤 작업을 수행하거나 사용자를 대신해 결정을 내리는 능력, 목표 중심적으로 환경 속에서 스스로 행동하는 능력은 포함하고 있지 않습니다. 사용자가 명확한 입력을 주어야만 반응하는 구조라는 점에서, 엄밀히 말해 AI 에이전트와는 구분된다고 보실 수 있습니다.

그러나 제미나이의 커스텀 젬이나, 별도의 지식, 기능, 지시를 결합한 챗GPT의 맞춤형 버전과 같이 사용자의 지속적인 명시적 입력 없이도 자율적으로 작업을 수행할 수 있는 모델은 AI 에이전트로 볼 수 있습니다. 이러한 맞춤형 모델들은 더 높은 수준의 자율성을 지니며, 사용자의 요구에 따라 특정 작업을 수행하고, 의사결정을 내리거나 실행까지 할 수 있도록 설계되어 있습니다. 또한 재피어^{Zapier}의 zaps처럼, 에이전트가 다른 도구나 프로세스와 연동하여 좀 더 역동적이고 선제적으로 사용자 경험을 제공하고, 워크플로를 자동화하는 활용법도 점차 많아지고 있습니다.

본질적으로 **에이전트 기반 프로덕트**란, 특정 목적을 위한 기능을 제공합니다. 예를 들어 노트북LM은 복잡한 주제를 이해하고, 사용자의 전담 연구 조수 역할을 하기 위해 만들어진 에이전트입니다. 이처럼 에이전트는 미리 정의된 목표를 바탕으로 동작하고, 새로운 정보를 반영해 적응하며, 특정 사용 사례를 충족하도록 설계되어 있습니다. 켄스 앤더슨은 그의 저서『Designing Autonomous AI』(O'Reilly, 2022)에서 '진정한 AI 시스템의 자율성은 미리 정의된 작업을 단순히 실행하는 것을 넘어, 목표를 위해 학습·적응하고, 종종 역동적이고 예측 불가능한 환경에서 독립적으로 행동하는 능력이 필요하다'고 언급하면서 에이전트 자율성의 본질을 설명하였습니다.

AI 에이전트는 다음과 같은 역할을 할 수 있습니다.

- 계획 수립, 의사결정, 생산성 향상 지원
- 자율적으로 실행하고, 생성하며, 작업을 조율
- 사용자에게 상호작용, 신뢰감, 즐거움 제공
- 새로운 정보를 발견하고, 학습 지원
- 사용자와 그 목표에 맞춰진 개인화된 경험 제공

프로덕트 리더 입장에서는 이러한 에이전트 기반 프로덕트의 세계가 다소 낯설고 부담스럽게 느껴질 수 있습니다. AI 에이전트 개발에는 AI 기술 역량뿐만 아니라, 사용자의 행동과 요구에 대한 깊은 이해가 필수적입니다. 이제는 AI 에이전트를 어디에, 어떻게 도입해야 프로덕트 가치와 사용자 경험을 함께 높일 수 있을지 기회를 포착하는 역량이 더욱 중요해지고 있습니다. 단순히 에이전트를 만들 것인가에만 머무르지 않고, 실질적으로 사용자 경험을 개선하고 비즈니스 가치를 높이는 **적합한** 에이전트를 설계하는 것이 핵심 과제가 되었습니다.

물론, 이 같은 패러다임 전환에는 여러 가지 문제 역시 뒤따릅니다. 예를 들어 AI 에이전트의 자율성 범위를 어디까지로 설정할지, 얼마나 학습하고 적응할 수 있을지 등 다양한 고려 사항이 있습니다. 프로덕트 설계에서도 기존과는 다른 사고 방식이 필요합니다. 단순히 하나의 기능으로서가 아니라, 에이전트가 사용자 여정 속에서 적극적으로 참여하는 하나의 주체가 되어야 합니다.

AI 에이전트와 그 실제 프로덕트 적용 사례에 대한 이해가 무엇보다 중요합니다. 예를 들어 스포티파이는 이미 AI 에이전트를 통해 사용자 개개인의 청취 습관에 맞는 음악 추천 기능을 제공하고 있습니다. 아마존 역시 실시간 데이터 학습을 바탕으로 예측형 재고 관리, 자동화된 고객 서비스 등에 AI 에이전트를 적극 적용하고 있습니다. 테슬라는 자율주행에, 애플은 시리의 에이전트 기능 고도화에 AI 에이전트를 도입하는 중입니다. 이런 선도 기업들의 전략을 분석하는 프로덕트 리더가 시장 경쟁에서 유리한 고지를 점할 수 있습니다.

이러한 시스템을 효과적으로 활용할 수 있다면, 사용자의 불편을 줄이고, 참여도를 높이며, 심지어 완전히 새로운 가치 창출 등 실질적인 이점을 누릴 수 있습니다. 이번 장에서는 AI 에이전트의 핵심 개념부터 오늘날 존재하는 다양한 에이전트 유형, 그리고 기존 시스템과의 차이점까지 차근차근 살펴보겠습니다. 더불어, 선도 기업이 어떻게 AI 에이전트를 혁신적인 프로덕트에 접목하고 있는지, 또 직접 프로덕트에 적용하기 위한 실질적인 시작 방법까지 함께 제안드릴 예정입니다. AI 에이전트 도입이 처음이신 분들뿐 아니라 기존 전략을 고도화하고자 하는 분들에게도 유용한 인사이트를 제공해 드릴 수 있을 것입니다.

8.1.1 AI 에이전트는 챗봇이 아니다

겉보기에는 AI 에이전트가 그저 챗봇의 새로운 이름처럼 느껴질 수 있습니다. 하지만 실제로는 훨씬 더 복합적이고 차별화된 개념입니다. AI 에이전트와 챗봇 모두 자연어 처리를 통해 사용자와 상호작용을 하긴 하지만, AI 에이전트는 기존 챗봇에 비해 훨씬 더 폭넓고 복잡하며 기능적으로 앞섭니다.

기존의 챗봇은 대부분 규칙 기반 시스템이었습니다. 즉, 미리 정해진 대화 시나리오에 따라 사용자의 입력에 답변하는 구조였습니다. 예를 들어 '내 주문이 어디에 있나요?', '언제 영업하시나요?'와 같은 질문에 응답하는 것이 대표적입니다. 젠데스크(https://www.zendesk.com)와 같은 웹사이트 고객센터 챗봇이나 페이스북 메신저 초기 버전의 단순한 안내 챗봇이 여기 해당합니다.

반면, AI 에이전트는 자율적으로 행동하도록 설계되어 있습니다. 단순한 답변 외에도 사용자와의 상호작용 과정에서 스스로 학습하고, 미리 설정된 규칙에 얽매이지 않고 복합적인 결정을 내릴 수 있습니다. 예를 들어 이커머스 사이트에서 챗봇이 검색만 도와준다면, 아마존 알렉사와 같은 AI 에이전트는 사용자의 과거 구매 이력을 분석해 생필품이 떨어질 시점을 예상하고, 별도의 요청 없이 자동으로 재주문까지 실행할 수 있습니다. 게다가 AI 에이전트는 다양한 외부 시스템(API, 데이터베이스 등)과 연동하거나, 강화 학습과 같은 메커니즘을 통해 시간이 지남에 따라 스스로 행동을 최적화하는 등 훨씬 더 복잡한 업무도 처리할 수 있습니다.

본격적으로 AI 에이전트를 구축하는 방법에 대해 설명하기에 앞서, AI 에이전트가 지금까지 어떻게 발전해 왔는지 살펴보겠습니다.

8.1.2 초기 규칙 기반 에이전트

AI 에이전트는 초창기 규칙 기반 시스템에서 오늘날의 자율적이고 적응력이 뛰어난 모델로 크게 발전해 왔습니다. 초기 에이전트는 정형화된 프레임워크에 의해 한정적인 역할만 수행할 수 있었으며, 미리 정의된 지침에 따라 통제된 환경 내에서 특정 작업을 처리하도록 설계되었습니다. 이들은 유연성이나 학습 능력이 거의 없었고, 보유한 능력과 목표 역시 코드로 직접 지정된 범위 내에 한정되어 있었습니다. 대표적인 사례로 마이크로소프트의 클리피(https://oreil.ly/zsxRn)를 들 수 있습니다. 클리피는 사용자가 문서를 작성할 때 등장해 사전에 프로그래밍된 규칙에 근거해 도움을 주던 작은 캐릭터였습니다. 비록 당시에는 많은 비판을 받았지만, 클리피는 AI 에이전트의 미래를 보여준 초기 시도라고 볼 수 있습니다.

초기의 전략 및 시뮬레이션 게임들은 이러한 규칙 기반 AI 에이전트의 흥미로운 실험장이 되기도 했습니다. 예를 들어 1988년에 출시된 MS-DOS용 〈배틀체스〉(그림 8-2)에는 체스 규칙에 따라 미리 정의된 '이동'과 '공격' 동작만 수행하도록 설계된 간단한 AI 에이전트가 있습니다. 그러나 당시의 AI는 과거 경기에서 학습하거나 적응하는 능력이 없었고, 미리 정해진 전략에만 의존했습니다.

1990년대에 나온 〈워크래프트 II: 타이드 오브 다크니스〉(https://oreil.ly/EfhWt)나 〈스타크래프트〉(https://oreil.ly/6GUns) 같은 게임에서는 AI가 제어하는 유닛이 지정된 지역을 순찰하거나 주요 자원을 방어하고 미리 프로그래밍된 전술을 사용해 적과 교전하곤 했습니다. 이러한 게임들은 AI가 주도하는 행동을

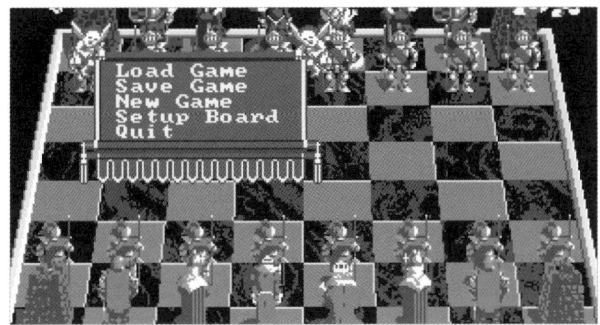

그림 8-2 배틀 체스 (MS-DOS, 1998)

게임 속에 처음으로 도입했다는 점에서 의미가 컸습니다. 예를 들어 적 유닛이 플레이어의 행동에 따라 동적으로 반응하거나, 자신의 기지를 방어하고, 의도적이고 전략적인 방식으로 공격하는 모습을 보였습니다. 당시로서는 혁신적인 발전이었지만, 적응력이 부족하다는 한계는 분명했습니다.

또 다른 인상적인 초기 AI 에이전트 사례로 〈레밍즈〉(1991)라는 게임이 있습니다. 이 게임(그림 8-3)에 등장하는 캐릭터들은 매우 단순한 규칙 기반 에이전트로, 플레이어가 특정 행동(예 다리 짓기, 땅 파기 등)을 지시하지 않는 한 끊임없이 앞으로만 걸어가는 행동을 반복했습니다. 이처럼 레밍즈 역시 학습 능력은 전혀 없이 오로지 플레이어의 입력에 따라 미리 정해진 경로만을 따랐습니다.

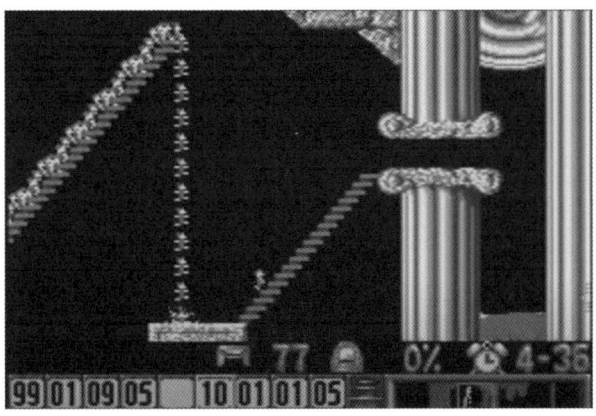

그림 8-3 레밍즈(1991 '에이전트/봇')

이러한 초기 AI 시스템들은 순수하게 규칙에만 기반한 방식의 한계를 드러내며, 향후 발전의 토대를 마련했습니다. 시간이 지나면서 AI 에이전트는 훨씬 더 역동적이고 적응력이 뛰어나게 변모하여, 스스로 학습하며 결정을 내리고, 주도적으로 행동할 수 있는 시스템으로 발전했습니다.

에이전트의 주요 구성 요소는 다음과 같이 정리할 수 있습니다.

- **능력**: 에이전트가 수행할 수 있는 작업으로, 음성 인식, 의사결정, 실제 행동 등 다양한 형태가 있습니다.
- **목표 또는 선호도**: 에이전트가 달성해야 하는 목적이나 구체적인 요구입니다. 이는 대체로 사전에 프로그래밍되어 있습니다.
- **사전 지식**: 환경이나 작업에 대해 에이전트가 이미 알고 있는 정보입니다.
- **자극**: 환경으로부터 받아들이는 입력으로, 센서 데이터, 사용자와의 상호작용, 피드백 등이 여기에 포함됩니다. 이러한 입력은 미리 정해진 규칙이나 논리에 기반해 특정 행동을 유발하는 트리거가 될 수 있습니다. 예를 들어 단순한 시스템에서는 특정 센서 값이 임계치를 넘으면 곧바로 정해진 반응(예 온도가 일정 수준 이하로 떨어졌을 때 난방기가 작동되는 온도 조절기)을 하기도 합니다. 한편, 보다 고도화된 AI 에이전트에서는 이러한 자극을 동적으로 처리해, 과거 경험, 목표, 환경적 맥락 등을 종합적으로 고려해 행동을 조정할 수 있습니다. 이처럼, 정적인 규칙 기반 반응에서 적응형 학습 기반 응답으로의 진화는 현대 AI 에이전트의 핵심적인 특징입니다.
- **과거 경험**: 에이전트의 상호작용 이력으로, 이후의 행동과 결정에 영향을 미칩니다.

AI 에이전트는 시간이 지나면서 학습 메커니즘을 도입하게 되었고, 이로 인해 이전의 경직된 규칙 기반 시스템에서 더 유연하고 역동적인 시스템으로 변화하였습니다. 대표적으로 강화학습의 도입을 통해, 에이전트는 자신의 행동이 가져온 결과를 바탕으로 스스로 학습하고 행동 방식을 개선할 수 있게 되었습니다. 더 이상 모든 상황마다 명확한 지시가 필요하지 않게 되었고, 시행착오를 겪으며 목표 달성에 최적화된 전략을 스스로 찾아낼 수 있게 된 것입니다.

예를 들어 알파스타^{AlphaStar}(https://oreil.ly/0lDi3)는 AI 에이전트가 〈스타크래프트2〉를 플레이하며 플레이어의 행동에 따라 실시간으로 전략을 바꾸며, 자신의 실수를 학습해 점진적으로 더 나은 성능을 냈습니다. 이러한 에이전트는 강화학습을 활용해 점차 적응력을 키우도록 설계되어 있습니다.

오늘날 AI 에이전트는 딥러닝과 신경망 기술까지 활용하며, 최소한의 인간 개입만으로도 복잡하고 다면적인 업무를 처리할 수 있습니다. 이러한 최신 AI 에이전트는 단순히 즉각적인 입력에 반응하는 데 그치지 않고, 예측을 하거나 계획을 세우고, 필요하다면 다른 에이전트와 협력하여 공동의 목표를 달성할 수도 있습니다. 이들은 여전히 〈레드 데드 리뎀션 2〉, 〈EA SPORTS FC〉, 〈바이오쇼크 인피니트〉, 〈GTA V〉 등과 같은 컴퓨터 및 콘솔 게임에서 널리 활용되고 있습니다. 2017년에 출시된 〈디비니티: 오리지널 신 2〉 역시 매우 인상적인 NPC^{non-player character} AI를 구현해 주목받은 바 있습니다.

특히, 최근에는 여러 개의 에이전트가 함께 동작하는 멀티 에이전트 시스템의 비중이 점차 커지고 있습니다. 예를 들어 의료 분야에서는 복수의 AI 에이전트가 협력하여 환자를 진단하고 치료하는 사례가 늘고 있습니다(https://oreil.ly/IdcZi)이 과정에서 각 에이전트는 지속적으로 정보를 학습·공유하며, 치료 수준을 높이는 데 기여합니다. 실제로 한 연구에서는(https://oreil.ly/gQTtY)가상의 병원 시뮬레이션을 구현해 서로 다른 역할(의사, 간호사, 환자 등)을 맡은 여러 에이전트가 협력하면서 환자 치료를 위해 함께 노력하는 모습을 보여주기도 했습니다(그림 8-4).

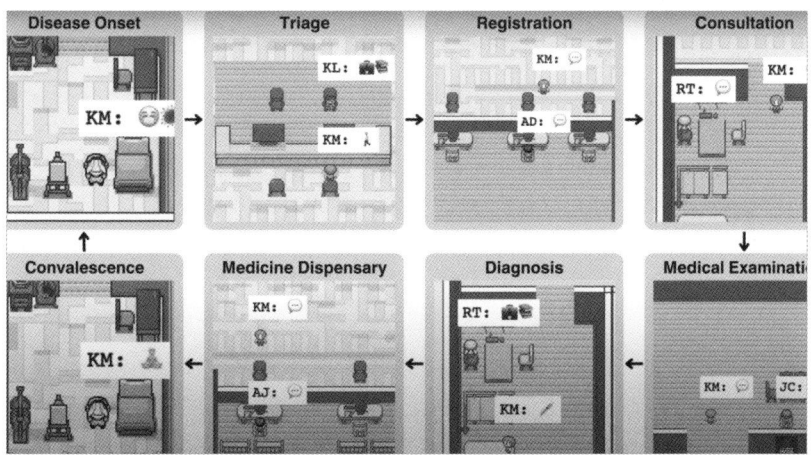

그림 8-4 병원의 멀티 에이전트 시뮬레이션 시스템(https://oreil.ly/ziXvT)

이러한 에이전트는 기억을 가지고, 다양한 감각 정보를 받아들이며, 새롭게 유입되는 데이터를 바탕으로 스스로를 개선할 수 있습니다. 이처럼 지속적으로 진화하면서 자율주행과 같은 복잡한 분야에서도 중요한 역할을 하고 있습니다. 예를 들어 자율주행 차량(에이전트)은 주변 환경과 상호작용하며, 실시간 데이터를 통해 학습하고, 때로는 생명을 좌우할 수 있는 중요한 결정을 내리기도 합니다.

8.2 에이전트 기반 프로덕트

AI 에이전트를 오늘날과 같이 고도화된 시스템으로 변화시킨 주요 요인은 학습, 의사결정, 자율적 행동이라는 세 가지 혁신으로 요약할 수 있습니다. 이러한 발전 덕분에 에이전트는 다양한 입력을 처리하고, 지속적으로 환경에 적응하며, 가장 중요하게는 명시적인 지시 없이도 자율적으로 사용자 요구를 충족시킬 수 있게 되었습니다.

- **학습:** 현대 AI 에이전트는 사람처럼 경험을 통해 배우도록 설계되어 있습니다.[11] 이를 통해 시간이 지날수록 행동이 정교해지고, 효율성 또한 지속적으로 향상됩니다. 예를 들어 이커머스 플랫폼의 추천 시스템은 사용자의 선호, 구매 패턴, 행동 등을 분석해 점점 더 정확한 추천 결과를 제공합니다. 머신러닝 모델을 토대로 에이전트는 사용자와의 상호작용이나 환경적 자극에 대한 이해를 발전시키게 됩니다.[12]
- **의사결정:** 에이전트는 데이터를 수집하고 상호작용 내용을 학습하면서, 복수의 선택지 중에서 가장 적합한 대응을 스스로 결정할 수 있는 능력을 갖추게 됩니다. 이는 단순히 자극에 미리 정해진 반응을 보이는 것을 넘어, 목표, 제약 조건, 사용자 요구 등을 종합적으로 평가해 결정하는 것까지 포함합니다. 예를 들어 고객센터 상황에서 AI 에이전트는 대화 내용의 복잡성이나 감정을 분석해, 필요하다면 직접 해결하지 않고 인간 상담원에게 연계하는 결정을 내릴 수도 있습니다.

---

11 『Machine Learning』(McGraw-Hill Education, 1997).
12 Silver et al. (2016). Mastering the game of Go with deep neural networks and tree search. Nature, 529(7587), 484-489. https://doi.org/10.1038/nature16961

- **자율적 행동:** 에이전트 진화의 가장 큰 특징은 스스로 행동할 수 있다는 점입니다. 단순히 특정 트리거에 반응하는 수준이 아니라, 사용자 의도를 폭넓게 이해하고 주도적으로 필요한 일을 처리합니다. 사용자의 별도 입력 없이도 미팅 일정을 잡거나, 알림을 보내거나, 심지어 창의적인 콘텐츠를 생성하기도 합니다. 최소한의 개입으로 사용자의 필요를 미리 예측하고 최적의 결과를 도출해 주는 역할을 수행합니다.[13]

이러한 발전 덕분에 AI 에이전트는 다양한 분야에서 필수적인 존재가 되었습니다. 이들은 정확히 필요한 순간에 적절한 응답이나 행동을 제공하며 맞춤형 솔루션을 제공합니다. AI 에이전트는 이제 더 이상 단순히 반복적인 업무만 수행하는 봇이 아니라, 사용자 경험의 핵심적인 일부로 자리 잡고 있습니다. 이들은 사용자가 실질적으로 도움을 받을 수 있도록 설계되어, 다양한 방식으로 의미 있는 지원을 수행합니다.

예를 들어 사용자는 AI 비서를 통해 이메일 정리, 미팅 일정 관리, 심지어 장보기 주문과 같은 일상적인 관리 업무까지 자동화할 수 있습니다. 또한 크리에이티브 분야의 전문가들은 아이디어 구상, 레이아웃 디자인, 음악 제작 등 다양한 창작 활동에 AI 툴을 적극적으로 활용하기도 합니다.[14]

8.2.1 챗봇과 AI 에이전트, 그리고 멀티 에이전트의 비교

여러분께서는 AI 에이전트가 챗봇과 정확히 어떻게 다른지, 그리고 여러 에이전트가 작동하는 경우가 어떻게 다른지 궁금하실 수 있습니다. 챗봇과 AI 에이전트 모두 사용자와 상호작용을 하긴 하지만, 두 시스템의 기능과 자율성에는 큰 차이가 있습니다. [표 8-1]과 [그림 8-5]에서는 각각의 작동 방식, 고유한 능력, 다양한 프로덕트 시나리오에서 제공하는 가치가 어떻게 구분되는지를 정리해 보여줍니다.

---

[13] Elgammal et al. (2017). CAN: Creative Adversarial Networks, Generating "Art" by Learning About Styles and Deviating from Style Norms. arXiv.org. *https://arxiv.org/abs/1706.07068*
[14] 『Designing Human-Centric AI Experiences』(O'Reilly, 2022).

표 8-1 챗봇, AI 에이전트, 멀티 AI 에이전트 비교

구분	챗봇	AI 에이전트	멀티 AI 에이전트
주요 목적	대화 및 기본적인 업무 처리	자율적인 업무 수행 및 의사결정	협업을 통한 문제 해결 및 업무 수행
적용 범위	제한적이며, 주로 규칙 기반 또는 사전 정의된 대화	복잡한 업무 처리와 높은 적응력 보유	팀워크와 협력이 필요한 복잡하고 다단계적인 작업
자율성	낮음: 사전에 정해진 스크립트와 응답에 한정	중간: 스스로 의사결정을 내리고 행동 가능	높음: 에이전트 간 자율적인의사소통, 협업, 조정
학습 능력	기초적: 정해진 규칙이나 스크립트에 의존	고급: 강화학습과 데이터 피드백을 통해 적응	매우 고급: 에이전트가 개별적으로 또는 집단적으로 학습하여 협업과 성능을 개선
상호작용	주로 사용자를 대상으로 반응	사용자와 다른 시스템 모두와 상호작용	여러 에이전트, 사용자, 시스템과 동시에 상호작용
복잡성	낮음: 단순 논리 또는 기본적인 자연어 처리 모델	중간~높음: 정교한 AI 모델 사용, 다양한 기능 통합 가능	매우 높음: 여러 분야의 에이전트가 함께 움직이며 고도의 협업 메커니즘 필요
의사 결정	거의 없음~제한적: 미리 작성된 규칙이나 의사결정 트리를 따름	자율적: 데이터를 분석하고 정보에 기반한 의사결정	집단적: 에이전트 간 소통과 공유된 목표를 기반으로 결정
적응성	정적: 정해진 대화 흐름에 국한	동적: 새로운 정보와 변화하는 환경에 적응 가능	매우 동적: 각 에이전트가 개별적·집단적으로 실시간 최적화를 위해 적응
대표 활용 사례	FAQ 챗봇, 기본적인 예약 시스템	개인 비서, 고객 지원	자율주행(차량 간 조율), 가상 병원(환자 치료를 위한 AI 에이전트 협업)

챗봇은 주로 대화와 기본적인 업무 처리를 위해 설계되어 있습니다. 이들은 제한된 범위 내에서 동작하며, 대부분 사전에 준비된 답변에 의존하기 때문에 자율성이 매우 낮습니다. FAQ 답변이나 예약과 같은 단순한 업무에 적합합니다.

반면, 자율적인 AI 에이전트는 더 복잡하고 유연한 의사결정이 가능합니다. 이들은 강화학습과 같은 고도화된 학습 기법을 활용하여 반응과 행동을 지속적으로 개선할 수 있습니다. 이러한 에이전트는 개인 비서, 고객 지원 등 높은 수준의 상호작용과 자율적인 의사결정이 요구되는 역할에 주로 사용됩니다.

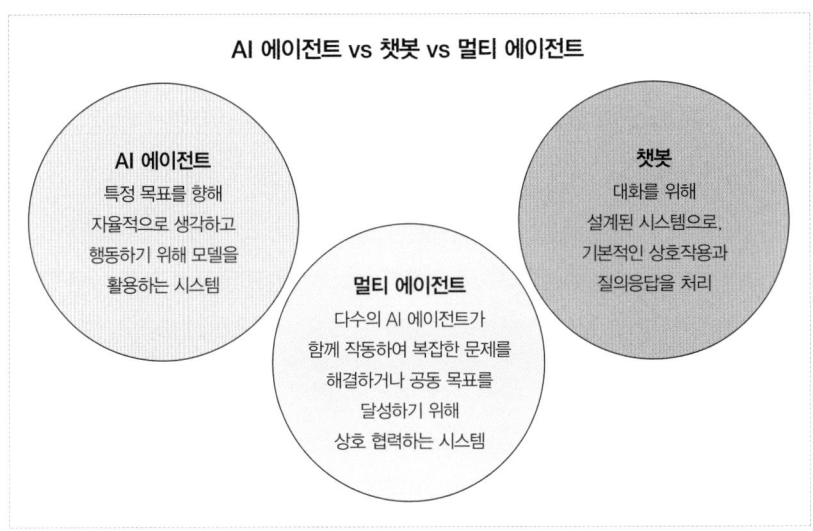

그림 8-5 AI 에이전트, 챗봇, 멀티 에이전트의 비교

멀티 AI 에이전트는 가장 높은 수준의 복잡성과 역동적인 상호작용을 보여줍니다. 이들은 실시간으로 협력하고 소통하며, 복잡하고 여러 단계로 이루어진 작업을 함께 해결합니다. 이러한 유형의 AI 시스템은 자율 주행이나 가상 병원처럼 고도로 조율된 환경에서 사용되는데, 이는 끊김 없는 통합과 집단 의사결정이 매우 중요하기 때문입니다.

이처럼 각 AI 시스템은 범위, 복잡성, 적응성 면에서 차이를 보이며, 이러한 특징은 각각의 에이전트 유형이 어떤 분야와 용도에 적합한지를 잘 보여줍니다.

8.2.2 AI 에이전트 프로덕트 현황

AI 에이전트 프로덕트 시장은 다양한 영역에 걸쳐 있으며, 기업이 AI를 활용하여 생산성과 혁신을 이끌어내는 데 필요한 다양한 도구를 제공합니다. 자동화 분야에서는 매직 루프(`https://magicloops.dev`), 리스펠(`https://respell.ai`)과 같은 툴이 이메일 관리부터 창의적인 콘텐츠 제작에 이르기까지 반복적인 작업을 효과적으로 자동화함으로써, 기업의 업무 효율성을 크게 높이는 데 기여하고 있습니다.

가상 비서도 AI 에이전트 분야에서 또 다른 주요 카테고리 중 하나입니다. 예를 들어 린디(https://www.lindy.ai)는 행정 업무를 자동화하고, 하이퍼라이트(https://www.hyperwrite.ai)는 콘텐츠 작성과 이메일 관리 등에서 개인 및 팀의 생산성을 높이는 데 도움을 줍니다.

개발자를 위한 특화된 AI 에이전트로는 스윕AI와 파인드(https://www.phind.com)가 있습니다. 이들은 버그 수정 자동화, 효율적인 코딩 자료 제공 등을 통해 소프트웨어 전문가가 보다 효율적으로 일할 수 있도록 지원합니다.

마지막으로 리와인드(https://www.rewind.ai)처럼 하드웨어와 최신 AI 기술을 결합한 새로운 형태의 프로덕트도 등장했습니다. 이들은 음성 제어, 메모리 향상 기능 등으로 사용자가 더욱 직관적이고 매끄럽게 기술을 활용하도록 돕습니다.

AI 업계는 빠르게 변화하고 있기 때문에 이러한 도구들 또한 시간이 지나면서 새롭고 고도화된 에이전트로 대체되거나 사라질 수 있습니다. 참고할 만한 도구로는 AI 자동화 구축을 위한 캐시디(https://www.cassidyai.com), 멀티 에이전트 플랫폼인 크루AI(https://www.crewai.com), 초개인화된 마케팅 캠페인에 활용할 수 있는 크라이어(https://www.criya.co), AI 에이전트 관리 플랫폼인 웨이파운드(https://www.wayfound.ai)가 있습니다. 저는 개인 뉴스레터(https://marily.substack.com)로 최신 동향과 소식을 정기적으로 공유하고 있으니, 관심 있으신 분들은 참고하셔도 좋겠습니다.

최근 마이크로소프트는 코파일럿 AI(https://oreil.ly/11zHZ)를 오피스 스위트와 윈도우에 밀접하게 결합하여, 모든 워크플로의 핵심이 되는 기능으로 만들었습니다. 코파일럿은 문서 작성, 이메일, 기타 업무를 지원하며 다양한 기기에서 활용할 수 있는 생산성 중심 AI 에이전트로 자리매김하고 있습니다.

한편, 2023년 메타는 페이스북과 인스타그램에 AI 기반 페르소나(그림 8-6) 기능을 도입한 바 있습니다. 비록 현재는 더 이상 서비스되고 있지 않지만, 처음에는 메타버스 프로젝트와 혼합현실 하드웨어 영역까지 통합 확장을 구상하기도 했습니다.

그림 8-6 메타의 AI 페르소나 (현재 서비스 중단)

이 사례를 언급하는 이유는, 페르소나 도입 사례가 개인화를 촉진하는 전략적 디자인 선택의 좋은 예시라 할 수 있기 때문입니다. 사용자는 상황에 따라 재미있는 창의적인 비서나 전문 영역 가이드 등 자신에게 가장 적합한 페르소나와 자연스럽게 연결되어, 보다 맞춤화된 경험을 할 수 있었습니다.

2025년에 오픈AI는 오퍼레이터(*https://oreil.ly/3Uqx1*)라는 AI 에이전트를 공개했습니다. 이 에이전트는 컴퓨터 사용 에이전트$^{\text{Computer-Using Agent}}$(CUA) 모델을 활용하여 디지털 환경 내에서 자율적으로 다양한 작업을 수행하도록 설계되었습니다. 기존의 에이전트는 주로 API나 구조화된 입력에만 의존했다면, 오퍼레이터는 GPT 모델에 비전 기능을 탑재해 마우스와 키보드를 사용하는 방식으로 실제 인터페이스와 직접 상호작용이 가능합니다. 이를 통해 양식 작성, 웹사이트 탐색, 여러 플랫폼에 걸친 다단계 워크플로 실행과 같은 작업을 수행할 수 있습니다(그림 8-7).

오픈AI 오퍼레이터의 주요 기능은 다음과 같습니다.

- **식사 및 이벤트 기획:** 음식점 예약, 평점이 높은 장소 추천, 각종 행사나 공연 티켓 예매
- **배송 확인 및 일정 관리:** 택배 배송 모니터링, 일정 업데이트, 변경 사항을 사용자에게 알림
- **여행 및 쇼핑 지원:** 가격 비교, 예약 진행, 여정 업데이트 제공

- **인간-에이전트 협업:** 사용자는 진행 중인 작업에 직접 개입하여 양식 입력값을 수정하거나 세부 정보를 확인할 수 있습니다. 이후 다시 오퍼레이터에 제어권을 넘기면, 오퍼레이터는 중단됐던 작업을 자연스럽게 이어서 수행합니다.
- **동적 제안:** 사용자의 행동 및 선호도를 바탕으로 오퍼레이터가 실질적인 추천을 제공합니다. 예를 들어 맞춤형 뉴스 업데이트나 식사 아이디어 등 다양한 제안을 받을 수 있습니다.

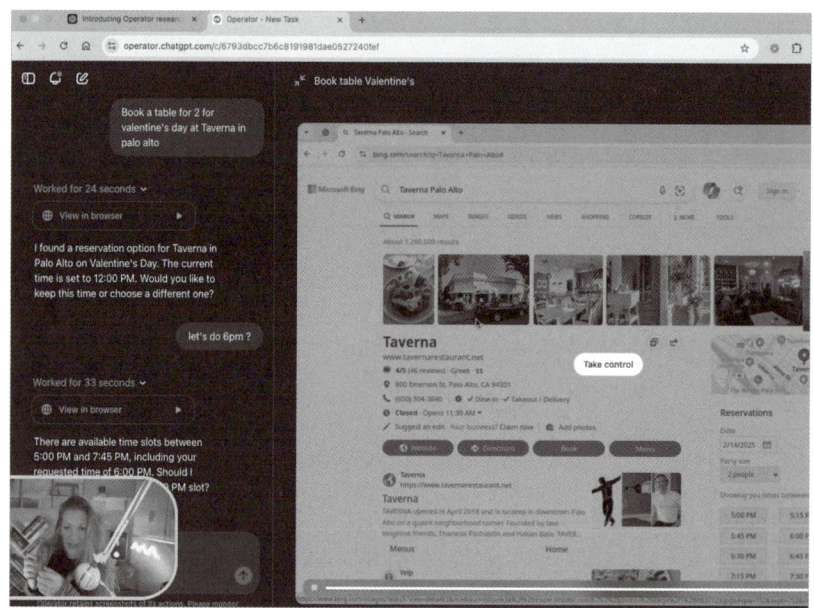

그림 8-7 오픈AI의 오퍼레이터 작동 장면: 오퍼레이터가 음식점 예약을 진행할 때 사용자가 브라우저를 직접 제어하여 수동으로 입력한 후, 다시 자동화 작업이 자연스럽게 이어지는 모습을 볼 수 있습니다.

8.3 프로덕트에 적합한 AI 에이전트 설계하기

이제 여러분이 직접 시작하실 차례입니다. 우선, 사용자가 가장 시급하게 필요로 하는 부분을 정의해 보시기 바랍니다. 구체적이고 분명한 사용 사례를 선택하시는 것이 중요합니다. 예를 들어 고객 서비스 자동화, 내부 프로세스 간소화, 사용자 경험 향상과 같이 AI가 즉각적이고 실질적인 효과를 낼 수 있는 영역에 집중해 보시기 바랍니다. 이 절에서는 어떤 유형의 에이전트가 이 같은 요구를 충족할 수 있을지 고민하는 데 도움이 될 만한 몇 가지 고려 요소를 안내드릴 예정입니다. 마지막에는 여러분이 직접 점검할 수 있는 자기 진단 질문지도 제공됩니다.

8.3.1 특정 작업에 특화된 에이전트와 범용 에이전트의 비교

AI 에이전트는 일반적으로 두 가지 범주로 나눌 수 있습니다. 바로 특정 작업용 에이전트와 범용 에이전트입니다.

특정 작업용 에이전트는 이메일 발송, 티켓 예약, 콘텐츠 생성과 같은 특정 영역의 전문 작업을 위해 설계되었습니다. 예를 들어 영업 팀이 잠재 고객에게 기본적인 자동화 메시지를 보내는 AI 에이전트가 있습니다. 단순 반사 에이전트라고도 불리는 이러한 에이전트는 사전 정의된 조건-반응 규칙을 바탕으로 작동하며, 별도의 기억이나 학습 기능 없이 정해진 방식으로만 동작합니다.

특정 작업용 에이전트는 목표 기반으로도 설계될 수 있습니다. 예를 들어 영업 실적을 극대화하거나 가장 효율적인 여행 경로를 찾는 등 특정 목표 달성에 중점을 둘 수 있습니다. 또는 효용 기반으로 만들어져, 예를 들어 에너지 소비를 최소화하는 등 특정 효용을 최대화하는 데 목적을 둘 수도 있습니다.

한편, 범용 에이전트 또는 일체형 AI 에이전트는 변화하는 환경에 맞춰 응답과 행동을 조정할 수 있는 내부적인 세계 모델을 갖추고 있습니다. 이러한 에이전트는 항공권 예약부터 콘텐츠 생성까지 여러 영역에 걸쳐 다양한 작업을 처리할 수 있도록 설계되었습니다.

[그림 8-8]은 어떤 유형의 에이전트를 만들 것인지 고민할 때 활용할 수 있는 프레임워크를 보여줍니다.

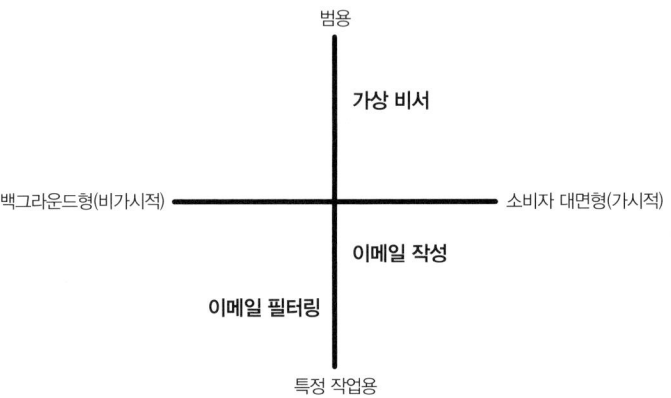

그림 8-8 에이전트 능력을 시각화하는 사고 모델

보시다시피, AI 에이전트의 또 다른 중요한 구분 기준은 백그라운드에서 동작하는지 아니면 사용자와 직접 상호작용하는지에 있습니다. 이 차이를 이해하면 프로덕트 생태계 내에서 각 에이전트가 담당하는 역할을 좀 더 명확하게 파악할 수 있습니다.

- **백그라운드형(비가시적) 에이전트(x축)**
  이러한 에이전트는 사용자와 직접적으로 상호작용하지 않고, 백그라운드에서 프로세스를 자동화하거나 운영 최적화, 워크플로 관리 등의 역할을 수행합니다. 예를 들어 물류 플랫폼에 내장된 AI 에이전트가 재고 관리나 경로 계획을 최적화해, 사용자는 그 존재를 인식하지 못하지만 시스템의 효율성을 높여줍니다. 이런 에이전트들은 기존 시스템과의 자연스러운 통합을 통해 운영 효율 극대화와 비즈니스 성과 향상을 달성합니다.

- **소비자 대면형(가시적) 에이전트(x축)**
  이 에이전트들은 사용자와 직접 소통하며 실시간으로 서비스, 추천, 지원 등을 제공합니다. 시리나 알렉사와 같은 가상 비서가 대표적인 예입니다. 이들은 자연어 처리를 통해 사용자의 요청을 이해하고, 작업을 수행합니다. 더불어 직관적이고 맞춤화된 상호작용을 만들어내는 데 중점을 둡니다.

- **특정 작업용 에이전트(y축)**
  이 에이전트들은 한정된 영역에 특화되어, 명확한 목표에 집중합니다. 예를 들어 이메일 필터링, 고객 지원, 일정 관리 등 단일 목적으로 작동합니다. 예를 들어 챗퓨얼(https://chatfuel.com)은 고객 상담용 챗봇을, 노트북LM(https://notebooklm.google)은 노트 요약과 정리 등 문서에서 인사이트를 쉽게 도출하는 AI 도구로 활용합니다. 이러한 에이전트들은 반복적인 업무를 단순화하거나 특정 영역의 효율성을 높이는 데 탁월하여, 복잡한 통합 과정 없이도 특정 워크플로를 자동화하고자 하는 조직에 적합합니다.

- **범용 에이전트(y축)**
  범용 에이전트는 다양한 영역에 걸쳐 여러 작업을 처리할 수 있는 유연한 시스템입니다. 특정 작업에만 한정된 에이전트와 달리, 사용자의 다양한 요구에 따라 적응하며, 콘텐츠 생성부터 워크플로 관리에 이르기까지 폭넓은 목표를 달성할 수 있습니다. 예를 들어 랭체인(https://www.langchain.com)은 언어 모델을 API나 데이터베이스와 연동하는 플랫폼이고, ACT-1(https://oreil.ly/act-1)은 문서 편집이나 데이터 분석 등 사용자가 소프트웨어를 활용해 업무를 처리할 수 있도록 지원하는 AI 에이전트입니다. 이와 같은 에이전트들은 높은 유연성과 확장성을 바탕으로, 다양한 요구 사항을 가진 기업이나 종합적인 솔루션을 제공하려는 조직에 매우 적합합니다.

8.3.2 에이전트 활성화 방식

에이전트를 어떻게 활성화할지 결정하는 것도 중요합니다. 에이전트는 선제적으로 행동할 수도 있고(능동형), 사용자 요청에 따라 반응할 수도 있습니다(반응형). 사용자가 텍스트, 음성, 영상 등으로 직접 입력해야만 동작하는지, 아니면 에이전트가 스스로 상황을 분석해 먼저 행동할지도 고려해야 합니다. **능동형 에이전트**는 사용자의 행동이나 맥락을 분석해 먼저 상호작용을 시작합니다. 예를 들어 다이나믹 일드(https://oreil.ly/dyield)나 재피어(https://zapier.com) 등이 이에 해당합니다. **반응형 에이전트**는 사용자가 명확하게 요청할 때만 반응합니다. 예로는 봇프레스(https://botpress.com), 허브스팟의 챗봇빌더(https://oreil.ly/SZ0Qq) 등이 있습니다. 이 선택은 사용자 시나리오와 현재 작업에 필요한 상호작용 수준에 따라 달라집니다. 이러한 요소를 정확히 파악하면, 에이전트가 사용자에게 너무 방해되거나 부담스럽지 않으면서도, 실질적인 가치를 제공하도록 만들 수 있습니다.

8.3.3 자율성

AI 에이전트를 설계할 때, 사용자에게 적합한 자율성 수준을 고려하는 것이 매우 중요합니다. 에이전트는 단순히 제안만 할 수도 있고, 사용자의 명확한 동의를 받고, 사용자를 대신해 구매나 일정 예약 같은 행동을 할 수도 있습니다(그림 8-9). 예를 들어 AI 쇼핑 에이전트는 처음에는 상품을 추천하는 수준에서 시작하지만, 점점 사용자 대신 구매까지 할 수 있도록 자율성이 확대될 수 있습니다. 에이전트의 자율성 수준을 조정하려면, 어느 정도까지 독립적으로 행동하도록 할지 분명하게 결정해야 합니다. 특히, 에이전트가 사용자의 명령에만 반응하도록 할 것인지, 아니면 사용자의 필요를 미리 파악해 선제적으로 행동하도록 할 것인지 결정하는 것이 중요한 선택 포인트입니다. 예를 들어 반응형 에이전트는 사용자가 일정 예약을 요청할 때까지 기다리지만, 능동형 에이전트는 사용자의 캘린더에서 일정 충돌을 스스로 확인해 재조정을 제안할 수도 있습니다.

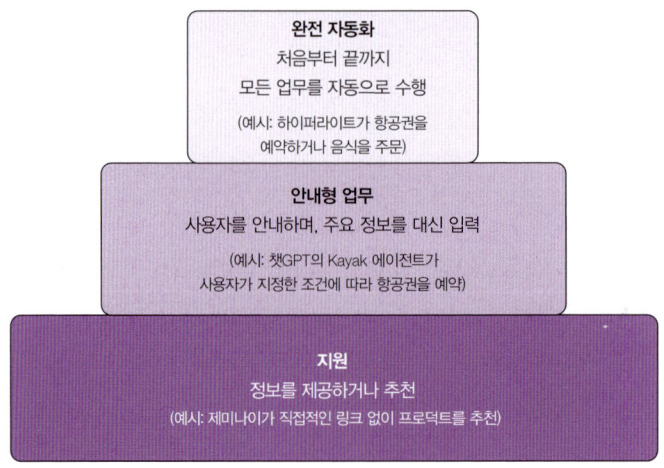

그림 8-9 에이전트 AI 자율성 수준

8.3.4 피드백과 학습

AI 에이전트의 장기적인 학습 능력도 정의해야 합니다. 에이전트가 지속적으로 학습하고 적응할 필요가 있는지 고민해 보세요. 만약 필요하다면, 성능과 반응성을 높이기 위해 강화 학습 기능이나 피드백 루프를 설계해야 할 수도 있습니다. 또한 사용자 피드백 툴을 도입하는 것도 고려해 볼 수 있습니다. 예를 들어 조위[Zowie](https://getzowie.com)나 레플리카[Replika](https://replika.com)와 같이 사용자 피드백 툴은 사용자가 직접 상호작용을 통해 에이전트를 학습시킬 수 있도록 도와줍니다. 이러한 피드백 루프는 명시적 피드백(예 좋아요/싫어요, 별점 평가)과 암묵적 피드백(예 사용자 상호작용 패턴 분석) 모두에서 얻을 수 있습니다.

이런 피드백 메커니즘 설계에는 신중한 검토가 필요합니다. 사용자의 직접적인 피드백을 이끌어내기 위해, 사용자가 수정사항을 제시하거나 오류를 신고할 수 있도록 하는 도구(예 자동 생성된 보고서에 대한 편집, 추천 결과의 부적합 표시 등)를 제공하는 것이 한 방법입니다.

시스템 중심의 피드백의 경우, 에이전트가 자신의 행동을 스스로 분석하고, 성공과 실패 경험으로부터 배울 수 있도록 설계할 수 있습니다. 예를 들어 강화 학습과 같은 기술을 활용하면 다양한 결과를 바탕으로 향후 더 나은 결정을 내릴 수 있도록 최적화하는 것이 가능합니다.

8.4 에이전트 상호 작용을 위한 디자인 패턴

에이전트의 모습과 UI, 그리고 상호작용 방식 역시 전체적인 사용자 경험을 좌우하게 됩니다. 이 절에서는 사용자가 에이전트와 어떻게 상호작용할지 결정할 때 참고할 수 있는 몇 가지 디자인 패턴을 소개합니다.

8.4.1 사이드 패널

지속적으로 표시되는 사이드 패널은 항상 접근 가능한 UI 요소로, 상황에 맞는 도움을 제공할 수 있습니다. 이 방식은 능동형 에이전트와 반응형 에이전트 모두에 적합하며, 특히 문서 작성, 영업, 생산성 등의 영역에서 효과적입니다. 대표적인 예로는 [그림 8-10]과 같이 마이크로소프트 코파일럿(https://oreil.ly/11zHZ)이 있는데, 이 도구는 마이크로소프트 오피스 애플리케이션에서 사이드 패널로 등장하여, 사용자의 작업 활동에 따라 콘텐츠 재작성, 차트 생성 등의 다양한 제안을 제공합니다. 하이퍼라이트(*https://www.hyperwriteai.com*)도 사이드 패널을 활용하여 글쓰기 작업 시 다양한 제안과 콘텐츠 생성 옵션을 제공합니다.

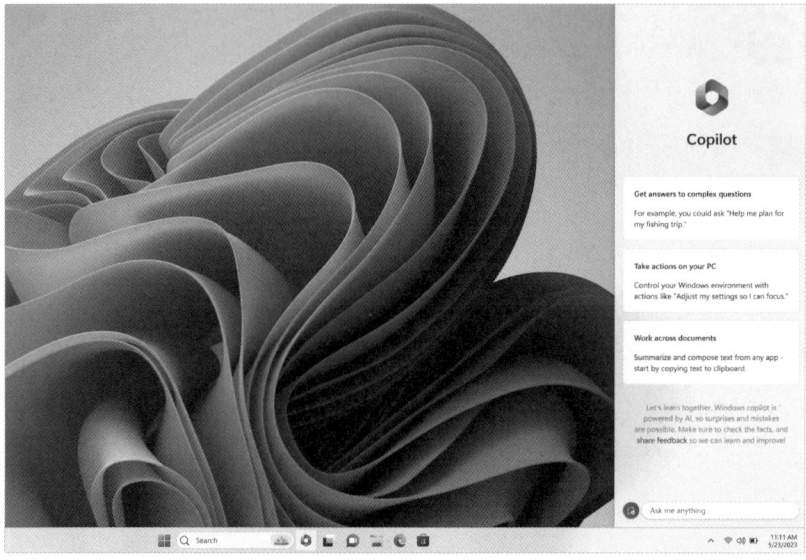

그림 8-10 마이크로소프트 코파일럿 사이드 패널(*https://oreil.ly/FyZHM*)

8.4.2 플로팅 버블

플로팅 버블floating bubble은 화면 위에 떠 있는 작은 아이콘 형태로, 사용자가 클릭하면 에이전트와 상호작용할 수 있도록 해 줍니다. 주로 사용자의 특정 입력에 반응하는 반응형 에이전트에 많이 활용됩니다. 이 방식은 인터콤(*https://www.intercom.com*)이나 플롯봇.AI(*https://floatbot.ai*)와 같은 도구에서 자주 볼 수 있으며(그림 8-11), 플로팅 버블을 통해 사용자는 언제든지 손쉽게 채팅 기반의 지원을 받을 수 있습니다.

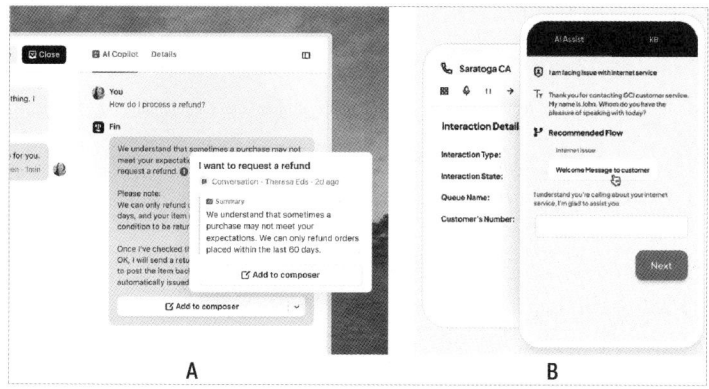

그림 8-11 인터콤(A)과 플롯봇.AI(B)

8.4.3 채팅 인터페이스

텍스트나 음성을 활용한 전용 대화 공간은 일체형 에이전트에서 이상적인 접근 방식입니다. 사용자는 이 공간을 통해 직접적으로 에이전트와 소통할 수 있으며, 복잡한 업무를 처리할 때 특히 유용합니다. 예를 들어 세일즈로프트 Salesloft (*https://oreil.ly/-A2J-*)는 고객 지원이나 영업 문의에서 사용자와 AI 에이전트 간의 자연스러운 대화형 상호작용을 지원하기 위해 이 같은 채팅 인터페이스(드리프트)를 활용합니다(그림 8-12).

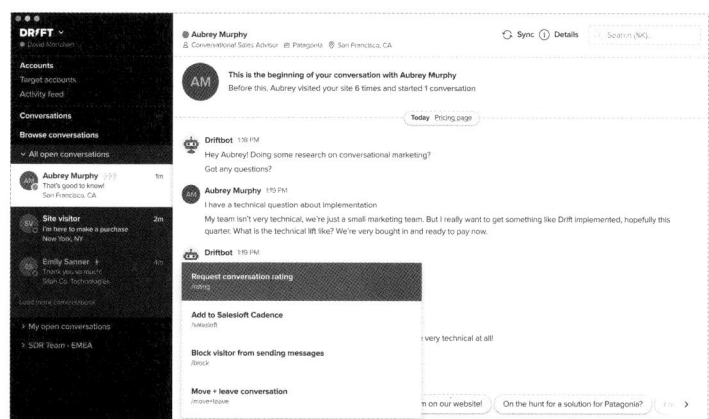

그림 8-12 드리프트 인터페이스

8.4.4 통합 UI

이 디자인 방식은 에이전트가 프로덕트의 워크플로에 자연스럽게 녹아들어, 별도의 인터페이스 없이 적절하게 제안하거나 지원합니다. 이는 직접적인 사용자 개입이 필요 없는 능동형 에이전트에 적합하며, 사용자 경험을 보다 자연스럽게 개선합니다. 예를 들면, 그래머리는 텍스트를 실시간으로 분석하고, 수정사항을 제안하며, 동적으로 문체를 개선합니다. 테슬라의 오토파일럿 역시 운전 중 실시간 데이터를 분석해 자율적으로 판단을 내리는 고도화된 AI 에이전트의 예시입니다.

8.4.5 팝업 알림

팝업 알림은 사용자를 안내하거나 적시에 조언이 필요한 능동형 에이전트에 가장 적합한 방식입니다. 사용자 행동을 바탕으로 에이전트가 취할 수 있는 행동이나 기회를 알릴 수 있습니다. 예를 들어 그래머리(그림 8-13)는 팝업 알림을 통해 문법 오류나 문장 개선 사항을 실시간으로 제안하여, 사용자가 필요한 순간에 유용한 정보를 받을 수 있도록 지원합니다.

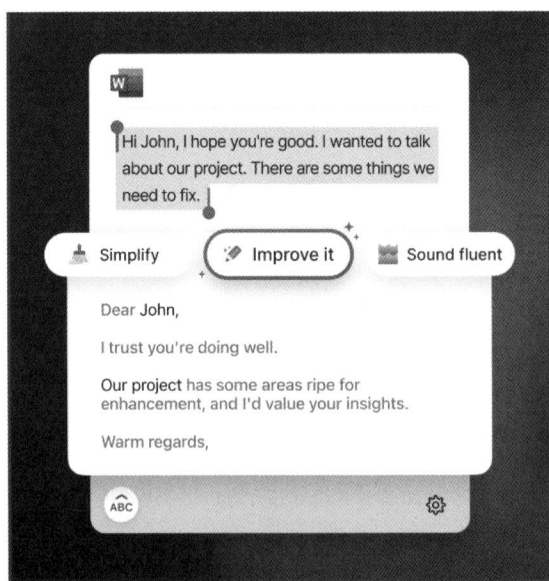

그림 8-13 그래머리의 팝업 알림

8.4.6 협업 브라우저 인터페이스

오픈AI의 오퍼레이터는 자율적인 작업과 수동 조작을 결합한 독특한 협업형 브라우저 인터페이스를 도입하였습니다. 이 인터페이스를 통해 사용자는 양식 작성, 웹사이트 탐색, 서비스 예약과 같이 에이전트가 수행하는 작업에 직접 참여할 수 있습니다. 기존 인터페이스가 자동화나 사용자 입력 중 한쪽에만 치우쳤다면, 오퍼레이터의 디자인은 두 가지 모드 간의 자유로운 전환을 통해 더욱 유연하고 사용자 친화적인 환경을 제공합니다.

예를 들어 레스토랑 예약을 진행할 때 오퍼레이터는 자동으로 예약 플랫폼에 접속하여 적절한 옵션을 선택하고 예약 과정을 준비합니다. 이 과정 중 언제든지 사용자가 직접 브라우저를 직접 제어하여 다른 시간으로 변경하거나, 특정 입력 값을 확인하는 등 필요한 부분을 수동으로 조정한 후, 다시 오퍼레이터에게 제어권을 넘기면 오퍼레이터가 중단 없이 해당 작업을 계속 진행합니다(그림 8-7). 이러한 기능을 통해, 사용자 선호나 복잡한 입력으로 인해 수동 개입이 필요한 작업에서도 정확성과 유연성을 모두 확보할 수 있습니다.

이 협업 브라우저 인터페이스는 다음과 같이 자동화와 사용자의 직접 확인이 모두 필요한 경우에 특히 강점을 보입니다.

- 여러 플랫폼의 항공권 가격을 비교하면서 사용자가 원하는 옵션을 직접 선택할 수 있도록 지원
- 사용자가 지정한 맞춤 설정으로 온라인 지원서 작성 가능
- 최종 제출 전 각종 작업을 직접 검토 및 승인함으로써 자동화된 워크플로의 신뢰성 확보

8.4.7 확장성, 미래 대비 및 기타 고려 사항

시간이 지남에 따라 에이전트의 규모를 확장해야 할 가능성이 높습니다. 사용자가 늘어날 때 어떻게 처리할지, 다양한 언어를 지원하거나 새로운 기능을 추가할 때는 어떤 절차가 필요할지 미리 고민해 보는 것이 좋습니다. 이를 위해서는 확장성과 실시간 응답을 지원할 수 있는 백엔드 인프라가 필요합니다.

또한, 에이전트가 민감한 개인정보를 다루는 경우 데이터 프라이버시가 매우 중요합니다. 유럽의 GDPR이나 캘리포니아 소비자 프라이버시법(CCPA) 등 관련

규정을 반드시 준수해야 합니다.

아울러, 에이전트가 조직 내 기존 시스템, API, 데이터베이스 등과 잘 연동되는지도 확인이 필요합니다. 예를 들어 CRM, 전사적 자원 관리(ERP), 고객 서비스 플랫폼과의 호환성이 요구될 수 있습니다. 여러 도구 간에 에이전트를 일관되게 통합하려면, API 연동을 위해 뮬소프트(https://www.mulesoft.com), 프로세스 자동화에는 메이크(https://make.com) 같은 플랫폼을 추천합니다.

8.5 에이전트의 성공 기준 정의

결국 AI 에이전트도 하나의 프로덕트이므로, 6장에서 다루었던 각종 프로덕트 지표를 동일하게 적용할 수 있습니다. 에이전트의 성과를 평가할 때는 다음과 같은 지표를 고려해 보시기 바랍니다.

- **작업 완료율:** 예를 들어 성공적으로 예약된 미팅 수나 자동 메시지에 대한 응답률 등이 주요 지표가 될 수 있습니다.
- **정확도와 품질:** 상호작용의 품질을 파악하기 위해 좋아요/싫어요, 별점 평가 등 다양한 피드백 수집 방식을 활용할 수 있습니다.
- **인간 개입 빈도:** 사용자가 인간 상담원의 직접 개입으로 자주 전환 요청하는지 확인합니다. 인간 개입이 필요했던 세션 수를 집계하여, 시간이 지남에 따라 이러한 개입이 줄어든다면 성공적인 결과로 볼 수 있습니다.
- **만족도:** 사용자 만족도 조사를 실시하거나 피드백 설문을 통해 직접적인 의견을 수집할 수 있습니다. 유용성, 상호 작용의 용이성, 업무에 실질적으로 도움이 된다는 긍정적 피드백은 성공의 중요한 지표입니다.

8.6 AI 에이전트 설문지

다음 질문지를 활용해 팀과 함께 에이전트 설계 방향을 구체적으로 검토해 보시기 바랍니다.

- 해당 프로덕트가 충족하고자 하는 사용자 요구는 무엇인가?
- 에이전트가 특정 작업에 특화되는가, 아니면 범용형인가? 작업 특화형이라면, 단순 반사적 에이전트인가, 목표 기반인가, 혹은 효용 기반인가?
- 에이전트가 능동적으로 동작하는가, 사용자 반응형으로 작동하는가? 반응형일 경우, 어떻게 사용자가 에이전트를 호출하는가?
- 에이전트가 시간이 지나면서 학습하고 적응할 필요가 있는가? 강화학습이나 피드백 루프 같은 기능이 필요한가?
- 사용자가 상호작용을 통해 에이전트를 학습시킬 수 있게 하는 피드백 도구를 도입할 것인가? 도입한다면, 어떤 방법이 적절한가?
- 사용자 경험(UX)은 어떤 모습이어야 하는가?
- 어떤 디자인 패턴을 에이전트의 사용자와의 상호작용에 적용해야 하는가?
- 에이전트의 규모를 어떻게 확장할 수 있나? 이를 위해 어떤 인프라가 필요한가?
- 에이전트가 어떤 데이터를 다루며, 보호 방법은 무엇인가?
- 에이전트가 어떻게 사용자 경험을 맞춤화하는가?
- 에이전트가 다른 도구나 플랫폼과 어떻게 통합되는가?
- 성공을 정의하기 위해 어떤 지표를 사용할 것인가?

8.7 결론

AI 에이전트는 단순한 기술의 진보를 넘어, 문제 해결 방식, 사용자와의 상호작용, 프로덕트 설계에 새로운 패러다임을 제시합니다. 이 장에서는 간단한 규칙 기반 시스템부터 오늘날 우리의 디지털 경험을 변화시키는 복잡한 학습 중심의 에이전트에 이르기까지 AI 에이전트의 발전 과정을 살펴보았습니다. 또한 프로덕트의 특성에 맞춘 AI 에이전트 기획 방법과, 의사결정에 도움이 되는 실질적인 체크리스트도 함께 다뤘습니다. 여러분의 목표가 업무 자동화이든, 개인 맞춤형 강화든, 아니면 사용자가 주체적으로 결정을 내리도록 지원하든, AI 에이전트의 가능성은 무궁무진합니다.

하지만 아직 시작에 불과합니다. AI PM의 역할은 계속해서 학습하고, 끊임없이 개선하며, 새롭게 떠오르는 트렌드를 한발 앞서 준비하는 것입니다. AI가 계속 발전함에 따라, 지능형 시스템을 구현하기 위해 사용하는 도구와 전략 또한 함께 진화할 것입니다. 지금까지 우리는 AI가 프로덕트 라이프사이클 전반에서 어떻게 적용되는지, 성공을 어떻게 측정하는지, 의미 있고 확장 가능한 AI 경험을 어떻게 만들 수 있는지 등 AI 프로덕트 매니지먼트의 핵심 원칙들에 대해 살펴보았습니다.

더 많은 실제 사례, 자격증, 최신 콘텐츠가 필요하다면 AI 프로덕트 허브(*https://www.aiproduct.com*)를 방문해 보시기 바랍니다. 실무적인 정보와 인사이트, 커뮤니티 중심의 논의를 통해 여러분의 AI 프로덕트 매니지먼트 여정이 더욱 역동적이고 의미 있게 이어지길 바랍니다.

부록 A 템플릿

프로덕트 리뷰 템플릿

이 템플릿은 의사결정과 관련된 주요 사항이 충분히 검토될 수 있도록 구성하였습니다. 명확한 추천 의견을 포함하고, 각 선택지의 장단점과 트레이드오프를 고려하세요. 또한, 실행을 위한 주요 단계도 함께 정리하기 바랍니다. 프로덕트 리뷰에 대한 자세한 내용은 3장에서 확인하실 수 있습니다.

- **경영진 요약:** 결정해야 할 사안에 대한 간략한 요약
- **해결 방안:** 고려 중인 주요 선택지와 각각의 장단점 및 상호 간의 트레이드오프

요소	선택지 A	선택지 B
요소 1	⊕ ⊕ ⊖ ⊖	⊕ ⊕ ⊖ ⊖
요소 2	⊕ ⊕ ⊖ ⊖	⊕ ⊕ ⊖ ⊖
요소 x	⊕ ⊕ ⊖ ⊖	⊕ ⊕ ⊖ ⊖

- **검토 범위:** 이번 리뷰를 통해 기대하는 결과를 명확히 정리해 주세요. 예를 들어 의사결정, 논의, 단순한 의견 조율 등이 될 수 있습니다.
- **배경:** 주제에 대한 간단한 배경 설명을 작성해 주세요. 관련된 문서나 이번 이슈가 미칠 영향 등도 함께 포함해 주시기 바랍니다.
- **주요 이해관계자:** 누가 이 건에 관여하는지, 영향을 받는지, 또는 제안에 대한 책임이 있는지 명시합니다.
- **현안 질문 및 제안:** 검토 및 의사결정이 필요한 핵심 질문을 명확히 제시하고, 근거가 충분한 제안을 제공합니다.
- **제안을 뒷받침하는 지표나 증거:** 제안의 타당성을 뒷받침할 주요 KPI, OKR 또는 관련 인사이트를 포함해 주세요.
- **위험 요소 및 대응 방안:** 예상되는 리스크와, 이에 대한 대응 방안을 함께 작성해 주세요.
- **실행 시 고려 사항:** 제안 사항을 실행하기 위한 다음 단계와 주요 실행 계획을 정리해 주세요.
- **얻은 교훈 (선택 사항):** 이전에 유사한 과정을 검토하면서 얻게 된 인사이트나 향후 개선점을 공유합니다.

AI 프로덕트 요구 사항 문서 템플릿

다음은 AI PRD 작성 시 활용할 수 있는 템플릿입니다. 문제 영역을 명확히 정의하고, 사용자 요구사항을 구체화하며, AI가 어떻게 이러한 과제를 효과적으로 해결할 수 있는지 증명해야 합니다. 이를 통해 팀 간 조율을 돕고, 실행을 위한 명확한 비전을 만들어갈 수 있습니다.

- 프로덕트명(PRD)
- 작성자: 마릴리 니카
- 기여자:
- AI 프로덕트를 개발할 때는 'AI로 어떻게 해야 사용자를 도울 수 있을까?'라는 질문에 대한 답을 항상 염두에 두세요.
- 관련 문서

1. 소개

문제 영역에 대해 넓은 관점으로 설명합니다. 달성하고자 하는 목표의 핵심을 간략하게 정리해 주세요. 문제의 범위를 명확하게 정의하는 것이 중요합니다.

2. 시장 인사이트

시장 상황을 설명합니다. 해당 시장이 이미 포화 상태인지, 유사한 문제를 해결하려는 조직이 많은지도 분석합니다.

- **고객 세그먼트**
  우리의 사용자는 누구인지 정의합니다. 만약 아직 명확하지 않다면, 앞으로 세울 가설을 바탕으로 어떤 사용자층을 목표로 할지 고민해 보세요.

- **사용자 페르소나**
  프로덕트가 해결하려는 대표적인 사용자의 모습을 만들어 봅니다. 이 페르소나는 모든 대상을 아우를 수 있는 사용자의 모습이며, 해당 사용자가 현재 AI 관련 어떤 솔루션을 활용하고 있는지 파악합니다.

- **시장 분석**
- **경쟁사 분석**
- **기술 분석**

3. 문제

- **사용 사례**
  사용자가 달성하고자 하는 목표와 그 세부 내용을 목록으로 정리합니다.

- **어려움 및 불편 사항**
  사용자가 목표를 달성하지 못하는 이유는 무엇인지, 목표를 달성하고 있더라도 현재 방식의 문제점이 무엇인지 분석합니다.

- **문제 설명**
  전체 문제를 구체적인 진술문 형태로 작성합니다. 예 〈운동을 즐기는 존은 자신에게 맞는 피트니스와 영양 루틴을 찾는 데 너무 많은 시간을 쓰고 있으며, 원하는 성과 목표를 달성하지 못하고 있다〉

이 부분에서 AI가 왜 이 문제를 해결하기에 특별히 적합한지 언급하는 것이 좋습니다.

- **가설 및 미션 선언문**
  이 프로젝트에서 세운 주요 가설은 무엇인지 작성합니다. **예** x를 구현함으로써 사용자에게 z가 더 쉽고, 효율적이고, 재미있거나, 맞춤화된 경험이 될 것임을 선언합니다.

4. 해결 방안

- **아이디어 도출**
  우선순위가 높은 주요 문제점을 해결할 수 있는 모든 아이디어와 기능을 나열합니다.

- **AI 도입 필요성**
  해결책을 개발하는 데 있어 AI가 왜 적합하거나 필수적인지 설명합니다.

- **기능 우선순위 결정**
  RICE 프레임워크(표 A-1)를 활용하여 기능과 솔루션의 우선순위를 정합니다.

- **AI MVP**
  MVP 단계에서 모델을 직접 학습시킬 것인지, 또는 하이브리드 방식으로 접근할 것인지 결정합니다. 모델이 어떻게 작동할지, 어떤 기법을 적용할지, 어떤 데이터가 필요할지에 대해 간략하게 큰 흐름으로 설명합니다.

- **로드맵**
  우선순위를 반영한 개발 로드맵을 작성합니다.

- **기술 아키텍처**
  AI 프로덕트의 기술 아키텍처에 대한 전반적인 개요를 제공해 주세요. 하드웨어, 소프트웨어 및 운영에 필요한 인프라를 포함해 주세요. 큰 그림으로만 제공하면 됩니다(클라이언트, 서버, 데이터 흐름 방향 등). 상세한 설계는 추후 소프트웨어 엔지니어/과학자가 설계 문서를 작성합니다.

- **전제조건 및 제약 사항**
  개발 과정에서 세운 전제조건과 프로덕트의 기능이나 성능에 영향을 줄 수 있는 제약사항을 정리합니다.

- **위험 요소**
  개발 및 실제 서비스 과정에서 발생할 수 있는 주요 리스크와, 이를 완화하기 위한 대응 전략을 함께 설명합니다.

5. 요구 사항

- **사용자 여정**

- **기능적 요구 사항**
  프로덕트의 주요 기능이 무엇이며, 어떻게 작동하는지 보다 구체적으로 다룹니다. 여기에는 개략적인 기술 명세와 주요 알고리즘 필요성 등이 포함됩니다. 단, 데이터 과학자가 어떤 알고리즘을 사용할지에 대한 구체적인 내용보다는, 왜 알고리즘이 필요한지와 이를 통해 어떤 스마트한 기능을 구현할 수 있는지에 초점을 맞춰 설명합니다.

- **비기능적 요구사항**
  보안, 확장성, 성능, 사용성 등 프로덕트의 핵심 기능과는 직접적 관계가 없는 요구사항을 정리합니다.

- **AI와 데이터 요구 사항**
  AI 프로덕트가 효과적으로 작동하기 위해 필요한 데이터의 출처, 데이터 유형, 데이터 수집, 관리 프로세스에 대해 설명합니다.

6. 도전 과제

충분한 데이터를 확보할 수 있는지, 데이터는 어떤 방식으로 확보할 계획인지 검토해야 합니다. 또한 이에 필요한 예산이 충분한지, 그리고 이 프로덕트가 실제로 사용자 문제 해결에 도움이 된다고 신뢰할 만한 근거가 있는지 고민해야 합니다.

7. 포지셔닝

[표 A-2]를 참고하여, 경영진 보고용 슬라이드에 사용할 수 있도록 프로덕트의 핵심 내용을 간결하게 요약합니다.

8. 성공 측정

- **핵심 지표**
  프로덕트 전반의 성공을 어떻게 측정할 것인지 설명합니다. (**예** 사용자 참여도, 재방문율 등 일반적인 프로덕트 매니지먼트 지표 활용)

- **AI 특화 지표**

  전략적 관점에서 품질이란 무엇을 의미하는지? 모델의 성공은 어떻게 판단할 것인지? 프로덕트 출시를 위한 최소 품질 기준은 무엇이고 어느 정도인지? 어떤 AI 특화 지표를 사용할 것인지? 그리고 품질을 어떻게 정의할지 구체적으로 설명합니다.

- **북극성 지표**

9. 출시

- **이해관계자와 소통**

  AI 프로덕트 개발 과정에서 이해관계자와 사용자에게 주요 진행 상황이나 기능·성능 변경 사항을 어떻게 알릴 것인지에 대해 커뮤니케이션 계획을 수립합니다.

- **출시 전략**

  시장 출시를 준비하면서 고려해야 할 전략적 요소가 있다면 무엇인지 함께 정리합니다.

표 A-1 RICE 프레임워크

기능	도달율(R) 목표 사용자 페르소나의 1-100% 범위	영향도(I) (1-10)	확신도(C) (1-10)	노력(E)	점수 (R×I×C)/E
유튜브 채널에 대한 맞춤형 추천	100%	7	5	8	

표 A-2 프로덕트의 스냅샷

사용 사례	불편 사항	해결 방안	기대 효과

워크시트: 조직 내 AI 도입 기회 평가

이 워크시트는 5장에서 설명한 것처럼 우리 조직의 AI 도입 기회를 체계적으로 평가하는 데 도움이 됩니다. 절 1부터 시작하여 어떤 AI 기능이 우리 비즈니스와 가장 관련이 있는지 확인한 후, 이후 절을 차례대로 진행하며 AI가 조직에 어떻게 적용될 수 있을지 전반적으로 검토합니다.

| AI 기능 평가 작성법 |

- 영향도를 1점(최저)부터 5점(최고)까지 평가해 주세요.
- 우리 회사 특성에 맞는 구체적인 활용 사례를 적어 주세요.
- 실제 도입 시 예상되는 어려움도 솔직하게 기재해 주세요.
- 기술적 요소 외에도 조직적인 요소도 함께 고려해 주세요.

이후 항목 작성 시 참고사항

- 가능한 한 구체적으로, 수치화할 수 있는 부분은 수치로 작성해 주세요.
- 다양한 부서의 의견도 적극적으로 반영해 주세요.
- 기술적 구현 가능성뿐 아니라 비즈니스 가치에 집중해 주세요.
- 전제 조건이나 불확실한 부분도 문서로 남겨주세요.

이 워크시트는 다음과 같은 주요 이해관계자와 함께 작성하는 것을 권장합니다.

- 프로덕트 및 엔지니어링 리드
- 비즈니스 이해관계자
- 기술 전문가
- 실제 사용자(가능할 경우)

1. AI 기능 평가

각 역량이 비즈니스에 미칠 수 있는 잠재적 영향(1~5점)을 평가하고, 구체적 활용 사례를 [표 A-3]에 기입하시기 바랍니다.

표 A-3 기능 평가

기능	영향도 (1-5)	잠재적 활용 사례	구현 시 도전 요소
데이터로부터 학습			
개인화			
콘텐츠 생성			
내용 요약/정제			
예측/미래 예측			
실시간 적응			
업무 프로세스 자동화			
창의적 협업			
상호작용 공간			
오류 감지			

2. 회사의 미션과 AI 연계성

1. 우리 회사의 핵심 목표나 미션은 무엇인가요?

    _____
    _____
    _____

2. AI가 이런 목표 달성에 어떻게 기여할 수 있다고 생각하시나요?

    _____
    _____
    _____

3. 현재 비즈니스에서 AI로 해결할 수 있는 구체적 문제는 무엇이 있을까요?

    _____
    _____
    _____

3. 프로덕트의 주요 문제점

1. 현재 제공 중인 프로덕트나 서비스에서 가장 큰 과제는 무엇인가요?

   _____
   _____
   _____

2. AI 도입으로 가장 큰 혜택을 받을 수 있는 고객군은 누구이며, 그 이유는 무엇인가요?

   _____
   _____
   _____

3. 이러한 문제를 해결할 수 있는 AI의 구체적 기능에는 무엇이 있을까요?

   _____
   _____
   _____

4. 사용자에 대한 영향

1. AI가 도입된다면, 전체 사용자 경험이 어떻게 나아질 수 있을까요?

   _____
   _____
   _____

2. 어떤 KPI가 AI로 인해 향상될 수 있을까요?

_____
_____
_____

3. AI가 우리 프로덕트를 더 많은 사람이 접근하고 쉽게 이용하도록 만드는 데 도움을 줄 수 있을까요? 그렇다면 어떻게 가능할까요?

_____
_____
_____

5. 기대효과와 위험 요인 분석

1. AI를 도입함으로써 얻을 수 있는 가장 큰 이점은 무엇이라고 생각하시나요?

_____
_____
_____

2. 반대로 예상되는 잠재적 단점은 무엇이 있을까요?

_____
_____
_____

3. 아래 항목별 중요도를 높음/중간/낮음 중 하나로 선택해 주세요.
- 장점 1: _____ (   )
- 장점 2: _____ (   )

- 단점 1: （　　　）
- 단점 2: （　　　）

6. 리소스 평가

1. 현재 우리 회사가 보유한 AI 관련 자원에는 무엇이 있나요?
   - 인재:
   - 인프라:
   - 전문성:

2. 이러한 자원이 장기 유지, 운영에 충분하다고 생각하시나요?
   ☐ 예　　　　　　☐ 아니요

   만약 아니라면, 어떤 부분이 추가로 필요할까요?

   _____
   _____
   _____

7. 경쟁 분석

1. 경쟁사들은 자사 프로덕트에 AI를 어떻게 활용하고 있나요?

   _____
   _____
   _____

2. AI는 우리 회사에 어떤 경쟁 우위를 제공할 수 있을까요?

_____
_____
_____

3. 우리 시장에서 AI 도입이 시급한 이유가 있다면 무엇인가요?

_____
_____
_____

8. 도입 결정

1. AI를 실제로 도입해야 한다고 생각하시나요?　　　☐ 예　　☐ 아니요

2. 직접 개발할지, 외주를 맡길지 결정해야 합니다. 그 이유는 무엇인가요?
   - 전략: _____
   - 이유: _____

9. 다음 단계

1. 구현 일정: _____
2. 주요 이해관계자: _____
3. 성공 지표: _____
4. 리소스 배정: _____

워크시트: AI 구현 전략 워크시트

이 워크시트는 6장에서 안내한 대로, 우리 프로덕트에 AI를 도입할지 여부와 그 방법을 평가하는 데 도움을 주기 위해 제작되었습니다. 프로덕트 팀과 주요 구성원이 함께 작성하시길 권장하며, 핵심 지표, 사용자 영향, 리소스 요구 등 AI 도입과 관련된 다양한 측면을 체계적으로 검토하는 것이 목표입니다.

각 항목별로 충분한 시간을 갖고, 도입 전 미리 문제점을 파악하는 것이 중요합니다. 모든 항목을 한 번에 작성하지 못하셔도 괜찮으니, 필요할 때마다 계속 보완하며 '살아있는 문서'로 관리해 주세요.

이 워크시트는 다음과 같은 상황에서 꼭 다시 검토해 주시기 바랍니다.

- 신규 AI 기능 기획
- 분기별 계획 수립
- 인프라 변경 예정
- 사내에서 개발할지, 외주를 맡길지 결정

참고 사항
- 목표 지표는 구체적으로 적고, 애매한 표현은 피하세요.
- 긍정적인 효과뿐 아니라 부정적 영향도 함께 고려하세요.
- 초기 도입뿐 아니라 장기 유지보수까지 염두에 두세요.
- 다양한 팀원의 관점도 꼭 포함하세요.

1. 핵심 프로젝트 요소

목표: 다음 분기, 사용자 중심의 주요 목표는 무엇인가요?

_____
_____

도입 기능: 새롭게 구현, 변경할 기능은 어떤 것이 있나요?

_____

_____

북극성 지표 (KPI): 성공을 가장 잘 보여줄 핵심 지표는 무엇인가요?

_____

_____

프로덕트 상태 지표: 사용자 만족도 등 프로덕트의 상태를 평가할 지표는 무엇인가요?

1. _____
2. _____
3. _____

가드레일 지표: 위험이나 악영향을 감지하기 위해 모니터링할 항목은 무엇인가요?

1. _____
2. _____
3. _____

시스템 상태 지표: 안정적이고 신뢰성 있는 상태를 판단하는 핵심 지표는 무엇인가요?

1. _____
2. _____

AI 프록시 지표: AI 관련해 별도로 관리할 주요 지표는 무엇인가요?

1. _____
2. _____

2. 사용자 영향 평가

AI로 인해 전체 사용자 경험이 어떻게 향상될 수 있을까요?

_____
_____

AI가 어떤 KPI에 긍정적인 영향을 줄 수 있을까요?

_____
_____

AI가 우리 프로덕트를 더 쉽게, 더 많은 사람이 쓸 수 있도록 만들어줄 방법이 있을까요?

_____
_____

3. 기대효과 및 위험 요인 분석

가장 기대되는 효과

1. _____
2. _____

예상되는 잠재적 위험

1. _____
2. _____

각 항목의 중요도를 선택해 주세요 (높음/중간/낮음):

- **장점 1**: 높음 / 보통 / 낮음
- **단점 1**: 높음 / 중간 / 낮음
- **장점 2**: 높음 / 중간 / 낮음
- **단점 2**: 높음 / 보통 / 낮음

4. 리소스 평가

현재 보유 중인 AI 리소스

- 인력: _____
- 인프라: _____
- 전문성: _____

장기 유지 관리에 충분하다고 보시나요?　　☐ 예　　☐ 아니오

만약 부족하다면, 어떤 부분이 필요할까요?
_____

5. 경쟁 분석

경쟁사들은 AI를 어떻게 활용하나요?
_____
_____

AI가 우리 회사에 줄 경쟁우위는 무엇인가요?
_____
_____

우리 시장에서 AI 도입이 시급한 이유가 있다면 무엇인가요?
_____
_____

6. 도입 결정

AI 도입을 진행해야 한다고 생각하시나요?　　　　☐ 예　　☐ 아니요

자체 개발 또는 외주 위탁 중 어떤 방식을 고려하고 있고, 그 이유는 무엇인가요?

- 전략: _____
- 이유: _____

부록 B 인터뷰

제가 평소에 높이 평가하는 AI 프로덕트 리더를 모셨습니다. 각 리더에게 전달한 세 가지 질문에 대한 답변을 공개합니다. AI 프로덕트 매니지먼트 분야에서 요구되는 배경과 역량, 경력이 얼마나 폭넓고 다양할 수 있는지 보여드리고자 합니다. 독자 여러분이 어떤 배경을 가졌든 관계없이, 이들의 이야기가 AI PM으로 성장하는 데 영감을 드릴 수 있기를 바랍니다.

저 나름의 조언을 드리겠습니다. 먼저 너무 부담 갖지 않으셨으면 합니다. AI와 관한 수많은 정보, 다양한 의견, 튜토리얼, 모범 사례가 있습니다. 이 모든 것이 AI의 여러 측면을 이해하는 데 도움이 됩니다. 열린 자세로 다양하게 받아들이고, 호기심을 유지하면서 본인만의 방식으로 소화하시길 권해 드립니다.

또한, 본인만의 독특한 역량과 관점을 바탕으로 AI가 특정 사용자에게 어떤 가치를 어떻게 줄 수 있을지 고민해 보는 것이 중요합니다. 궁극적으로 AI는 사용자에게 가치를 더할 수 있는 방법으로 활용되기를 기다리는 도구에 불과하다는 점을 기억하세요.

AI 프로덕트 리더십 여정은 정해진 길을 따라가는 게 아니라, 본인만의 길을 스스로 만들어가는 과정입니다. 지식을 받아들이고, 직접 실험해 보면서 자신만의 방식으로 이 흥미로운 분야에 기여할 수 있는 방법을 찾아보세요. AI의 미래는 바로 여러분의 손에 달려 있습니다.

AI 프로덕트 매니지먼트에 대해 더 배우고 싶다면, 제가 AI 프로덕트 아카데미에서 운영하는 AI PM 부트캠프(https://marily.substack.com)에서 AI 프로덕트 매니지먼트 인증 과정을 확인하세요.

지식의 대중화, AI 변곡점에 올라타다

에단 콜 Ethan Cole
로스앤젤레스 프로덕트 매니저 협회 회장

Q 어떻게 AI 프로덕트 매니저가 되셨나요?

제 PM 커리어는 다소 특이한 편입니다. 저는 고고학을 전공했고, 고대 멕시코와 페루의 인간 행동 변화 연구로 박사 학위를 받았습니다. 고대 사회에서 지식은 권력이었습니다. 예를 들어 마야 문명에서는 태양의 움직임, 특히 일식을 정확히 예측할 수 있었는데, 이와 같은 지식은 극소수의 엘리트 계층에게만 공유되었습니다. 이 지도자가 예고한 사건이 실제로 일어나면('다음 주 낮에 태양이 사라지고 별이 나타날 것'), 사람들은 지도자가 신과 교감한다고 믿고 그 권위를 인정할 수밖에 없었습니다.

스마트폰의 등장은 지금까지와는 차원이 다른 방식으로 지식을 대중화했다고 생각합니다. 어느 순간 우리는 누구나, 언제 어디서나, 거의 무료로(또는 적어도 대중에게 접근할 수 있는 수준으로) 전 세계의 지식에 접근할 수 있게 된 것입니다.

이러한 변화가 인류 역사에서 아주 중요한 터닝포인트라고 판단하여, 저는 스타트업에 몸을 담아 모바일 PM으로 커리어를 시작하게 되었습니다. 최근 AI, 특히 생성형 AI 분야의 발전을 지켜보면서 또 한 번 엄청난 변곡점에 들어섰다는 느낌을 받게 되어, 자연스럽게 AI 분야에 적극적으로 뛰어들게 되었습니다.

Q AI 프로덕트 리더로서의 일상은 어떤가요?

저는 대부분의 시간을 프로덕트 매니지먼트를 위한 AI의 현재 역량과 잠재적 영향력에 대해 조직 내외로 알리는 데 쓰고 있습니다. 불과 몇 년 만에, AI는 프로덕트 매니지먼트 방식 자체를 완전히 바꿔 놓았습니다. 현재 AI는 무엇을 만들지뿐만 아니라, 어떻게 만들지까지 큰 영향을 미치고 있습니다. 2023~2024년 대부분의 기업은 소비자의 요구와 기대에 부응하기 위해 프로덕트에 AI를 접목하는 데 많은 힘을 쏟았습니다. 이 과정에서 많은 실무자가 속도와 정확성 사이의 균형과 같은 새로운 트레이드오프를 고민하는 경우가 많아졌습니다.

지금 AI는 프로덕트 매니저의 일상 업무에도 점진적으로 영향을 미치고 있습니다. 예를 들어 챗GPT를 활용해 사용자 스토리를 작성하거나 회의록을 요약해 바로 지라Jira 태스크로 반영하는 등, 사소해 보이지만 업무 생산성에 도움을 주는 일이 많아졌습니다. 이제는 진부할 정도이지만, AI를 잘 활용하는 프로덕트 매니저가 그렇지 않은 이보다 더 좋은 성과를 낼 수밖에 없는 시대입니다. 역설적으로, AI가 내 일자리를 대체할까 이런 변화에 적응하지 않는 사람이 가장 먼저 도태될 수 있습니다.

Q 이 분야에 진입하려는 분에게 하고 싶은 조언이 있다면요?

이 분야에 들어오시는 분들께는 주저하지 말고 적극적으로 뛰어들라고 말씀드리고 싶습니다. 지금 우리는 AI가 소프트웨어 및 프로덕트 개발, 더 나아가 일상생활에 미치는 영향 면에서 이제 막 시작점에 불과합니다.

2023년 초까지만 해도 실제로 AI 프로덕트 매니지먼트 경험이 있는 전문가가 매우 드물었으며, 지금도 1년 이상의 실전 경력을 가진 사람은 많지 않습니다. 제 멘토께서는 이런 조언을 주셨습니다. "새로운 분야에 집중하면, **빠르게 그 분야의 전문가가 될 수 있다.**"

AI는 이미 우리의 삶과 업무 방식에 큰 변화를 일으켰고, 앞으로 더 빠른 속도로 변화시킬 것입니다. 과거 수십 세대에 걸쳐 기술 혁신이 거의 없던 시절과 달리, AI 분야에서는 이제 6개월마다 근본적인 변화가 일어나고 있습니다. 프로덕트 매니저에게 지금처럼 흥미진진한 시대는 없다고 생각합니다. 우리가 바로 미래를 만들어가고 있습니다!

독학과 실험으로 완성한 머신러닝 MVP

마크 크레이머 Mark Cramer
스탠포드 대학교 시니어 AI/ML 프로덕트 매니저

Q 어떻게 AI 프로덕트 매니저가 되셨나요?

AI 프로덕트 매니저가 되기까지 꽤나 먼 길을 돌아온 것 같습니다. 전기공학을 전공하고 처음에는 엔지니어로 커리어를 시작했지만, 몇 년 후 경영대학원에 진학했습니다. 엔지니어로서 느꼈던 고립감을 해소하고 싶어 인간적인 교류가 많은 역할을 찾아 사업 개발과 영업 업무를 하게 되었습니다. 그러나 이번에는 사람을 상대할 일이 너무 많아 오히려 기술 분야가 그리워졌습니다. 몇 년 후, 저는 제 기술과 성향에 아주 잘 맞는 프로덕트 매니지먼트 분야에 정착하게 되었습니다.

저는 알고리즘에 중점을 둔 회사를 창업한 경험이 있는데, 이때 구글 검색 결과의 관련도를 높이는 기술을 개발했습니다. 이 경험을 통해 저는 다시 프로그래밍으로 돌아갔습니다. 그러던 중 2017년에 페이스북에서 우연히 유다시티 Udacity 의 딥러닝 특강 광고를 보게 됐고, 신경망이 무엇인지도 모른 채 충동적으로 등록했습니다. 첫 강의부터 완전히 매료되었습니다.

이후에도 온라인 강의를 계속 수강하며 독학으로 실습해 보았습니다. 그러다 유명 연구개발기관인 PARC에서 AI PM으로 일하게 되었습니다. 면접관 중 한 분이 저의 주도적인 학습 태도에 깊은 인상을 받았다고 말씀하셨는데, 이것이 취업에 큰 도움이 되었던 것 같습니다.

하지만 AI에 대한 열정과 더 깊이 있는 이해를 위해 계속 배움의 기회를 찾았습니다. 어느 날 사무실 창문 너머로 후버 타워를 바라보다가, 스탠포드에 어떤 프로그램이 있는지 찾아보게 되었습니다. 몇 년 뒤 저는 스탠포드에서 AI 대학원을 수료하였고, 지금은 해당 프로그램의 조교로 활동하고 있습니다. 또한 메타로 자리를 옮겨 머신러닝 프로덕트 매니저로 최첨단 현장에서 경험을 쌓고 있습니다.

Q AI 프로덕트 리더로서의 일상은 어떤가요?

이전 회사에서는 프로덕트 매니지먼트 업무를 맡으면서, 미국 전역을 돌아다니며 잠재 고객을 직접 인터뷰하고, 엔지니어링 팀, 디자인 팀과 협력해 PRD(프로덕트 요구사항 문서)를 작성하는 등 정말 폭넓고 다채로운 경험을 할 수 있었습니다. 그 과정 자체가 매우 새롭고 흥미로웠습니다. AI와 관련해서는 머신러닝 연구 과학자들과 오랜 시간을 보내며, 기술적으로 어디까지 가능한지 한계를 파악하고, 실제 MVP에서 작동할 수 있는 가치 제안을 구상하는 일에 집중했습니다.

제가 가장 크게 배운 점은, AI 프로덕트의 MVP 범위를 정의하기가 매우 어렵다는 것입니다. 이런 경험을 여러 콘퍼런스에서도 공유한 적이 있습니다. 안드레 카파시 Andrej Karpathy 가 말하는 '소프트웨어 2.0'의 세계에서는 애플리케이션의 성능을 **사전에** 명확히 '알 수 없습니다'. 실제 결과는 학습 데이터의 양과 품질 등 수많은 요인에 따라 달라집니다. 실전에서 개발된 모델은 이론과 크게 다를 수 있고, 많은 사용자들은 시스템을 직접 학습시키는 데 참을성이 없을 것입니다. 상당한 경험이 없이는 판단하기 어렵기 때문에, 머신러닝 기반 MVP를 정의할 때는 매우 신중해야 한다고 PM들께 조언하고 싶습니다.

그럼에도 불구하고, 저희 팀은 필요한 머신러닝 구성 요소를 모으고, 사용 가능한 데이터로 충분히 학습시켜, 베타 파트너들께 실질적인 가치를 제공하는 프로덕트를 출시할 수 있었습니다.

정말 AI가 필요한 일일까?

디에고 그라나도스 Diego Granados
구글 AI/ML 프로덕트 매니저, AI 프로덕트 허브 공동 창립자

Q 어떻게 AI 프로덕트 매니저가 되셨나요?

저의 AI 분야 진입은 사실 '우연'에 가까웠습니다. 2019년에 조지아 공대 컴퓨터 공학 석사 과정에 합격했고, 동시에 마이크로소프트에서 프로덕트 매니저 업무에 지원해 면접을 봤습니다. 해당 역할의 90%는 전형적인 PM 역할이었지만, 10%는 AI와 머신러닝 관련 업무가 포함되어 있었습니다.

하지만 입사 3개월 만에 팀이 완전히 재편되어, 저희 팀은 100% AI/ML 팀으로 바뀌었습니다. 그 시기에는 캐글, 조지아텍 공대수업, 팀 내 데이터 과학자와의 긴밀한 협력이 AI와 머신러닝 세계의 복잡성을 이해하고 헤쳐 나가는 데 큰 도움이 되었습니다.

Q AI 프로덕트 리더로서의 일상은 어떤가요?

AI PM으로서 저는 하루 중 일부는 다른 PM과 마찬가지로 프로덕트 요구사항 문서 작성, 데이터 분석, 고객과의 소통, 엔지니어링 및 데이터 과학 팀과의 진행 상황 확인에 할애합니다. 하지만 제 하루를 특별하게 만드는 것은, 실험에 사용할 데이터를 이해하고, 데이터 과학자와 함께 실험 및 지표에 대해 브레인스토밍하는 시간, 그리고 프로덕트나 기능에 머신러닝을 적용하고 싶어 하는 다양한 이해관계자를 만나 해결하려는 문제를 파악하며, 정말로 머신러닝이 필요한지 검토하는 시간입니다.

AI/ML PM으로서 한 가지 차이점은 새로운 프로젝트를 시작할 때 어떤 데이터를 활용할지 고민하고, 가능하다면 책임 있는 AI 프레임워크를 찾아 개발 방향을 설정하며, 정말로 AI/ML이 필요한지, 그리고 사용자와 함께 데이터를 어떻게 이해하고 해석할지 고민하는 시간을 많이 갖는다는 점입니다.

Q 이 분야에 진입하려는 분에게 하고 싶은 조언이 있다면요?

대부분의 프로덕트 매니지먼트 역량은 다른 분야에도 적용 가능하지만, AI와 머신러닝 분야에서는 머신러닝의 기술적 특성과, 언제 그리고 어떤 방식으로 AI/ML을 프로덕트에 도입해야 하는지 판단하는 원칙을 이해하는 것이 매우 중요합니다.

기술적인 세부 사항을 배우고 싶다면 캐글이 매우 유용한 자료입니다. 비즈니스 및 프로덕트 관점에서 머신러닝을 배우고 싶다면 AI 프로덕트 허브(*https://www.aiproduct.com*)가 좋은 학습 공간이 될 것입니다.

아이디어를 현실로 만드는 0-to-1

재클린 콘젤만 Jaclyn Konzelmann
구글 AI 랩 프로덕트 매니지먼트 디렉터

Q 어떻게 AI 프로덕트 매니저가 되셨나요?

저의 AI 프로덕트 매니저로의 여정은 평생 이어온 무엇인가를 만들어내는 열정에서 시작됐습니다. 워털루 대학에서 메카트로닉스 공학을 전공하던 시절부터 다양한 실습 프로젝트와 창업, 조직 설립에 깊은 관심을 갖고 직접 뛰어들곤 했습니다. 심지어 개인 컨설팅 사업을 통해 토론토 공항의 컨베이어 시스템을 설계한 적도 있습니다. 이러한 도전은 졸업 후에도 계속되었고, 마이크로소프트에서 PM으로 처음 커리어를 쌓으면서 아웃룩 프로덕트를 맡아 전문성을 길렀습니다. 하지만 제 마음은 늘 0-to-1 프로덕트를 만드는 환경에 있었습니다. 그래서 직접 스타트업을 창업했고, 와이 콤비네이터 Y Combinator[15]를 거치며 큰 배움을 얻었습니다.

비록 회사를 정리하게 되었지만, 그 경험 덕분에 저는 미국 베이 지역으로 건너가 다시 PM으로 돌아오게 되었고, 성장하는 회사에 합류해 창업자 중 한 명 아래에서 프로덕트 팀을 구성하는 데 힘을 보탰습니다. 이후 더 우수한 동료들에게 배우고자 구글 어시스턴트 팀에 합류하여, 지속적 대화와 페이스 매치 등 음성 및 카

---

[15] 옮긴이_ 와이 콤비네이터는 2005년에 세계 최초로 설립된 미국의 스타트업 시드 액셀러레이터다. (https://ko.wikipedia.org/wiki/와이_콤비네이터)

메라 신기능 출시에 주도적으로 참여했습니다. 이것이 바로 생성형 AI 열풍이 시작되기 전, 제가 AI 프로덕트 매니지먼트에 본격적으로 뛰어든 계기였습니다.

5년간 여러 성공적인 출시를 이끈 후, 저는 구글 랩스로 자리를 옮겨 최근에는 개발자를 위한 제미나이 API, 구글 AI 스튜디오 프로덕트 개발을 이끌었습니다. 이제는 생성형 AI 기반의 새로운 프로덕트를 만드는 일에 집중하며, 0-to-1 프로덕트를 만드는 설렘을 다시 느끼고 있습니다. 0-to-1 프로덕트를 만들어가는 과정과 현재 AI 분야에서 제가 제일 좋아하는 부분은, 어려운 문제를 파고들어, 가능한 해결책을 찾아, 현실적인 제약을 어떻게 해결해 나갈지 고민하는 과정입니다.

Q AI 프로덕트 리더로서의 일상은 어떤가요?

저는 2024년 구글 I/O에서 개발자 키노트 무대에 올라 제미나이 API 및 AI 스튜디오의 새로운 기능을 직접 선보이며, AI 분야의 변화 속도가 얼마나 빨라졌는지 강조했습니다. 예전 같으면 몇 달 혹은 몇 년이 걸렸을 구축·개선·최적화 과정이 이제는 몇 주 만에 이뤄지고 있습니다. 2019년에 제가 출시했던 전통적인 AI 기능인 페이스 매치를 출시했을 당시와 비교해 보면, 지금의 속도는 정말 놀라울 정도입니다.

이처럼 빠르게 변화하는 환경에서는 지속적인 학습이 필수적입니다. 저의 일상도 팟캐스트, 논문, 기사 등 다양한 콘텐츠를 통해 새로운 정보를 수집하고, 전략적 사고와 글쓰기에 시간을 할애하여, 요구사항 문서, 전략 문서, 아이디어를 구체화하는 인사이트를 작성합니다. PM으로서 회의는 필수적이지만, 저는 최대한 효율을 추구하며, 팀원과 동료와의 일대일 미팅을 종종 산책하면서 대화하는 방식으로 진행합니다. 또한, 최신 기술 흐름을 놓치지 않기 위해 최소 한 달에 한 번은 기술 행사에 찾아가 다양한 시각을 접하려고 노력합니다.

현재 저는 PM 팀 관리와 개별 프로덕트 개발이란 이중 역할을 맡고 있습니다. 그 덕에 팀에 명확한 방향성을 제시하고 로드맵을 검증하며, 어려움을 해결하는 동시에 실제 개발에도 직접적으로 참여할 수 있습니다.

Q 이 분야에 진입하려는 분에게 하고 싶은 조언이 있다면요?

AI PM 분야에 들어오시는 모든 분들께 말씀드리고 싶은 것은 우리가 아직 정말 초기 단계에 있다는 점입니다. '수년 경력'이라고 해도, 실제로는 불과 몇 개월의 차이일 수 있습니다. 여러분에게도 충분히 따라잡을 시간, 아니 오히려 앞서 나갈 기회가 열려 있습니다.

훌륭한 PM이 되기 위한 핵심 요건 가운데 많은 부분은 여전히 동일하게 적용됩니다. 끊임없이 호기심을 가지고, 지속적으로 배우며, 해결해야 할 문제를 깊이 이해하는 자세가 중요합니다.

특히 AI PM을 꿈꾼다면 두 가지를 강조하고 싶습니다. 첫째, 지속적인 학습에 적극적으로 임해야 합니다. AI는 변화 속도가 매우 빠른 분야입니다. 오늘의 최고 기준이 내일이면 바뀔 수도 있습니다. 최신 동향과 프로덕트에 미치는 영향을 항상 파악하고 계셔야 합니다. 둘째, AI에 대한 실전 감각을 기르세요. 생성형 AI는 큰 잠재력을 가지고 있지만, 사고방식의 전환이 필요합니다. 생성형 AI를 만능 해결책처럼 받아들여서는 안 됩니다. 이러한 모델들은 확률적으로 작동하는 모델입니다. 직접 다양한 도구를 사용해 보고, 무엇이든 만들어 보거나 일상에 AI를 접목해 보는 경험이 필요합니다. 예를 들어 저는 최근 AI를 활용해 단편 영화를 만들었는데, 그 과정에서 기술의 한계와 가능성, 활용법에 대해 많이 배울 수 있었습니다. 이처럼 직접 부딪혀 보는 경험은 AI 기술의 역량, 한계, 그리고 잠재적 적용 범위를 이해하는 데 큰 도움이 될 것입니다.

우선순위와 집중이 만드는 가치

아룬 라오 Arun Rao
메타 생성형 AI 프로덕트 리드(Llama 팀)

Q 어떻게 AI 프로덕트 매니저가 되셨나요?

저는 사실 우연히 이 분야에 들어왔습니다. PIMCO(자산운용사)에서 퀀트 파생상품 트레이더로 일하다가, 딥러닝과 소셜 로봇 개발에 더 많은 시간을 쓰고 싶다는 생각이 들었습니다. 그래서 창업을 하게 되었고, 처음에는 로봇 반려동물에서 시작해, 이후에는 금융 상품을 추천하는 음성 챗봇으로 사업 방향을 전환했습니다. 다행히 사업은 수익을 거뒀지만 성장 한계에 부딪혀 결국 정리하게 되었습니다. 이 과정에서 프로덕트를 직접 관리하는 일이 가장 재미있다는 것을 깨달았고, 이후 아마존 뮤직 머신러닝 팀에 합류했습니다. 그 후 메타 광고 랭킹팀을 거쳐 지금의 생성형 AI팀에서 일하게 되었습니다.

Q AI 프로덕트 리더로서의 일상은 어떤가요?

저는 월요일부터 수요일까지는 최우선 과제에 집중할 계획을 세웁니다. 깊이 있는 작업과 독서를 위한 시간을 따로 확보해 두고, 그 외에는 고객, 파트너, 경영진 및 기타 관계자들의 필요사항을 파악하기 위한 회의로 분주하게 채워집니다. 매주 최소 2편에서 5편 정도의 AI 논문을 효율적으로 읽으려고 노력하는데, 이 시간을 지키기 위해서도 많은 노력이 필요합니다. 겹치는 일정이 많아 하루에도 여러 회의가 중복되는데, 제가 직접 참여해 가치를 더할 수 있는 회의인지, 아니면 비동기적으로만 의견을 주고받아도 되는 사안인지 끊임없이 우선순위를 조정합니다.

한 주의 성공은 3~5개의 최우선 과제를 실제로 진전시키는 동시에, 10개 이상의 영역에서 다른 사람들에게 최대한 도움이 되는 것입니다. 종종 다양한 이해관계자(고객, 비즈니스, 경영진의 요구 등)의 필요가 겹치는 지점을 연결하거나, 모든 요청을 다 들어줄 수 없을 때는 이를 정중하게 미루거나 거절하는 일도 중요합니다. 결국 AI란 사람이 진정으로 원하는 무언가를 만들어내기 위한 한 가지 방법일 뿐이며, PM의 본질은 가장 중요한 고객군을 선정하고 그들의 핵심 문제를 해결하는 데 있다고 생각합니다.

Q 이 분야에 진입하려는 분에게 하고 싶은 조언이 있다면요?

솔직히 쉽지 않은 일입니다. 저는 AI PM이 PM 업무 중에서도 신경외과만큼이나 까다롭다고 느낍니다. 매우 특화된 지식을 많이 익혀야 하고, 쏟아지는 논문과 연구를 따라가며, 높은 기술 역량을 가진 팀원들과 함께 아이디어를 현실화시켜야 합니다. 그리고 이 과정에서 작은 실수가 큰 결과를 초래할 수 있습니다.

PM의 기본기가 훌륭한 AI 프로덕트를 만든다

니노 타스카 Nino Tasca
노스스타 트래블 그룹 최고 프로덕트 책임자(CPO)

Q 어떻게 AI 프로덕트 매니저가 되셨나요?

저는 소프트웨어 엔지니어로 커리어를 시작했지만, 일찍이 기술 그 자체를 발전시키기보다는 기술을 활용해 사용자 문제를 해결하는 일에 더 큰 열정을 느꼈습니다. 낮에는 엔지니어로 일하면서, 밤에는 뉴욕대학교 스턴 경영대학원에 다니며 MBA를 받았습니다. 이 학위는 제가 프로덕트 매니지먼트 분야로 나아가는 데 큰 도움이 되었습니다.

Q AI 프로덕트 리더로서의 일상은 어떤가요?

프로덕트 리더로서 가장 중요한 것은 고객의 요구를 이해하는 것, 우선순위 설정, 그리고 자원 배분이라고 생각합니다. 커리어에서 어느 수준의 연차에 도달하면, 더 이상 본인이 직접 최적의 솔루션을 찾는 것 자체가 주된 업무가 아닙니다. 더 중요한 것은 어떤 기회가 있는지 명확히 파악하고, 그 기회를 활용할 수 있는 적합한 팀을 구성한 후, 구성원이 성공할 환경을 조성하는 일입니다.

Q 이 분야에 진입하려는 분에게 하고 싶은 조언이 있다면요?

AI는 뛰어난 도구이지만, 그 자체로는 프로덕트가 아닙니다. AI로 구현할 수 있는 소프트웨어의 가능성이 커질수록, 오히려 진정한 프로덕트 매니지먼트의 기본이 더욱 중요해진다고 생각합니다. 즉, 고객의 요구에 초점을 맞추고, 제대로 된 솔루션을 시장에 제공하고 있는지 끊임없이 확인해야 합니다. 사용자 입장에서는 어떠한 기술을 사용했는지는 사실 중요하지 않습니다. 자신의 문제와 요구를 제대로 해결하는 프로덕트가 중요합니다.

고객과의 대화로 찾아내는 문제점

야나 웰린더 Yana Welinder
크래프트풀 CEO/창립자

Q 어떻게 AI 프로덕트 매니저가 되셨나요?

저는 법률, 기술 정책, 학계 등 다양한 분야에서 커리어를 쌓은 후 프로덕트 매니저로 전향하게 되었습니다. 교수로 재직하던 시절, AI와 컴퓨터 비전의 정책적 영향에 관한 논문을 하버드 법과기술 저널에 게재했는데, 이 논문은 해당 분야에서 가장 많이 인용된 논문이 되었습니다. 스탠퍼드와 하버드에서의 연구 경험을 통해 백악관, UN 인터넷 거버넌스 포럼 등 수준 높은 여러 행사에서 연사로 참여할 기회도 가졌습니다. 하지만 항상 제 일에 뭔가 부족하다고 느꼈습니다.

이후 산업계로 돌아와 위키미디어 재단에서 디렉터로 근무하며 본격적으로 프로덕트 매니지먼트에 뛰어들 수 있는 두 번의 큰 기회를 가졌습니다. 첫째, 프로덕트·리서치·디자인 팀을 이끌며 위키피디아 사용자 경험을 개선하기 위한 전략을 수립했고, 둘째, 위키피디아의 기본 접근 방식을 암호화 방식(HTTPS)으로 전환하는 프로젝트를 주도했습니다.

이 경험을 통해 무엇이 부족했는가를 분명히 깨달을 수 있었습니다. 즉, 프로덕트를 직접 만들고 사용자 중심의 실질적인 가치를 이끌어내는 보람을 깨달을 수 있었습니다. 이후 빠르게 성장하는 유니콘 기업인 카본^{Carbon}에서 두 번째 PM으로 합류했습니다. 카본은 제조 혁신과 불가능하다고 여겨졌던 신제품 디자인(대표적으로 격자 구조의 아디다스 신발)을 실현한 기업입니다. 이곳에서의 경험은 소프트웨어, 하드웨어, 신소재 과학 등 다양한 영역을 아우르는 프로덕트 매니지먼트의 압축적인 실전 수업이었습니다. 그리고 사내 연구소의 지원 아래 다양한 AI 기반 프로덕트에도 참여할 수 있었습니다.

이러한 경험을 바탕으로 현재는 크래프트풀을 창업하여 프로덕트 매니저를 위한 AI 프로덕트를 개발하고 있습니다. 프로덕트 매니지먼트, AI, 혁신에 대한 저의 열정을 모두 결합해 새로운 도전을 이어가고 있습니다.

Q AI 프로덕트 리더로서의 일상은 어떤가요?

스타트업에서는 시간이 '개의 시간'[16]처럼 빠르게 흘러가고, AI 기술 발전 속도 또한 기하급수적으로 빨라지고 있습니다. 특히 지금 AI 스타트업을 운영한다는 것은 그야말로 빛의 속도로 달리는 기분이 들지만, 그럼에도 결코 충분히 빠르지 않다고 느껴지기도 합니다. 어제도 저는 최신 LLM을 활용해 AI 분석 시스템을 다시 구축하면서 이런 생각을 했습니다. 이 과정에서는 최신 언어 모델의 다양한 프롬프트와 파라미터를 실험하게 되는데, 저는 보통 주중에는 회의가 많아 주말에 이런 작업에 집중하게 됩니다. 주중에는 이러한 실험 결과를 엔지니어와 공유하고, 엔지니어들은 이를 기반으로 제가 개발한 프롬프트 체인을 확장할 수 있는 아키텍처를 만듭니다. 이렇게 하다 보면, 작업 결과를 점검하고 방향을 조율하기 위한 즉석 회의를 자주 진행하게 됩니다.

동시에 다른 엔지니어들은 신규 기능 추가와 UI 개선에 집중하고 있으며, 이때 제 역할은 기존 PM 역할에 더 가까워집니다. 즉, 기능을 정의하고, 디자이너 및

---

16 옮긴이_ '미국에는 개의 1년은 인간의 7년과 같다'는 관용어가 있습니다. 인간의 평균 수명을 70세, 개의 평균 수명을 10세로 보는 단순 계산법에서 유래했으며, 이에 dog years라는 표현은 상황에 따라 시간이 빠름 혹은 느림을 강조하는 표현으로 활용됩니다.

엔지니어와 협업하여 프로덕트를 구체화하는 일에 집중합니다. 또한 제 하루 일과 중 상당 부분은 유선으로 고객과 대화하며, 크래프트풀을 어떻게 하면 더 나은 방향으로 발전시킬 수 있을지 인사이트를 얻는 데 시간을 보내고 있습니다. 특히 지금과 같이 기존에 없던 AI 프로덕트를 만드는 과정에서는, 고객들도 실제로 프로덕트를 써보면서 요구사항을 계속 다듬게 됩니다. 그 덕분에 저희도 실시간으로 피드백을 받으며 빠르게 프로덕트를 개선해 나갈 수 있습니다.

Q 이 분야에 진입하려는 분에게 하고 싶은 조언이 있다면요?

AI 분야는 매우 빠르게 변화하고 있으며, 이 분야는 마치 고속도로에 합류하는 것처럼 느껴질 수 있습니다. 이런 환경에서 핵심은 최신 트렌드, 모델, 도구를 계속 파악하면서도 기본기를 탄탄하게 다지는 것입니다. 예를 들어 머신러닝, 자연어 처리, 신경망과 같은 핵심 개념에는 친숙해질 필요가 있습니다. 물론 AI 엔지니어가 될 필요는 없지만, 팀원들과 이러한 기술에 대해 원활하게 소통할 수는 있어야 합니다. 여러분의 역할은 복잡한 AI 기술을 사용자에게 가치 있고 쉽게 쓸 수 있는 솔루션으로 바꾸는 것입니다. 무엇보다 실제 문제를 해결하는 프로덕트를 만드는 데 집중하기 바랍니다. 항상 문제 인식에서 출발한다면 목적 없는 AI 기술을 적용하는 실수를 피할 수 있습니다.

찾아보기

ㄱ

간접 수익화 전략　61
감마　169
강화 학습　117
개인 비서　23
개인화　31, 81
객체 탐지　21
검색 기능　24
검색 증강 생성 (RAG)　148
검증　109
경영진 요약　86
고충　76
구글 렌즈　25
구글 제미나이 딥리서치　169
규제 준수　62
그라운딩　148, 150
그래머리고　170
기술 위험　62
기술적 실현 가능성　59, 63

ㄴ

넘파이　102
노션AI　169
노트북LM　168
능동형 에이전트　191

ㄷ

단순성　80
데이터 분석　21
데이터 의존성　26
데이터 전처리　108
데이터 품질　80
도메인 특화 전문성　69
도커　197
듀러블 AI 서비스 빌더　169, 170

디자인 사고　91
디자인 패턴　193
딜리버AI　169
딥그램　170
딥페이크　22

ㄹ

라이트필드　170
레플리카　192
로보틱스　21
리더십　92
리스펠　185
리와인드　186

ㅁ

매직 루프　185
맨먼스　56
멀티 에이전트　183
모델 드리프트　27
모델 품질　158
모델 학습　67, 108
목표 및 핵심 결과 (OKR)　124
몬터레이AI　169
민감도　159

ㅂ

바텀업 추정　101
반응형 에이전트　191
배포　110
버전 관리　95
복잡성　80
봇프레스　191
북극성 지표　163
분석　70
분석적 사고　93

브라우즈AI　169
비즈니스 전략　136
비지도 학습　116
빠른 반복　127

ㅅ

사람 중심 프로세스　112
사업 타당성　59, 60
사용자 개입　29
사용자 선호도　59, 63
사용자 세그먼트　76
사이드 패널　193
생성형 AI　20, 22
생성형 AI PM　42
설명 가능성　28, 81
설명 가능한 AI　62, 119
설문조사　70
소프트웨어 2.0　223
소프트웨어 개발 방법론　99
순고객추천지수 (NPS)　155
슈퍼휴먼AI　170
스마트 기기　106
스마트 안경　33
스웝AI　186
스토리텔링　91
시리　177
시뮬레이션　70
시스템 아키텍처　99
시장 위험　62
실시간 리뷰　25
실시간 번역　25
실시간 적응　33
실제 데이터　147

ㅇ

아하!　171
알고리즘　98
알파스타　180
애자일　99
얼굴 인식　21
에이전트 기반 프로덕트　175, 182
예측 프레임워크　100
오퍼레이터　187
옵티마이즐리　170
요구사항　76
우선순위 설정　79
워터폴　99
웨어러블 디바이스　106
위험 평가　62
유저 스토리　77
유지 관리　72
유지적 혁신　140
윤리적 고려 사항　81
이미지 인식　21
인공일반지능 (AGI)　20, 22
인공초지능 (ASI)　20, 23
인터뷰　70
일반 PM　34
일반화　80

ㅈ

자기지도학습　116
자연어 처리　21
재무 위험　62
재피어　96
재현율　159
적응성　30
전략적 리더십　125
전략적 트레이드오프　82

찾아보기

전통적인 AI   20, 21
정밀도   159
정확도   159
정확성   79
제다.io   170
젠데스크   177
조위   192
지능형 에이전트   173
지도 학습   114
지라   171
지속적 개선   127
직접 수익화 전략   61

ㅊ

차별화   91
창의성   90
책임 있는 AI   118
챗봇   183
챗봇빌더   191
챗PRD   169
최소 기능 프로덕트   64
최소 실현 품질 (MVQ)   103
출시   71

ㅋ

캐시디   186
커뮤니케이션   92
컴퓨터 비전   21
컴퓨터 사용 에이전트 (CUA)   187
컴플라이언스   119
코모   169
코파일럿 AI   186
콘텐츠 생성   32
콘텐츠 제작   22
콘텐츠 편향   41

콜드 스타트   41
쿠버네티스   97
크라이어   186
크래프트풀   169
크루AI   186
클러스터링   93
클리피   178

ㅌ

탑다운 추정   100
태블로   102
테스트   70, 96
텍스트 음성 변환   21
텐서 플로   96
통합 가능성   68
투명성   30
투자 수익률   59
트레이드 스페이스   84
트레이드오프   26
트레이드오프 평가   79
트렐로   171
특수화   80

ㅍ

파괴적 혁신   140
파이어플라이스 AI   170
파인드   186
파인튜닝   148, 149
판다스   102
퍼플렉시티   169
페르소나   76
평균 제곱 오차 (MSE)   160
풀 셀프-드라이빙 (FSD)   25
풀스토리   170
프로덕트 리뷰   86, 151

프로덕트 리뷰 템플릿   201
프로덕트 매니저를 위한 AI   167
프로덕트 요구사항 문서 (PRD)   52, 104, 202
프로덕트보드   171
프로세스 자동화   31
프로토타입   64, 66
플로팅 버블   194
피드백 루프   26
피드백 수집   70

ㅎ
합성 데이터   106, 147
해석 가능성   28
협업 브라우저   197
혼동 행렬   161
회귀 작업   160
효율성   30

A
accuracy   159
agile   99
AI 강화 PM   40, 42
AI 경험 PM   40, 41
AI 기반 사용자 경험   112
AI 라이프사이클   36
AI 빌더 PM   40, 41
AI 에이전트   173, 174, 183
AI 투자   57
AI 프로덕트 개발 라이프사이클(AIPDL)   45, 47, 103
AI 프로덕트 매니저(AI PM)   19, 34
AI 프로덕트 매니지먼트   18, 167
AI 프로덕트 요구 사항 문서 템플릿(AI PRD)   202
AI/ML 프로덕트 매니지먼트   125
AlphaStar   180
API   98
artificial general intelligence (AGI)   20
artificial superintelligence (ASI)   20

C D
Computer-Using Agent(CUA)   187
confusion matrix   161
DALL-E   32
data preprocessing   108
deepfake   22

E
EU 인공지능법   62
executive summary   86
explainable AI (XAI)   62, 119

F G
fine-tuning   148, 149
floating bubble   194
Full Self-Driving(FSD)   25
GDPR   62
generative AI   20, 22
GPTs   175
grounding   148, 150

K L
KPI   163, 164
LIME   28, 62

M N
man-month   56
mean square error (MSE)   160
minimum viable quality (MVQ)   103
ML플로   96
MLOps   105

찾아보기

MVP   64
net promoter score(NPS)   155
NLP   21
NotebookLM   168

O P

objectives and key results (OKR)   124
OKR   164
precision   159
product requirements document (PRD)   52, 104, 202
pytest   96

R

RAG   149
recall   159
regression task   160
reinforcement learning   117
Replika   192
retrieval-augmented generation (RAG)   148
RICE 프레임워크   55
robotics   21
ROI   59
ROI 분석   60

S T

self-supervised learning   116
sensitivity   159
SHAP   28, 62
supervised learning   114
traditional AI   20, 21
TTS   21

U V W

unsupervised learning   116

User story   77
VR 헤드셋   33
waterfall   99

Z

Zowie   192

기타

0-to-1 프로덕트   45
0-to-1 AI 프로덕트   46
1-to-n 프로덕트   45
1-to-n AI 프로덕트   46